[智能汽车丛书]

UNITY HMI DEVELOPER GUIDE
Implementation & Optimization

Unity 智能座舱 HMI 开发指南
技术实现与性能优化

［澳］杨栋 著

机械工业出版社
CHINA MACHINE PRESS

北京市版权局著作权合同登记　图字：01-2024-3849 号。

图书在版编目（CIP）数据

Unity 智能座舱 HMI 开发指南 : 技术实现与性能优化 / （澳）杨栋著. -- 北京 : 机械工业出版社，2025. 3. （智能汽车丛书）. -- ISBN 978-7-111-77490-7

Ⅰ. U463．83-62

中国国家版本馆 CIP 数据核字第 2025FQ2111 号

机械工业出版社（北京市百万庄大街 22 号　邮政编码 100037）
策划编辑：杨福川　　　　　　　　责任编辑：杨福川　董惠芝
责任校对：高凯月　张雨霏　景　飞　责任印制：常天培
北京宝隆世纪印刷有限公司印刷
2025 年 3 月第 1 版第 1 次印刷
186mm×240mm・16.75 印张・1 插页・368 千字
标准书号：ISBN 978-7-111-77490-7
定价：129.00 元

电话服务	网络服务
客服电话：010-88361066	机　工　官　网：www.cmpbook.com
010-88379833	机　工　官　博：weibo.com/cmp1952
010-68326294	金　　书　　网：www.golden-book.com
封底无防伪标均为盗版	机工教育服务网：www.cmpedu.com

Foreword 序 一

在多年的职业生涯中,我见证了多个行业在技术的推动下经历巨变。无论是游戏行业通过 3D 引擎实现的沉浸式体验,还是建筑、医疗等传统领域通过实时可视化工具实现的数字化变革,技术始终是驱动进步的重要力量。

在当今快速变化的技术环境中,汽车行业正处于前所未有的转型之中。而作为人与车之间的桥梁,汽车智能座舱中的车机 HMI(人机交互)系统正是这场变革的核心。在车机 HMI 功能的研发中,实时 3D 渲染与交互技术的应用已经不再是未来愿景,而是当下的现实。

车机 HMI 系统研发的复杂性不仅体现在技术实现上,还涉及各个环节的高效协作。开发一款成功的车机 HMI 系统,不仅依赖于工程师卓越的编码能力,还需要产品经理、设计师、项目经理等的紧密合作,从而将最新的技术融入流畅、丰富的用户体验中。

Unity 引擎作为一个成熟且被广泛应用的实时渲染 3D 互动内容开发平台,凭借其灵活的架构、丰富且易用的功能以及强大的跨平台能力,已成为开发者构建复杂交互系统的首选工具。在汽车行业中,车机 HMI 不仅要实现基础的功能展示,还要能够即时响应用户的需求,让用户极具沉浸感,有直观良好的体验。通过 Unity 引擎的强大工具集,开发者得以在车载环境中构建精细的用户界面,整合复杂的实时数据,让 HMI 系统以最佳的性能运行在目标硬件平台上。

在智能座舱逐渐成为汽车主流配置的背景下,技术的作用已不再囿于传统的车内功能操作和展示。我们正在快速进入一个以个性化和智能化为特点的时代。AI 技术、自然语言处理、手势识别等创新功能的引入,将会彻底改变驾驶员与车辆的互动方式。未来,车机 HMI 系统不仅是一种控制界面,也是车主日常生活的延伸。它将了解用户的日常习惯,预见他们的需求,并在每次互动中提供高度个性化的响应。

Unity 的技术优势在于其开放性与可扩展性,为开发者提供了无限的可能性去探索这些新兴技术,并在市场竞争中脱颖而出。然而,技术仅仅是实现目标的一部分。真正的挑战在于如何将复杂的技术转化为用户友好的体验。Unity 通过其直观的工作流、强大的工具集和广泛的社区支持，为开发者提供了从概念设计到量产的完整路径。这不仅加速了车机 HMI 的研发进程，也为更多创新想法的实现提供了广阔的空间。

本书不仅全面解析了 Unity 技术在车机 HMI 中的应用，更是为那些希望在汽车行业中寻求突破的开发者提供了一条清晰的技术学习路径。通过阅读本书，读者不仅能了解如何使用 Unity 引擎进行车机 HMI 的开发，还能深刻体会实时技术如何改变产品开发的方式和加快开发的速度。

相信这本书将成为每一位汽车行业创新者的必读之作。它不仅仅帮助大家掌握了技术实现细节，更重要的是为大家打开了通向未来无限可能的窗口。

张俊波
Unity 中国 CEO

Foreword 序 二

在当今科技迅猛发展的时代，智能驾驶与车载 HMI 系统的创新已成为汽车工业的重要驱动力。随着自动驾驶技术的日益进步，以及消费者对智能化、个性化驾驶体验需求的不断增长，如何在有限的空间内集成多样化的信息系统，如何为驾驶员和乘客提供直观、便捷且安全的交互体验，成为每一个汽车制造商和研发团队亟待解决的核心问题。

作为团结引擎的研发负责人，我深知在这一领域内，技术的突破与创新不仅依赖于先进的工具和平台，还依赖于对用户需求的深刻理解与精准把握。在此背景下，我非常荣幸为我的同事兼好友杨栋的新书撰写推荐序。

Unity 引擎：打造智能座舱的理想选择

Unity 引擎凭借其强大的图形渲染能力、灵活的开发环境以及广泛的社区支持，迅速成为车载 HMI 系统开发的理想工具。杨栋在书中深入浅出地介绍了 Unity 引擎在智能座舱开发中的具体应用，全面覆盖了系统架构设计、界面开发、性能优化以及跨平台适配等关键环节。通过丰富的实战案例，读者不仅能够掌握 Unity 引擎在车载 HMI 开发中的核心技术，还能深入了解它在实际项目中的应用效果与优化策略。

团结引擎：车机 HMI 上的 Unity 引擎 Plus

书中还特别提到，团结引擎基于 Unity 2022.3 LTS，并针对车机 HMI 场景进行了大量优化和功能开发。因此，推荐大家直接选择团结引擎进行车机 HMI 开发，这将显著提高开发效率。

精心设计：带你一站式学会 Unity HMI 开发

1）**系统架构设计与模块化开发**：在智能座舱系统开发中，合理的系统架构设计至关重要。杨栋通过一个示例项目，详细阐述了基于 Unity 引擎的 HMI 系统架构设计，从模块划分到数据流管理，帮助开发者构建高效、稳定的系统。这不仅为后续功能扩展和维护提供了坚实的保障，也为团队协作和项目管理带来了显著好处。

2）**性能优化与资源管理**：在车载环境下，HMI 系统需要在有限的硬件资源和严格的实时性能要求下运行。杨栋在书中详细介绍了 Unity 引擎在性能优化方面的诸多策略，包括内存管理、渲染优化、资源加载与卸载等关键技术。这些优化方法不仅提高了系统的运行效率，也确保了 HMI 应用在各种复杂场景下的稳定性和响应速度。

3）**实战案例与最佳实践**：本书没有停留在理论层面，而是通过实战案例展示了 Unity 引擎在车载 HMI 开发中的实际应用。同时，杨栋在书中总结了多年的研发经验，提炼出许多最佳实践，旨在为读者在实际项目中提供可操作的指导，减少开发过程中可能遇到的困难与挑战。

4）**团队协作与项目管理**：在智能座舱系统的开发中，团队协作与项目管理同样至关重要。书中详细探讨了如何在统一的技术平台下优化团队协作流程，提高项目管理效率。通过合理的任务分配与人员架构，确保每位团队成员都能在自己的岗位上充分发挥潜力，同时促进团队整体的协同合作与创新能力。

5）**面向未来的技术展望**：智能座舱的发展前景广阔，随着物联网（IoT）、人工智能（AI）和大数据技术的不断融合，未来的车载 HMI 系统将更加智能化、个性化和人性化。杨栋在书中不仅总结了当前技术应用的现状，还通过介绍 Unity Sentis——利用本地算力的 AI 推理引擎，对未来的发展趋势进行了前瞻性探讨，帮助读者提前布局，抢占技术制高点，为智能驾驶的美好未来做好充分准备。

献给每一位追求卓越的开发者

本书的出版离不开杨栋多年的研发积累与无私分享，他在书中展示了深厚的技术功底和丰富的实战经验。这不仅为行业内的技术人员提供了宝贵的学习资源，也为整个智能座舱领域的技术进步注入了新的活力。

作为团结引擎的研发负责人，我坚信，这本书将成为广大研发人员在技术探索与项目实施中的得力助手。无论你是初涉车载 HMI 开发的新手，还是具备丰富经验的资深工程师，都能从中汲取有价值的知识与灵感，以在智能驾驶的道路上不断前行，开创更加美好的未来。

在此，我诚挚推荐本书，愿这本书能激发你的技术热情，提升你的专业能力，共同见证智能驾驶的无限可能。

左瑞文

团结引擎研发负责人

Foreword 序 三

随着汽车行业从电动化向智能化转型，汽车的角色正在发生深刻的变化。如今的消费者不再只关注发动机的功率和电池的续驶里程，也不再仅仅讨论驾驶的操控感和速度，他们更加在意的是，智能座舱所应用的前沿技术能够为驾乘体验带来怎样与众不同的用户感受。

在智能化浪潮中，智能座舱的 HMI 界面早已超越了单纯显示车辆信息的工具角色，转变为整个智能座舱的"指挥中心"。它不仅需要提供基础的控制功能，还必须能够实时响应用户需求，展示复杂的驾驶数据，并整合多种智能技术，如语音识别、手势控制，甚至先进的 AI 技术，旨在为驾乘人员提供前所未有的体验。这种演进无疑增加了 HMI 开发的技术复杂性，对开发者提出了更高的要求。

从商业角度来看，实现更好的车机 HMI 功能既是技术上的挑战，也是实现市场差异化的关键。车机 HMI 成为驾驶体验的核心组成部分，也成为品牌与用户之间建立情感连接的桥梁。通过提供更加个性化、直观的交互体验，车企能够增强用户黏性，提升品牌忠诚度，并为未来的增值服务创造更多机会。

在这样的背景下，Unity 引擎在近些年成为推动车机 HMI 技术发展的重要力量。作为一个成熟的实时 3D 引擎，Unity 不仅拥有卓越的可视化表现能力，还能帮助开发者快速构建出响应灵敏、功能丰富的车机 HMI 系统。Unity 引擎为广大开发者提供了强大的开发工具，同时构建了广泛的合作生态体系。利用 Unity 引擎，开发团队可以轻松访问丰富的资源库和技术支持，加快从概念到量产的进程。更为重要的是，Unity 引擎的高度可扩展性使得开发者可以根据项目的具体需求，灵活调整系统架构，满足不同品牌和车型的个性化要求。

这场转变既是技术层面的革新，也是消费者体验的全面颠覆。未来的汽车不仅要具备驾驶舒适性，还需要像智能手机一样，提供强大的连接能力和个性化的定制体验。通过车机 HMI 系统，驾驶人与车辆的关系将变得更加紧密。智能座舱将成为用户日常生活的一部分，帮助他们无缝连接数字生态系统：从导航到娱乐，再到智能家居的控制，车机 HMI 通过与车辆控制系统、云服务和用户数据的深度整合，能够预测驾驶者的需求并主动提供解决方案。另外，基于人工智能的系统可以学习驾驶人的行为模式，也可以在合适的时机建议导航路线、自动调节车内温度，甚至预订目的地的停车位。

这本书为开发者提供了宝贵的技术指南，帮助他们深入理解 Unity 引擎在车机 HMI 开发中的应用。同时，从商业角度来看，本书也为希望通过技术创新提升市场竞争力的企业提供了清晰的实现路径。

肖蓓蓓

Unity 中国 HMI 事业部总经理

Preface 前言

为什么要写这本书

随着汽车行业的快速发展，智能座舱逐渐成为现代汽车中不可或缺的一部分，车机 HMI 系统在智能座舱中扮演着关键角色。车机 HMI 不仅是信息展示和功能控制的界面，更是提升驾驶体验和安全性的核心组件。

随着开发技术的不断进步和应用范围的扩大，Unity 引擎已经从游戏行业的广泛应用，凭借强大的 3D 实时渲染和互动式内容开发能力，越来越多地被车机 HMI 开发者用于汽车行业的日常开发中。

然而，由于游戏与汽车属于两个完全不同的行业，如何将原本应用于游戏开发的引擎技术应用到汽车智能座舱的车机 HMI 开发中，成为困扰传统车机 HMI 开发者的难题。目前，市面上所提供的关于 Unity 引擎的书籍，大多是讲解如何用 Unity 引擎开发游戏内容的，读者也很难通过既有书籍进行系统化的学习。

2016 年，我加入了 Unity 中国团队，开始从事 Unity 引擎在游戏行业的技术布道工作，见证了 Unity 引擎在游戏行业中市占率位居首位，并被其他行业的开发者广泛采纳的过程。从 2021 年起，我开始接触基于 Unity 引擎的车机 HMI 项目，并有幸主导了 Unity 中国团队内部 HMI Demo 系列项目的设计与研发工作。目前，我将所有工作精力投入到 Unity 引擎在车机 HMI 领域的技术布道工作，并直接参与各类前瞻 PoC（概念验证）项目和量产项目的技术方案制订。

本书旨在帮助读者理解并掌握在现代智能座舱中应用 Unity 引擎进行车机 HMI 开发的方法。

读者对象

本书适合以下人群阅读。

- 汽车行业的 HMI 产品经理、设计师和开发者。
- 智能座舱架构师和工程师。
- Unity 开发者，特别是那些希望将 Unity 应用于汽车领域的人士。
- 对车机 HMI 开发感兴趣的技术人员和研究人员。

本书特色

本书为智能座舱中的车机 HMI 开发提供了系统、实用的学习框架，具有以下特色。

一是实战导向。全面讲解 Unity 的核心功能应用，包括 3D 模型处理、URP 材质、车漆、后处理效果及 Scriptable Render Pass 等，帮助读者深入掌握 HMI 开发中的关键技术。

二是流程指导。基于 Unity 中国团队的实际 HMI 开发流程，提供系统化的项目开发路径指导，并结合 Unity 官方的 HMI 模板工程进行实例剖析，让读者全面理解每个开发环节。

三是技术深度与前瞻性。本书特设优化章节，详细讲解 Unity 的多层次性能优化，并探索 AI 在 HMI 中的应用，展示如何通过 Unity Sentis 实现智能化功能，为智能座舱的未来提供创新参考。

本书不仅可以帮助读者高效开发高质量的 HMI 内容，还可以帮助他们紧跟技术前沿，探索 AI 与智能座舱应用的融合。

如何阅读本书

本书共分为 10 章，具体内容如下。

第 1 章介绍了 Unity 引擎在智能座舱 HMI 中的应用，通过 5 个实际案例展示 Unity 引擎在量产车机 HMI 中的具体实现，以及基于 Unity 开发的相关产品的功能总结，最后介绍了 Unity 官方 HMI Demo。

第 2 章介绍了 Unity 引擎的核心功能，针对车机 HMI 开发的需求，详细介绍了 Unity 引擎的渲染管线、脚本系统、输入系统、动画系统、粒子系统、版本控制系统等关键功能，为后续章节的技术细节介绍打下基础。

第 3 章详细讲解了 Unity 引擎中的 HMI 设计流程。工作流程包括从概念设计到上车测试的全过程，帮助所有参与智能座舱开发的产品经理、设计师、开发者、测试工程师等，理解完整、高效的车机 HMI 开发流程。该流程旨在确保优秀的车机 HMI 设计能够通过 Unity 引擎和配套工具高保真地还原和实现，顺利应用于量产车型上。该流程基于 Unity 中国团队在大量 PoC 和量产项目中积累的实战经验总结，值得深入理解后积极实践。

第 4 章深入分析了 Unity 资源商店中由 Unity 官方提供的一个完整 HMI 模板工程。通过拆解和分析模板工程的结构、功能模块及如何基于该模板进行二次开发，帮助读者深入理解包含中控和仪表内容的车机 HMI 项目在 Unity 引擎中的搭建方法。由于此模板工程免费提供给所有用户，因此它不仅是极佳的学习资料，也可以作为实际车机 HMI 项目的基础工程来使用。

第 5 章聚焦于 HMI 项目中的 3D 车模处理和 URP 材质的应用，介绍了如何优化 3D 车模以适应车机 HMI 需求，以及如何使用 URP 材质创建各种材质效果，如普通车漆和高级车漆。

第 6 章介绍 Unity 引擎中的后处理和抗锯齿技术，讲解如何通过这些功能提升车机 HMI 画面的视觉品质。

第 7 章探讨了如何利用 Unity 引擎的 Scriptable Render Pass 功能实现定制渲染效果，以满足车机 HMI 的特殊渲染需求。

第 8 章系统地介绍了 Unity 引擎的性能优化方法，从 CPU、GPU 和内存优化角度，讲解如何提升车机 HMI 应用的运行效率，通过实际案例指导读者识别性能瓶颈并实施相应的优化策略。

第 9 章介绍了 Unity Sentis 赋能 AI 智能座舱，通过本地算力为互动式应用提供全新的交互能力，为开发者开拓了车机 HMI 创新的新方向。

第 10 章介绍了 Unity 官方维护的学习平台，以及 Unity 资源商店中能够提升日常开发工作效率的各种美术资产相关系统和插件。

通过学习本书，读者可以系统地了解车机 HMI 开发的全貌，做到在实际项目中得心应手地应用所学知识。

勘误和支持

由于笔者水平有限，书中难免存在部分不妥之处，恳请读者指正。欢迎读者在 Bilibili 平台和微信视频号搜索"Unity 杨老师"与我联系。另外，读者可以在知乎平台通过搜索本书书名来获取相关学习资源。

致谢

在此，我要特别感谢以下同事和朋友：张俊波、肖蓓蓓、左瑞文、刘伟贤、林明峰、张云豪、王辰、张苑哲、李向阳、赵楠、殷崇英、杨森、张晓辰、王硕。感谢你们为 Unity 引擎在车机 HMI 领域的市场开拓、引擎能力开发、3D HMI 的创新产品和设计方面所做出的不懈努力与卓越贡献。正是因为你们的辛勤工作和不懈追求，本书的撰写才成为可能。当然，还有更多受限于篇幅无法一一列出的朋友们，在此一并感谢。

此外，我还要衷心感谢我的家人，感谢你们在我撰写本书的过程中给予的支持和理解。你们的陪伴和鼓励是我坚持完成这项工作的最大动力。

目录 Contents

序一
序二
序三
前言

第 1 章　Unity 引擎在智能座舱 HMI 中的应用 ················ 1

1.1　Unity 引擎为传统车机 HMI 带来的新可能 ················ 1
1.2　Unity 引擎在量产车中的应用案例 ··· 2
　　1.2.1　奔驰长轴距 E 级轿车 ············ 2
　　1.2.2　蔚来汽车 ························ 3
　　1.2.3　小鹏汽车 ························ 4
　　1.2.4　理想汽车 ························ 5
　　1.2.5　领克汽车 ························ 6
1.3　Unity 引擎在量产车中的功能总结 ··· 8
　　1.3.1　3D 动态桌面 ···················· 8
　　1.3.2　3D 车模控制 ··················· 13
　　1.3.3　高级 3D 地图渲染 ············· 16
　　1.3.4　ADAS 的信息渲染 ············ 18
　　1.3.5　基于实时渲染技术的高级音乐可视化 ·························· 19

1.4　Unity 官方 HMI Demo 介绍 ········· 21
　　1.4.1　HMI Demo 1.0 ················ 21
　　1.4.2　HMI Demo 2.0 ················ 24
　　1.4.3　HMI Demo 3.0 ················ 27
　　1.4.4　HMI Demo 3.5 ················ 30
　　1.4.5　HMI Demo 4.0 ················ 36
1.5　本章小结 ···························· 39

第 2 章　Unity 引擎的核心功能 ········· 40

2.1　Unity 引擎和团结引擎 ················ 40
　　2.1.1　Unity 引擎和团结引擎的主要区别 ·························· 41
　　2.1.2　安装 Unity 引擎 Hub 和团结引擎 Hub ······················ 42
2.2　Unity 引擎转团结引擎 ················ 47
2.3　渲染管线 ···························· 47
　　2.3.1　渲染管线的选择 ················ 47
　　2.3.2　通用渲染管线 ·················· 49
2.4　针对实时渲染内容增加交互功能 ··· 59
　　2.4.1　Unity 脚本系统 ················ 59
　　2.4.2　Unity 输入系统 ················ 62
　　2.4.3　可视化编程 ····················· 68

2.5　Unity 引擎动画系统 …………… 70
　　2.5.1　Unity 内置动画系统 ………… 72
　　2.5.2　Timeline ……………………… 82
　　2.5.3　Animation Rigging ………… 85
2.6　使用粒子系统为场景添加效果 …… 86
　　2.6.1　基于 CPU 运算的粒子系统 … 86
　　2.6.2　基于 GPU 运算的粒子系统 … 87
2.7　团队协作工具（版本控制系统）… 90
　　2.7.1　传统版本管理系统 …………… 90
　　2.7.2　Unity Plastic SCM（Unity 版本
　　　　　控制）…………………………… 91
2.8　本章小结 …………………………… 93

第 3 章　Unity 引擎中的 HMI 设计流程 ……………………………… 94

3.1　Unity HMI 项目开发流程 ………… 95
　　3.1.1　2D 设计 ………………………… 95
　　3.1.2　2D 转 3D 动效 ………………… 95
　　3.1.3　3D 美术 ………………………… 95
　　3.1.4　技美实现 ……………………… 96
　　3.1.5　程序开发 ……………………… 96
　　3.1.6　测试和优化 …………………… 97
　　3.1.7　打包 …………………………… 98
3.2　节点之间的关系与贯穿全流程的
　　　快速迭代策略 ……………………… 98
3.3　车载智能座舱 Unity HMI 开发
　　　团队组建 …………………………… 99
3.4　本章小结 ………………………… 102

第 4 章　Unity 引擎 HMI 模板 …… 103

4.1　Unity HMI 项目功能解析 ……… 103

　　4.1.1　项目工程总览 ……………… 105
　　4.1.2　车模控制的实现 …………… 112
　　4.1.3　UI 实现 ……………………… 124
　　4.1.4　UI 换肤（基于 Scriptable-
　　　　　Object）………………………… 129
　　4.1.5　模拟车载信号以测试 HMI
　　　　　体验 …………………………… 137
　　4.1.6　自定义构建窗口 …………… 138
4.2　本章小结 ………………………… 139

第 5 章　HMI 3D 车模处理和 URP 材质 ……………………………… 140

5.1　工业 3D 车模的简化处理 ……… 140
5.2　不同应用场景/算力情况下的
　　　建议模型面数 …………………… 142
5.3　URP 材质 ………………………… 143
　　5.3.1　URP 标准材质 ……………… 143
　　5.3.2　URP 示例工程 ……………… 149
　　5.3.3　工业项目材质库 …………… 151
　　5.3.4　使用 Shader Graph 实现高级
　　　　　车漆 …………………………… 153
5.4　本章小结 ………………………… 157

第 6 章　后处理和抗锯齿 ………… 158

6.1　后处理方法 ……………………… 158
6.2　抗锯齿方法 ……………………… 165
6.3　本章小结 ………………………… 168

第 7 章　利用 Scriptable Render Pass 实现定制渲染效果 ………… 169

7.1　URP Render 配置 ………………… 169

7.1.1 创建自定义卡通渲染 Shader ·········· 171
7.1.2 创建 Scriptable Render Pass ·········· 173
7.1.3 应用定制的 Shader 和 Scriptable Render Pass 脚本·········· 174
7.1.4 创建 Scriptable Renderer Feature ·········· 175
7.2 本章小结·········· 176

第 8 章 Unity 性能优化·········· 177

8.1 性能优化概述·········· 177
　8.1.1 优化的 3 个目标·········· 177
　8.1.2 80/20 原则·········· 179
　8.1.3 何时优化·········· 179
　8.1.4 CPU 和 GPU 相关优化项·········· 181
　8.1.5 优化流程·········· 182
8.2 Unity 内置的性能分析工具·········· 182
　8.2.1 Unity Profiler·········· 183
　8.2.2 Profile Analyzer·········· 187
　8.2.3 Frame Debugger·········· 189
　8.2.4 Memory Profiler·········· 191
　8.2.5 Rendering Debugger·········· 193
8.3 Unity 内存管理相关优化·········· 196
　8.3.1 垃圾回收器与增量式垃圾回收·········· 197
　8.3.2 GC 相关的优化方法·········· 200
8.4 CPU 相关优化·········· 204
　8.4.1 关于绘制调用·········· 204
　8.4.2 静态合批·········· 204
　8.4.3 动态合批·········· 207
　8.4.4 SRP Batcher·········· 207
　8.4.5 GPU 实例化·········· 211
　8.4.6 多线程处理·········· 212
8.5 GPU 相关优化·········· 215
　8.5.1 光照相关优化·········· 215
　8.5.2 纹理相关优化·········· 220
　8.5.3 遮挡剔除·········· 223
　8.5.4 Mipmap 和 Mipmap Streaming·········· 228
　8.5.5 LOD·········· 229
8.6 本章小结·········· 231

第 9 章 Unity Sentis 赋能 AI 智能座舱·········· 232

9.1 Unity Sentis 介绍·········· 233
9.2 Unity Sentis 使用入门·········· 235
9.3 Unity Sentis 在游戏中的应用·········· 239
9.4 本章小结·········· 240

第 10 章 Unity 学习资源和 Unity 资源商店·········· 241

10.1 Unity 学习资源·········· 241
　10.1.1 Unity 英文课堂·········· 241
　10.1.2 Unity 中文课堂·········· 242
10.2 Unity 资源商店·········· 245
　10.2.1 天气和环境系统·········· 245
　10.2.2 美术资产相关系统·········· 246
　10.2.3 工具类插件·········· 249
10.3 本章小结·········· 251

第 1 章 Chapter 1

Unity 引擎在智能座舱 HMI 中的应用

本章将介绍目前量产智能电动车领域中应用 Unity 引擎的具体案例，包括车机 HMI 的具体功能，并带领大家了解如何在 Unity 引擎中实现这些功能，还在章尾介绍 Unity 中国团队所开发的前瞻性 HMI Demo 项目。

1.1 Unity 引擎为传统车机 HMI 带来的新可能

随着汽车智能座舱的快速发展，传统中控和仪表上的内容越来越丰富，这对 HMI 内容工具的开发以及基于这些工具所能实现的功能提出了挑战，包括但不限于以下几方面。

（1）跨平台的兼容性与一致性

智能座舱 HMI 需要在不同的硬件平台和操作系统上保持一致的用户体验，这要求开发工具能够支持跨平台开发和部署。

（2）高质量实时图形渲染

智能座舱的用户界面越来越倾向于高分辨率、高动态范围（HDR）和复杂的 3D 渲染效果。屏幕分辨率正从 720p 和 1080p 向 6K 高分辨率发展。屏幕形态和布局也从单一的仪表和中控屏向带鱼屏、异形屏、多屏联动、防窥屏等方向快速发展。这要求开发工具既能提供强大的 3D 实时渲染开发和运行能力，又能够满足这些快速变化的屏幕配置和调试需求。

（3）实时性能与响应速度

智能座舱 HMI 要求极高的实时性和快速响应的能力，特别是在安全相关功能上，如保障 ADAS（高级驾驶辅助系统）的即时显示。开发工具必须能够支持实时数据处理和高效的事件响应。

（4）复杂交互和多媒体集成

随着多点触控、语音控制、手势识别等相关技术的普及和使用，智能座舱 HMI 的交互设计变得日益复杂。开发工具需要集成多种输入方式，并能处理复杂的交互逻辑。

（5）用户体验设计工具

复杂的交互要求开发工具提供更高效的 UI/UX 设计工具和原型制作工具，以及流畅的配套工作流，如快速预览测试的能力，从而帮助设计师快速迭代和测试用户界面。

（6）软硬件集成

智能座舱 HMI 系统需要与车辆的各种传感器、控制单元以及外部网络服务紧密集成。开发工具需要提供灵活的 API 和程序框架，以支持这些复杂的软硬件集成工作。

因此，近年来，寻找一个能够满足智能座舱 HMI 开发需求的开发工具或平台已经成为开发者的一项迫切任务。在技术选型时，Unity 引擎已经成为开发者进行实时渲染互动式内容开发的首选平台。

Unity 引擎经过近 20 年的发展，已经成为世界上最受欢迎的游戏开发平台之一。凭借强大的跨平台部署能力、友好的开发编辑环境、高效的 2D 和 3D 实时渲染技术，以及丰富的资源和社区支持，Unity 引擎支持 PC、游戏主机、移动设备等几乎所有主流平台，让开发者能够一次开发、多平台部署。Unity 引擎的出现推动了整个游戏行业的发展，特别是移动游戏行业。

随着 Unity 引擎被游戏圈外的开发者了解和应用，越来越多的 HMI 开发者发现他们所寻求的技术实现能力在 Unity 引擎中都能找到。同时，Unity 公司也在 HMI 领域投入技术力量，有针对性地研发 HMI 开发相关的工具链和平台支持，比如在 Unity 引擎中增加对 HMI 平台上的 Android、嵌入式 Linux 以及 QNX 的官方支持，还开始提供各种示例工程，甚至对程序框架 URAS（Unity Render As Service）的支持。这些内容将在本书后面的章节为大家一一讲解。

接下来，我们一起看一下当前量产车型中使用 Unity 引擎的情况，以及在这些车型上实现的相关功能。

1.2 Unity 引擎在量产车中的应用案例

在笔者写作本书时（截至 2024 年 9 月），24 个汽车品牌（包括新势力电动车品牌和传统汽车品牌）的 70 个量产车型已经在它们的智能座舱 HMI 中使用了 Unity 引擎的各项功能，实现了 3D 地图渲染、3D 车模控制实体车辆（例如，门、空调、座椅等实体的显示和双向控制）、ADAS 显示等。这些量产车型来自奔驰、蔚来、小鹏、理想、领克、极氪、合众（哪吒）、极越、智己、小米、阿维塔等品牌。

1.2.1 奔驰长轴距 E 级轿车

奔驰长轴距 E 级轿车上配备了基于高德导航数据和 Unity 引擎渲染技术的 3D 车道级导航地图。得益于 Unity 引擎强大的实时 3D 渲染功能，3D 地图拥有了基于地图数据动态生成的城市建筑物和道路模型,以及逼真的日夜变化和环境变化效果。3D地图体验完全不同于传统的2D地图体验,真正做到了一目了然。驾驶员感觉自己在一个超大的城市数字孪生环境中驾驶。

如图1-1所示,所有的建筑物、地块形状和道路模型,都可由Unity引擎根据地图数据供应商的数据准确生成。

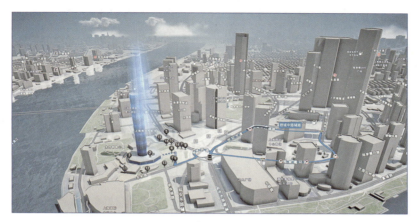

图1-1　Unity引擎生成的3D导航地图

另外,得益于渲染层和数据层在架构上的分离,这样的3D渲染效果可以用任何地图数据供应商的数据来驱动生成。

1.2.2　蔚来汽车

蔚来汽车在其智能座舱HMI中全面应用了Unity引擎的多种能力,包括空调、座椅、香氛、氛围灯的控制和显示功能,如图1-2所示。

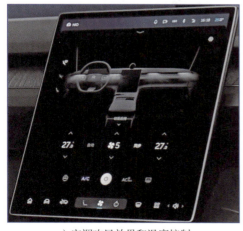 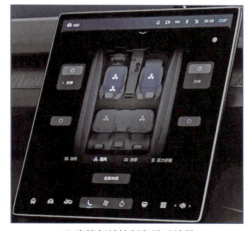

a)空调吹风效果和温度控制　　　　　　　　b)座椅相关控制和显示效果

图1-2　蔚来汽车在智能座舱HMI中使用Unity引擎的多种能力

c）香氛粒子效果的动态展示　　　　　　d）氛围灯效果

图 1-2 （续）

在蔚来移动端应用中，借助 Unity 引擎的跨平台开发和部署能力，客户在选购蔚来车辆时，可以通过实时渲染和互动的方式定制车的外饰与内饰，如图 1-3 所示。

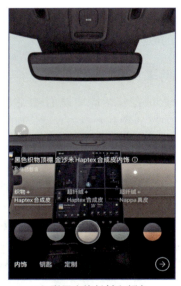

a）选配钢圈　　　　　　　　　　　b）配置内饰材料和颜色

图 1-3　定制车的外饰与内饰

1.2.3　小鹏汽车

小鹏在推出 P7 车型时已经使用了 Unity 引擎的 3D 渲染能力，在 G9 车型上更是深度集成了 Unity 引擎的各项能力。

小鹏在 G9 车型中使用 Unity 引擎开发了完整的 3D 桌面。这在当时代表了汽车智能座舱技术的重要进步。3D 桌面将真实世界以 3D 形式投射到车机屏幕上，提供了沉浸式的交互体验和增强的驾驶安全性。

Unity 引擎也为 G9 车型的地图应用（见图 1-4）提供了强大的 3D 渲染和实时处理功能。这使得开发者能够创建详细且动态的 3D 地图环境，从而实现高质量的视觉效果，如复杂的光照效果、纹理细节和动态元素的渲染，这对提升地图的实用性和用户体验至关重要。

图 1-4　小鹏 G9 车型上的 3D 地图

1.2.4　理想汽车

理想汽车在 L7、L8 和 L9 车型上都使用了 Unity 引擎提供的 3D 渲染能力。其中，L9 车型的全彩 HUD（见图 1-5）整合了导航信息、车辆状态、时速和 NOA 等重要行车信息。驾驶员无须低头查看仪表，实现了兼顾实用性和安全性的目标。

另外，理想汽车也利用了车辆上丰富的传感器数据，通过 Unity 引擎的数据集成和处理能力来驱动车辆周围 3D ADAS 场景相关信息的精确显示，如图 1-6 所示。

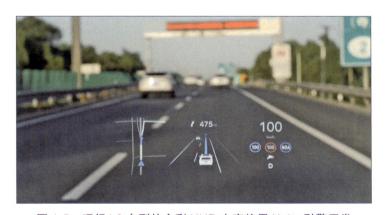

图 1-5　理想 L9 车型的全彩 HUD 内容使用 Unity 引擎开发

图 1-6　车辆传感器的数据转化成 Unity 引擎渲染的 3D ADAS 场景

1.2.5　领克汽车

在领克 08 车型上，Unity 引擎与 Flyme Auto 车机系统进行了深度集成，利用高清大屏和高算力，给用户带来了更好的智能座舱体验。这些体验包括三车道信息、AR 导航、ADAS 辅助信息显示、3D 动态桌面（包括显示车辆内外饰、日夜和天气系统等）。此外，领克 08 车型在业界首次实现了跨应用"一镜到底"的无缝转场体验。

图 1-7 展示了 3D 动态桌面上的雨雪天气效果。

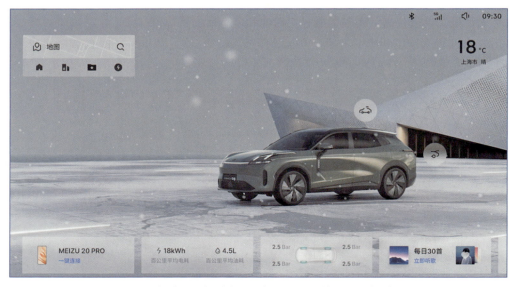

图 1-7　领克 08 车型在 3D 桌面上显示的雨雪天气效果

如图 1-8 所示，通过一系列镜头切换和应用层级变化，在 HMI 上实现了从 3D 动态桌面应用到原生地图应用的"一镜到底"无缝转场，使用户感觉车模"丝滑"地进入地图导航场景。Unity 引擎灵活的程序架构让这种跨应用"一镜到底"的效果成为可能。

a）3D 桌面　　　　　　　　　　　　b）开始转换视角

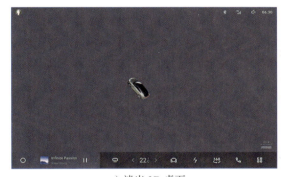

c）淡出 3D 桌面　　　　　　　　　　d）淡入地图背景

图 1-8　领克 08 车型 HMI 上的 Unity 引擎跨应用"一镜到底"效果

领克 08 车型使用 Unity 引擎在嵌入式 Linux 系统上实现了仪表内容开发（见图 1-9），这使得 ADAS 相关内容能够在仪表上更加准确和实时地显示，进一步提升了车主对整车状态的认知。

图 1-9　使用 Unity 引擎开发的领克 08 车型 3D 桌面

1.3　Unity 引擎在量产车中的功能总结

通过 1.2 节对优秀量产车型上 HMI 应用的介绍，相信大家对新型智能座舱 HMI 内容的形态和发展方向已经有了基本的认知。接下来，我们将通过对这几类 HMI 应用的详细介绍，让大家更深入地了解它们的实现原理。这可以为我们后续章节相关技术的讲解打下坚实的基础。

1.3.1　3D 动态桌面

3D 动态桌面是指使用 Unity 引擎强大的 3D 实时渲染和交互功能，创建一个动态且直观的车机 HMI 用户界面。在这样的界面中，所有的可交互元素不再是以传统的 2D 元素呈现，而是以可交互的 3D 车模、车辆传感器数据或云端数据驱动的动态场景为代表的方式呈现，达到为用户提供丰富视觉体验和高效信息传递的目的。

3D 动态桌面完全颠覆了传统需要通过多层级 2D UI 交互才能实现的功能，让用户以最直接的方式获取车辆内外的信息，并实现车辆功能的控制，如开关车门与空调、连接蓝牙设备等。

图 1-10 所示是一个经典的 3D 动态桌面设计。所有功能按钮一目了然，无须深挖多层菜单即可触达。针对车辆悬架的所有调整操作，我们都能实时从车辆传感器获取相关数据，并在 3D 车模上实时看到反映。

图 1-10　3D 动态桌面设计案例

1.3.1.1　产品功能描述

以下是对典型 3D 动态桌面产品功能的描述。通过这些描述，我们可以了解 3D 动态桌面所提供的各项功能。产品功能的描述也将成为我们实现相关功能的指导。

（1）交互界面

设计和实现一个包含完整 3D 和 2D 元素的交互界面，涉及 3D 车模、用 3D 模型搭建的环境、传统的 2D UI 界面、位于世界坐标系中的 2D 或 3D UI 元素、粒子特效，以及全场景摄像机系统等。

（2）数据驱动的实时信息展示

利用自车传感器数据和外部数据源的数据，在 3D HMI 中实时显示相关数据和信息，例如车辆速度、电量/油量、天气情况、车窗状态、当前驾驶模式等。

（3）支持多种交互方式

用户可通过屏幕触摸和语音命令与界面互动，例如激活指定功能、控制空调温度和风速、控制音乐播放等。

（4）个性化定制界面

用户可以个性化定制界面上的各项 UI 元素布局，动态替换背景图，或者用皮肤包替换整个界面风格。

（5）多媒体功能的集成

结合车载音频和氛围灯等硬件能力，整合音乐播放和视频播放功能，为用户提供沉浸式娱乐体验。

1.3.1.2 实现功能的基本步骤

在实现上述 3D 动态桌面功能时，我们可能需要用到以下的 Unity 引擎能力。

（1）Unity 项目设置

创建 Unity 新项目，选择 URP（Universal Render Pipeline，通用渲染管线）作为实时渲染管线。

由于 3D 动态桌面通常在中控屏上显示，因此需要将构建平台切换为 Android 平台。当然，Unity 引擎也支持嵌入式 Linux 和 QNX 这些在车机上常用的操作系统。

根据车载芯片的算力情况，例如高通 8155、8295 和芯驰 X9HP，对 URP 渲染管线进行相应的配置。例如，对于高算力芯片，可以开启更多的后处理效果；对于低算力芯片，则不建议开启任何后处理效果。

（2）导入 3D 模型和动画

Unity 本身并不包含编辑 3D 模型的工具集。虽然我们可以通过 Unity 官方插件 ProBuilder 来对多边形模型进行有限的编辑，但这款插件并不是用来制作产品级 3D 模型的。因此，在正式项目中，我们需要使用的 3D 模型和动画，必须在外部三维建模动画软件（如 Maya、3ds Max 和 Blender）中进行设计和制作，并使用引擎支持的文件格式（如 FBX 格式）将 3D 模型导入 Unity 引擎中。

对于 3D 动态桌面的开发，我们主要使用的模型是 3D 车模和场景模型，以及相关的纹理和材质。

另外，我们要在 Unity 引擎中实现 3D 动态桌面的各项功能，前期的动画（后面的章节将详细介绍动画的开发流程）参考也是必不可少的。

（3）光影效果的实现

仅在 Unity 引擎中导入需要用到的 3D 模型，并不足以让我们创建丰富且沉浸式的 3D 场景。利用 Unity 引擎的基于物理的光照和材质系统，即 PBR（Physically Based Rendering，基于物理的渲染），我们可以创建逼真（如纯写实类）或富有创意的风格化（如二次元）渲染画面。

如果要为 3D 场景添加独特的渲染效果，离不开定制化 Shader（着色器）的开发。如图 1-11 所示，Unity 引擎内置了可视化 Shader 编辑器。开发者可以用连线的方式自定义 Shader。

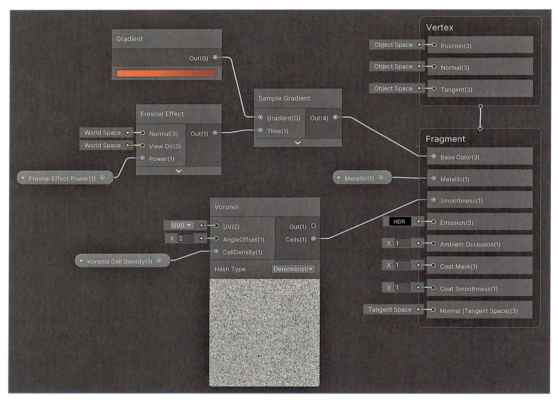

图 1-11　Unity 引擎内置的可视化 Shader 编辑器

我们还可以使用 GPU 加速的高级粒子效果编辑器 Visual Effect Graph，通过可视化编辑来实现复杂的粒子效果，如图 1-12 所示。

（4）UI 实现

Unity 提供了完整的 UI 系统（UGUI）。该系统用于创建传统的 2D/3D UI 元素，实现完美适配不同屏幕分辨率的文字效果，创建交互式界面，包括菜单、控制面板和信息显示。

我们也可以使用第三方 UI 元素库来创建常用的 UI 组件，如列表、组合式菜单、各类控件等。图 1-13 所示的 Modern UI Pack（Unity 资源商店下载链接：https：//assetstore.unity.com/packages/tools/gui/modern-ui-pack-201717），为我们提供了丰富的 UI 预制件（自带 UI 动画），可以大大加快 UI 的开发。

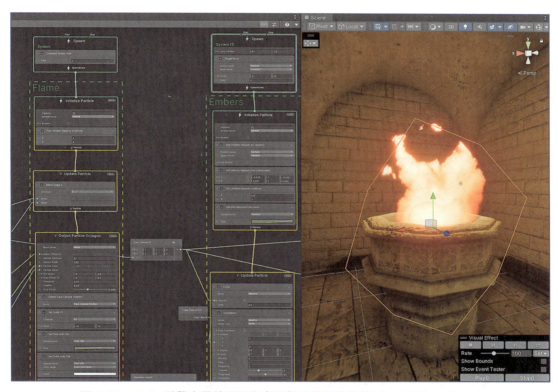

图 1-12　Unity 引擎内置的可视化高级粒子效果编辑器 Visual Effect Graph

图 1-13　Unity 资源商店中的 Modern UI Pack（第三方 UI 插件）

（5）添加互动

在 Unity 中，我们可以通过编写 C# 脚本或者使用可视化编程方案来设计和开发用于处理用户输入（如单击和滑动）的逻辑代码。

在互动方面，3D 动态桌面对场景的镜头变换提出了很高的要求，即所谓的"一镜到底"效果。无论 2D 还是 3D 元素，由于整个应用的内容都存在于同一个 3D 空间之中，因此通过控制摄像头在这个 3D 空间中的位置、旋转角度以及运动路径，我们可以轻松创建丝滑的场景转换效果。

Unity 为我们提供了功能强大的摄像机系统 Cinemachine。利用它，我们无须编写任何代码即可实现上述转场效果。如图 1-14 所示，Unity 的 Cinemachine 摄像机系统提供了诸如摄像头移动轨道设置等高级功能，支持通过拖曳的方式直接定义摄像头的轨道。

图 1-14　Unity 引擎内置强大的 Cinemachine 摄像机系统

（6）基于数据驱动的 3D 效果展示

通过数据接口，Unity 可以将来自车辆传感器和云端的实时数据集成到 UI 和 3D 模型上（如空调、香氛、座椅、氛围灯等），以数据动态驱动的方式与这些 3D 模型进行交互。

图 1-15 是一组简单的空调相关信号对接脚本，用于在 Unity 应用与原生应用之间进行数据传输和功能控制。

在车机系统中，如果 Unity 需要与其他系统服务或应用进行通信，可以通过 IPC（进程间通信）机制实现。例如，在 Android 平台上，可以通过 Binder、Intent 或者开发 Unity 中可以直接使用的 Android 插件来与原生应用或服务进行通信。

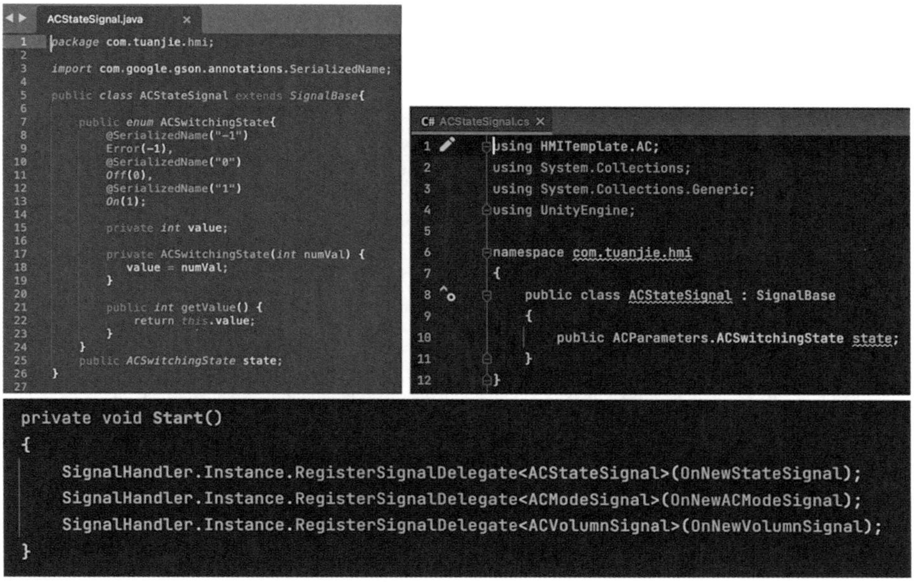

```
ACStateSignal.java  ×
 1   package com.tuanjie.hmi;
 2
 3   import com.google.gson.annotations.SerializedName;
 4
 5   public class ACStateSignal extends SignalBase{
 6
 7       public enum ACSwitchingState{
 8           @SerializedName("-1")
 9           Error(-1),
10           @SerializedName("0")
11           Off(0),
12           @SerializedName("1")
13           On(1);
14
15           private int value;
16
17           private ACSwitchingState(int numVal) {
18               value = numVal;
19           }
20
21           public int getValue() {
22               return this.value;
23           }
24       }
25       public ACSwitchingState state;
26   }
27
```

```
C# ACStateSignal.cs  ×
 1   using HMITemplate.AC;
 2   using System.Collections;
 3   using System.Collections.Generic;
 4   using UnityEngine;
 5
 6   namespace com.tuanjie.hmi
 7   {
 8       public class ACStateSignal : SignalBase
 9       {
10           public ACParameters.ACSwitchingState state;
11       }
12   }
```

```
private void Start()
{
    SignalHandler.Instance.RegisterSignalDelegate<ACStateSignal>(OnNewStateSignal);
    SignalHandler.Instance.RegisterSignalDelegate<ACModeSignal>(OnNewACModeSignal);
    SignalHandler.Instance.RegisterSignalDelegate<ACVolumnSignal>(OnNewVolumnSignal);
}
```

图 1-15　Unity 引擎中使用 C# 脚本实现来自车机系统的空调相关信号对接

1.3.2　3D 车模控制

3D 车模控制功能可以认为是 3D 动态桌面（见 1.3.1 节）的重要组成部分。3D 车模包括完整的内饰和外饰，以及重要部件的模型组件，如车门、车窗、前/后备箱、车灯、空调、座椅、香氛、氛围灯，甚至底部的电池板等。通过将 3D 车模导入 Unity 引擎，我们可以使用脚本系统结合这些模型组件，创建出一个完整的、可互动 3D 界面，以控制和查看车辆的各种功能。

1.3.2.1　产品功能描述

（1）完整的 3D 车模

在 Unity 引擎中创建一个用于开发完整交互功能的 3D 车模（包括内部装饰和外部设计细节），允许用户从不同角度查看车辆各个部分并进行互动。

（2）交互式控制

用户可以直接与 3D 车模进行交互，例如单击车门和车窗进行开启或关闭操作，调整座椅位置和座椅加热，动态调整氛围灯的开关及颜色。

当然，我们也可以使用 2D UI 控件来与 3D 车模进行交互。有时候，在传统的 2D UI 控件上操作可能比在 3D 车模上直接操作更为方便。

（3）3D 车模控制与实车数据的集成

3D 车模控制系统可以与原生车机系统连接，从而集成来自车辆传感器的数据，实现车模上的功能模块与车机系统的实时交互。例如，调整空调温度后，界面上会显示新的温度数值。

1.3.2.2 基本的实现步骤

本节将不再像 1.3.1 节那样介绍所有相关步骤,仅介绍与当前小节功能实现相关的基本步骤。

(1)获取和制作 3D 车模

要制作可在 Unity 引擎中使用的 3D 车模,我们需考虑当前车机能分配给 3D 互动内容部分的实际算力(主要是 CPU、GPU 和内存),从而确定 3D 车模的三角面数量、材质复杂度等技术参数。在第 5 章中,我会详细列举在不同应用场景中 3D 车模相关的技术参数。

当然,原始的 3D 车模肯定是面数非常多(通常是几千万,甚至上亿个三角面)的工业模型。这类模型通常没有任何 UV 和纹理。因此,我们需要对这种原始工业模型进行减面处理,还需进行模型的重新拓扑、展开 UV 和添加纹理,并制作相应的 Shader,以满足展现不同物体表面材质的需求,如车漆、皮革、塑料、镀铬金属等。

(2)为 3D 车模添加交互功能和实现数据联通

这里的实现原理与 1.3.1 节的 3D 动态桌面实现原理相同,我们可以通过编写 C# 脚本或可视化编程的方式,为车模增加互动功能并实现数据的双向打通。后续章节将用示例具体说明。

图 1-16 和图 1-17 展示了 3D 车模的后备箱控制前后示例。

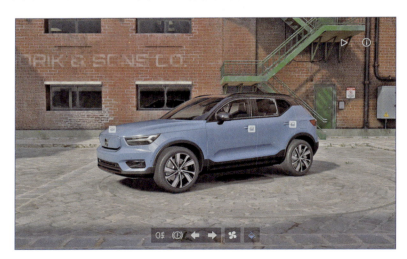

图 1-16 3D 车模的后备箱控制前示例

图 1-18 展示了 3D 车模内部的空调控制示例。

图 1-19 展示了 3D 车模内部的香氛控制示例。

图 1-20 显示了 3D 车模内部的座椅控制示例。

图 1-17　3D 车模的后备箱控制后示例

图 1-18　3D 车模内部的空调控制示例

图 1-19　3D 车模的内部香氛控制示例

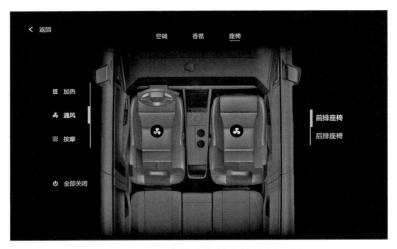

图 1-20　3D 车模内部的座椅控制示例

1.3.3　高级 3D 地图渲染

随着城市立体交通的发展，传统 2D 形式的地图在表达复杂路网信息时面临越来越多的挑战。使用 Unity 引擎开发的 3D 实时渲染地图可以提供更加丰富和直观的立体空间信息，帮助用户更好地理解复杂交通结构。

3D 地图通过提供精确的高度、深度和位置信息，可以有效解决路网复杂导致的导航问题，为我们提供更加直观和真实的导航与环境模拟，改善用户的导航体验。

1.3.3.1　产品功能描述

1）**渲染真实的地形和建筑物模型**：3D 地图需要准确提供城市、自然地形和重要建筑物的 3D 渲染效果。

2）**连接动态交通信息**：3D 地图需要实时更新交通流量、事故和路况信息，并清晰展示立体交通结构，如高架、立交桥、桥梁和高速路匝道等。

3）**增强现实（AR）导航**：通过 AR HUD（抬头显示）技术，在驾驶员前方的挡风玻璃上显示结合了现实世界的视图和 3D 地图的视图信息，提供更直观的导航体验。

4）**交互式用户界面**：用户可以在 3D 地图中对选定区域进行放大、缩小、旋转，更好地探索特定区域。

5）**路径规划与导航**：3D 地图提供基于用户当前位置的 3D 路径规划，以及步行、驾驶或公共交通的导航指引。

1.3.3.2　基本的实现步骤

（1）获取和处理地图数据

地图数据供应商（国外如 HERE Technologies、TomTom、Mapbox、Google Maps 等，

国内如高德地图、百度地图等）可以提供给我们所需的地图数据。不过，由于各家厂商使用的地图数据格式各不相同，因此并没有统一的方法可以将这些数据轻松转换成 Unity 引擎可以直接使用的数据格式。

这些地图数据供应商一般会提供 API 来帮助开发者访问和使用其数据，甚至提供直接支持 Unity 引擎的 SDK 或 API。因此，具体使用何种方式将这些地图数据集成到 Unity 项目中，取决于具体使用了哪个地图数据供应商的数据。

（2）生成 3D 地图元素

有了可以在 Unity 引擎中使用的地图数据，我们就可以通过脚本将地图数据转换为具体的 3D 模型。这些模型包括道路、地形、高架、桥梁、普通建筑、地标建筑等。

从其他数据源获取的数据（如第三方的气象数据）也可以融合到 3D 地图中，包括实时交通状况、天气变化（见图 1-21）等。

（3）实现交互

Unity 引擎为开发者提供了一套灵活且强大的输入系统，以统一处理来自用户的各种输入信息，如触摸屏、手柄等的信息。在地图上的各种操作，如单指滑动、双指缩放等操作，都可以使用输入系统来处理。

（4）AR 集成

车载 AR HUD 通过在驾驶员前方的透明屏幕上投影信息，提供了一种基于 AR 算法的全新导航信息显示方法。这些信息包括速度、导航箭头、道路标识、安全警告等。

图 1-21　将第三方的气象数据融合到 3D 地图中

通过将 Unity 引擎渲染的 3D 视觉效果与 AR HUD 厂商的 AR 算法结合（通常 AR HUD 厂商会提供支持 Unity 引擎相关的 SDK），我们可以将 Unity 引擎的实时渲染效果无缝整合到现实画面上，从而为用户提供更及时和精确的导航服务。

1.3.4　ADAS 的信息渲染

ADAS 通过集成多种传感器（如雷达、摄像头、激光雷达等）和相关算法，使车机系统能够感知车辆周围的环境，从而提供实时的驾驶辅助功能，提高驾驶的安全性和舒适性。ADAS 的功能非常多，包括但不限于以下功能。

- **自适应巡航控制（ACC）**：自动调整车速，保持与前车的安全距离。
- **车道保持辅助（LKA）**：监测车辆是否偏离当前车道，并自动调整车辆使其保持在车道中央。
- **盲点监测（BSM）**：自动监测车辆盲点区域内的其他车辆，提醒驾驶员以避免碰撞。
- **自动紧急制动（AEB）**：当监测到前方障碍物并判断可能发生碰撞时，自动启动紧急制动机制，以免碰撞发生或降低碰撞的严重性。
- **交通标志识别（TSR）**：通过车辆摄像头识别各种交通标志，并将相关信息显示在车内屏幕上。
- **泊车辅助系统**：辅助驾驶员完成泊车相关操作，涉及倒车影像、泊车雷达等。

1.3.4.1　产品功能描述

（1）数据 3D 可视化

ADAS 能够将车辆的传感器（如摄像头、雷达等）数据转换为 Unity 引擎中可用的数据，并在 Unity 引擎中实时渲染成 3D 形式的场景，为驾驶员和乘客提供周围环境的直观感知。

（2）实时反馈和警告

仪表和中控上的 UI 可以实时提供关于车辆状态和周围环境的反馈或警告，包括障碍物监测、车道偏离警告、盲区监控等，并通过及时、可靠的音频提示等向驾驶员发出警告。

（3）AR HUD 显示功能

ADAS 信息也可以显示在 AR HUD 上，以减少驾驶员视线偏移导致的不安全因素。

1.3.4.2　基本的实现步骤

（1）基于数据的 3D 可视化

编写自定义 C# 脚本以解析来自车辆传感器的数据，将这些数据转换为 Unity 可用的格式（如 JSON 或 XML 格式），然后根据解析的数据动态创建和更新 3D 对象（如车辆、障碍物模型）在虚拟环境中的位置与状态，最终实现对周围环境的渲染呈现。

（2）通过 UI 提供实时反馈和警告

基于 Unity 的 UGUI 系统或第三方 UI 系统（如 Unity 资源商店中的 NGUI），设计和实现动态的 HMI（包括仪表屏和中控屏），如警告图标、文本消息、进度条等。

通过自定义 C# 脚本监控车辆状态和传感器数据，一旦监测到潜在的危险或异常状态（如障碍物接近、车道偏离），立即在 UI 上显示警告信息。同时，通过 Unity 的音频组件播放警告，提醒驾驶员采取行动。

（3）AR HUD 显示的实现

可以考虑使用 Unity 引擎的 AR Foundation 框架，定制一套 AR 子系统，以支持开发车载 AR HUD 功能。通过这套 SDK，我们能够实现在 Unity 引擎中将虚拟的 ADAS 信息（如导航箭头、车道线）与真实世界的视图进行无缝融合。

1.3.5 基于实时渲染技术的高级音乐可视化

使用 Unity 引擎开发的高级音乐可视化旨在将音乐和视觉艺术结合起来，为用户提供沉浸式的音乐体验。通过同步音乐和动态视觉效果，给用户带来丰富的视听体验。

1.3.5.1 产品功能描述

（1）基于音频数据驱动的动态视觉效果

利用音乐中的不同元素（如节奏、音调、音量等）数据，动态驱动视觉效果的展示，例如产生形态各异的波纹、变换多彩的颜色、随音乐而变形的 3D 物体等。

（2）互动式体验

用户可以通过触摸、单击或声控等方式输入，与这些基于音频数据驱动的视觉效果进行交互。

（3）沉浸式环境

使用上述基于音频数据驱动的动态视觉效果，加上多种方式的互动，我们可以在智能座舱中通过单块或多块屏幕，创造出一个沉浸式的音乐互动环境。

1.3.5.2 基本的实现步骤

（1）获取由音频数据驱动的动态视觉效果

我们可以使用 Unity 引擎提供的内置 API（如 AudioSource.GetSpectrumData 方法），分析来自 AudioSource 的音频，并基于傅里叶变换将频谱数据填充到数组中。然后，我们可以使用这些频谱数据中的频率、幅度和节拍来控制实时渲染的音乐视觉效果。另外，我们可以通过调整频谱数据的大小，以及 FFTWindow 类型等参数对音乐效果进行进一步控制。

AudioSource.GetSpectrumData 的具体使用方法可参考 Unity 官方文档。在 Unity 引擎开发界面中，我们使用上述 URL 中的示例代码，并通过一系列设置实现了由音频数据驱动的音乐可视化效果。图 1-22 展示了该流程的完整步骤。

下面是实现简单的音乐可视化效果的完整步骤。

1）在场景中创建一个空的 Game Object（这是 Unity 引擎中最基础的对象，你可以通过为 Game Object 添加组件来增加各种不同的功能），命名为 Audio Source 或任何你想要的名字。

2）将一个名为 Audio Source 的 Unity 引擎内置组件关联到此 Game Object 上。

3）将预先导入的 mp3 文件 Music（或任何导入 Unity 引擎中的 mp3 文件）关联到 Audio Source 组件的 AudioClip 参数上。

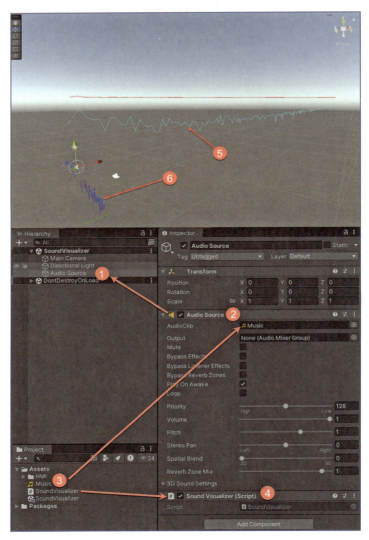

图 1-22　由音频数据驱动的音乐可视化效果

4）将预先编写好的 C# 脚本关联到 Audio Source 这个 Game Object 上。图 1-23 所示为该脚本中使用的代码。

这样，我们就可以在图 1-22 看到随着音乐舞动的曲线动画了。

这里看到的蓝色曲线和上面的绿色曲线方向不同，这说明它们处在一个三维空间中。

（2）视觉效果设计

从图 1-22 中可以看到音乐动态视觉效果较为简单，而且实现音乐可视化效果的步骤也并不复杂。我们完全可以通过类似的步骤，结合 Unity 引擎提供的粒子系统、自定义 Shader 开发系统等设计并实现出更为丰富的音乐可视化效果。

（3）添加互动

结合 Unity 引擎对各种输入方式（如多点触摸、手势识别等）的支持，用户可以对音乐可视化效果进行深度设计。

```csharp
using UnityEngine;

[RequireComponent(typeof(AudioSource))]
//Unity 脚本(1 个资产引用)(0 个引用)
public class SoundVisualizer : MonoBehaviour
{
    //Unity 消息(0 个引用)
    void Update()
    {
        float[] spectrum = new float[256];

        AudioListener.GetSpectrumData(spectrum, 0, FFTWindow.Rectangular);

        for (int i = 1; i < spectrum.Length - 1; i++)
        {
            Debug.DrawLine(new Vector3(i - 1, spectrum[i] + 10, 0), new Vector3(i, spectrum[i + 1] + 10, 0), Color.red);
            Debug.DrawLine(new Vector3(i - 1, Mathf.Log(spectrum[i - 1]) + 10, 2), new Vector3(i, Mathf.Log(spectrum[i]) + 10, 2), Color.cyan);
            Debug.DrawLine(new Vector3(Mathf.Log(i - 1), spectrum[i - 1] - 10, 1), new Vector3(Mathf.Log(i), spectrum[i] - 10, 1), Color.green);
            Debug.DrawLine(new Vector3(Mathf.Log(i - 1), Mathf.Log(spectrum[i - 1]), 3), new Vector3(Mathf.Log(i), Mathf.Log(spectrum[i]), 3), Color.blue);
        }
    }
}
```

图 1-23　由音频数据驱动的音乐可视化 C# 脚本代码示例（来自 Unity 官方文档）

1.4　Unity 官方 HMI Demo 介绍

随着越来越多的车型开始将 Unity 引擎的能力融合到智能座舱 HMI 中，以开发多屏联动、车机和手机联动等各种传统车机中不存在的功能，Unity 引擎本身也在发生变化。

在后续章节中，我会从 Unity 引擎能力的角度为大家介绍相应的技术变化。这里，我先简要介绍自 2021 年开始，Unity 中国团队开发的一系列 HMI Demo 项目。这将有助于大家理解 Unity 公司对智能座舱 HMI 产品的理解，以及这一理解本身的演进过程。

1.4.1　HMI Demo 1.0

小鹏汽车在 2020 年的 P7 车型中推出了与传统车机 HMI 完全不同的功能，其中包括令人惊艳的 3D 车模控制、3D 高精地图、音乐灯光秀等。小鹏汽车率先在业界使用 Unity 引擎打造这些炫酷的功能，充分发挥了新一代车载芯片的算力，让用户耳目一新。

图 1-24 所示为小鹏 P7 的 3D 高精地图界面，结合了高德地图的数据与 Unity 引擎实时渲染的 3D 车模、车道线、ADAS 数据和场景的 3D 渲染等。

小鹏 P7 上实现的 3D 地图功能，给了 Unity 官方极大的鼓舞，让 Unity 官方意识到实时渲染引擎在车机 HMI 上的广阔应用前景。虽然 Unity 引擎在游戏开发领域已经处于世界领先的地位，并且占有此领域第一的市场份额（特别是移动游戏市场），但是车机 HMI 中主流使用的 Android 系统与手机 Android 系统相比，有着不同的特性。比如，车机 Android 系统需要支持多个应用渲染的画面进行叠加，而在 Android 系统手机上打开一个应用时，一般是占满全屏的状态。

移动端的游戏开发者对这些车机 Android 系统的特性也许并不熟悉。但引擎厂商必须了解车机 Android 系统的特性，这样才能更好地帮助车机 HMI 内容开发者使用 Unity 引擎实现产品功能。

图 1-24　小鹏 P7 的 3D 高精地图界面

来源：小鹏汽车官网。

为了更好地了解车机 HMI 内容开发对于引擎功能的需求，以及相配套的开发工作流，我在 2021 年下半年带领 Unity 中国团队的开发人员设计和开发了 HMI Demo 1.0 项目。总的设计和开发时长为一个半月。如图 1-25 至图 1-28 所示，HMI Demo 1.0 的主要功能包含 3D 地图 +ADAS 效果、3D 车模控制 +VPA（Virtual Personal Assistant，虚拟个人助理）、音乐播放器和充电状态显示。

图 1-25　3D 地图 +ADAS 效果界面

图 1-26　3D 车模控制 + VPA 界面

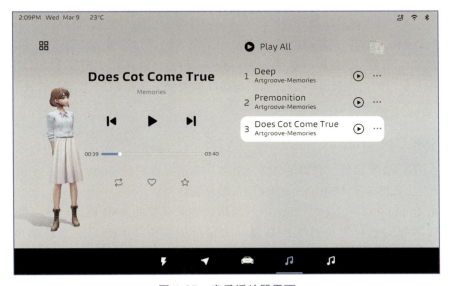

图 1-27　音乐播放器界面

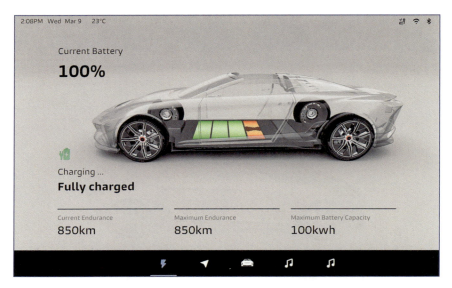

图 1-28　充电状态显示界面

在 HMI Demo 1.0 项目中，我们探索了如何将同一个车模应用于 HMI 的不同场景中，比如将用于操控车门的 3D 车模应用于 ADAS 界面和充电界面（车模上的材质换成了透明的）。同时，VPA 形象会显示在 3D 车模控制界面和音乐播放器界面。此外，我们还实现了不同场景转场时的"一镜到底"效果（目前，这在很多车机 HMI 上已经很常见）。

在这个 Demo 项目中，我们尝试了高面数车模（40 万个三角面）的高画质渲染效果，例如场景中 VPA 形象的 3D 模型也拥有 3.9 万个三角面。通过优化模型本身，并为车模和 VPA 模型开发专门的高性能 Shader，我们在实际的硬件（高通 8155 台架）测试中获得了良好的渲染性能。

1.4.2　HMI Demo 2.0

HMI Demo 1.0 推出后，获得了许多现有客户和潜在客户对 Unity 引擎在车机 HMI 内容开发上的认可，因此有了 HMI Demo 2.0 项目的开发计划。

在 HMI Demo 2.0 项目中，Unity 中国团队组建了完整的 HMI 设计团队。资深 HMI 设计师和动效师的加盟，使我们的 HMI 设计力量更加专业。如图 1-29 至图 1-34 所示，我们利用更加沉浸式的 3D 实时渲染技术，将整个中控屏上的内容打造成完整的 3D HMI。这不仅体现在 3D 车模的外饰和内饰上，也体现在具体处于世界坐标系中的 3D UI 元素上。

另外，我们也通过 Unity 引擎本身的跨平台开发技术，使车模能够通过移动端应用，实现任意地点的 AR 车模效果展示。

第 1 章　Unity 引擎在智能座舱 HMI 中的应用　◆　25

图 1-29　沉浸式 3D 场景

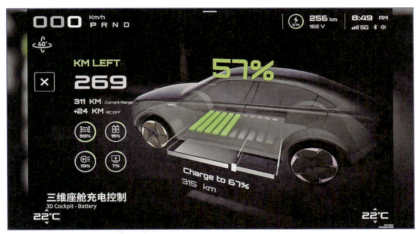

图 1-30　三维座舱充电界面

图 1-31　3D 车模外饰交互界面

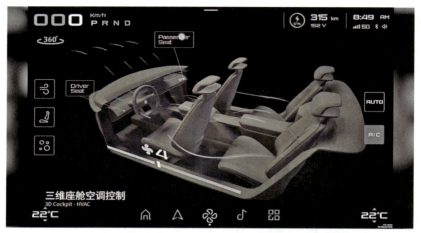

图 1-32　3D 车模内饰交互界面（三维座舱空调控制）

图 1-33　3D 车模内饰交互界面（空调出风口）

图 1-34　2022 年上海进博会上演示的 AR 车模互动

1.4.3 HMI Demo 3.0

随着越来越多的车厂将 Unity 引擎应用于车机 HMI 内容开发，Unity 中国也在车机 HMI 开发方面投入了更多资源。这包括组建专门针对车机 HMI 操作系统的 Unity 引擎开发团队，以解决车机 HMI 客户提出的各种技术问题，包括 Unity 引擎底层优化、前瞻性创新 PoC 项目开发服务、企业级技术支持服务等。这也对新的 HMI Demo 项目提出了更高的要求。

在 HMI Demo 3.0 项目中，Unity 中国 HMI 团队将 Demo 内容放置到一个真实的物理座舱里进行演示和体验。这是 Unity 作为一家软件公司首次接触硬件相关的开发实践，也为软件公司打开了一扇全新的技术大门。

图 1-35 所示是 Unity 中国在 2023 年上海车展发布的 HMI Demo 3.0。体验者可以坐进真实座舱里体验虚拟内容，并与物理按键、方向盘、座椅、氛围灯进行互动。

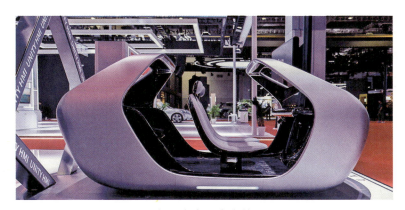

图 1-35　2023 年上海车展发布的 HMI Demo 3.0

图 1-36 展示了 HMI Demo 3.0 在物理座舱带鱼屏上的渲染效果。

图 1-36　HMI Demo 3.0 在物理座舱带鱼屏上的渲染效果

在 HMI Demo 3.0 项目中，我们探索了如何使用高质量建筑模型还原高清 3D 地图场景，并在此场景中实现了更直观的 3D 导航，如图 1-37 所示。

图 1-37　高精地图上的 3D 导航演示

如图 1-38 所示，我们实现了可以用任何音频数据驱动的动态音乐可视化效果。在同一场景中，我们使用了 Unity 引擎的 DOTS（Data Oriented Technology Stack，面向数据的技术栈）实现了 5000 个小球随着音乐律动的效果。切换不同的音乐，这 5000 个小球将会表现出完全不同的行为。

图 1-38　音频数据驱动的球体跳动效果

为了打造 3D 空间所带来的独特体验，HMI 设计师设计了一个独特的"第三空间"。如图 1-39 所示，在这个虚拟的"第三空间"中，我们可以将诸多体验集成在一起，比如冥想空间、游戏室、电影院、KTV 等。

图 1-39　HMI Demo 3.0 中的"第三空间"

在"第三空间"中，我们集成了一个完整的游戏空间，如图 1-40 所示。用户可以在此游戏空间中选择并启动游戏商店中的游戏。

图 1-40　"第三空间"中的车载游戏区域

考虑到我们使用的是带鱼大屏，横跨主驾和副驾两个空间，因此除了经典的单人游戏模式之外，还加入了双人游戏模式，如图 1-41 至图 1-42 所示。这两种模式可以在同一个游戏中自由切换。

图 1-41　车载游戏的单人模式

图 1-42　车载游戏的双人模式

HMI Demo 3.0 在 2023 年的上海车展上备受欢迎，得到了众多客户的认可，也让 Unity 引擎在车机 HMI 领域的应用获得了更多关注。

1.4.4　HMI Demo 3.5

在新势力智能电动车上的车机 HMI 内容获得市场认可以后，越来越多的开发者从 QT 和 Kanzi 这样的传统 HMI 开发工具，转向开发工具链更灵活、全面且支持跨平台开发的 Unity 引擎。我将在第 2 章详细介绍 Unity 引擎的工具链和跨平台开发及部署能力。

在 HMI Demo 3.5 项目中，我们的目标不仅是让内容有漂亮的画面呈现，也需要让内容流畅地运行在配备高通 8295 芯片的车机台架上。因此，我们将 HMI Demo 3.5 定义为"可落地实现的高级技术美术效果 Demo"。图 1-43 所示是 HMI Demo 3.5 在基于高通 8295 芯片的台架上流畅运行的渲染效果。

车机 HMI Demo 3.5 的功能如下。

1）**昼夜变化**：图 1-44 所示是白天场景的光照效果，图 1-45 所示是夜间场景的光照效果。

2）**天气效果**：图 1-46 展示了雪天场景的渲染效果。

3）**3D 车模控制**：图 1-47 展示了 3D 车模控制功能，包含车门和车窗的开关及升降。

4）**车漆颜色切换**：如图 1-48 所示，单击预先放置在 3D 世界坐标系中的 3D 按钮，我们可以非常便捷地切换车漆颜色。

图 1-43　HMI Demo 3.5 流畅地运行在基于高通 8295 芯片的台架上

图 1-44　白天场景的光照效果

图 1-45　夜间场景的光照效果

图 1-46　雪天场景的渲染效果

图 1-47　3D 车模控制功能

图 1-48　车漆颜色切换

5)**空调控制**：图 1-49 展示了车辆内饰中的空调控制功能。我们可以通过单指拖动空调风区域，直接控制空调吹风的角度和方向。

图 1-49　车辆内饰中的空调控制功能

6)**香氛控制**：图 1-50 所示为通过小球模型控制香氛的释放或关闭。

图 1-50　通过小球模型控制香氛的释放或关闭

7)**3D 说明书**：如图 1-51 所示，3D 说明书功能可将传统的纸质说明书替换为集成在 HMI 中的可互动 3D 动画说明书。这不仅使说明书更有趣和直观，还能直接匹配当前车辆的实际配置。另外，通过 OTA 方式可以直接从云端更新本地 3D 说明书内容。

8)**中控菜单**：图 1-52 所示为通过 3D 形式展示 HMI 中控菜单界面。

9)**3D 座椅控制**：HMI Demo 3.5 提供了互动式 3D 座椅控制功能，通过 3D 形式展示原本不可见的座椅加热（见图 1-53）、通风（见图 1-54）和按摩（见图 1-55）效果。

10)**仪表 UI**：图 1-56 所示为 HMI Demo 3.5 的仪表 UI 设计。这样的仪表设计可以与中控屏上的内容无缝衔接，实现"一镜到底"的视觉效果。

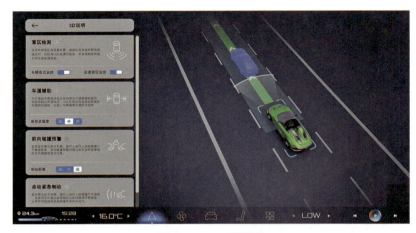

图 1-51　3D 说明书

图 1-52　HMI 中控菜单界面

图 1-53　座椅加热功能可视化

图 1-54　座椅通风状态可视化

图 1-55　座椅按摩功能可视化

图 1-56　HMI Demo 3.5 的仪表 UI 设计

1.4.5 HMI Demo 4.0

在 2024 年的北京车展上，Unity 中国团队开发的《寻梦空间》（HMI Demo 4.0）为大家带来了全新的视觉体验和功能创新体验。如图 1-57 所示，所有的 HMI 功能都集中在一块带鱼屏上。在这个 3D HMI 设计中，导航、车模控制、游戏、音乐、冥想、天气、黑白模式切换、副驾 Dock 栏等都被合理地设计在一起，为用户打造了一个完整的虚拟体验空间。

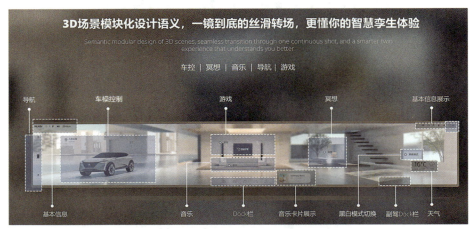

图 1-57 《寻梦空间》主界面设计

在这个 Demo 中，Unity 中国团队使用了最新的 AIGC 工具与 Unity 引擎相结合的方式，创建了冥想空间模块。图 1-58 展示了 Unity HMI Demo 4.0 项目中应用 AI 能力的开发流程。开发人员利用 AIGC 的能力生成了 Unity 场景中所用的天空盒（Skybox），使用 AI 视频软件生成了配套视频（因为 AI 生成视频的时长限制，所以还使用了视频后期剪辑工具），最后将所有素材导入 Unity 进行程序逻辑开发，最终完成了整个冥想模式的开发。

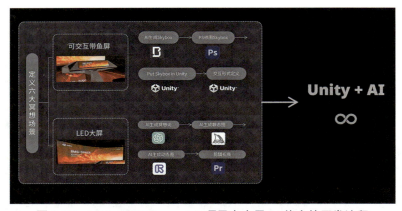

图 1-58 Unity HMI Demo 4.0 项目中应用 AI 能力的开发流程

图 1-59 为 6 个冥想主题之一——无际之海。冥想模式中也加入了全景声技术，使用 7.1.4 音响系统实现了全沉浸式的汽车座舱环绕立体声效果。

图 1-59　冥想主题——无际之海

《寻梦空间》这个 Demo 对汽车座舱内高频使用的音乐播放进行了创新设计。开发人员利用 Unity 引擎自带的音频解析 API，结合 Unity 引擎强大的 Shader 系统，完美地实现了 HMI 设计师对音乐可视化的创意。

如图 1-60 所示，虽然 HMI 设计师为音乐可视化所做的设计是固定的，但由于整个音乐可视化系统是由输入的音频数据驱动的，因此最终实时渲染的动态视觉效果并非固定的，会随着播放音乐的不同而变化。

图 1-60　由音频数据驱动的 Unity HMI 音乐可视化

另外，在这个 Demo 中，我们对自动驾驶时代的沉浸式智驾地图进行了更多的前瞻性设计。这些前瞻性设计既包括视觉效果，也包括实用功能。

在运动驾驶模式下，HMI Demo 4.0 的沉浸式智驾地图使用运动模糊和颜色变化表现快速运动状态下的视觉效果，如图 1-61 所示。

图 1-61　运动驾驶模式下的沉浸式智驾地图

图 1-62 所示为智能斑马线效果展示。

图 1-62　智能斑马线效果展示

最后，在 Demo 中将主页面的休闲客厅通过"一镜到底"技术无缝转场，以飞船的飞行视角直接带入游戏空间。图 1-63 所示为"一镜到底"转场时的画面。

图 1-63　"一镜到底"转场进入游戏空间

如图 1-64 所示，进入游戏空间后，我们可以在 3D 空间中遨游，通过悬浮在空中的公告牌直接进入某款游戏。例如，当飞船碰撞公告牌时，相关游戏被启动，用户即可通过触屏或游戏手柄开始玩游戏。

图 1-64　游戏空间

1.5　本章小结

通过介绍量产车型 HMI 案例、相关产品功能和实现步骤以及 Unity 中国团队 HMI Demo 1.0 到 4.0 版本，相信大家已经对使用 Unity 引擎实现的车机 HMI 功能有了较为全面的认识。

在下一章，我将带领大家进一步了解 Unity 引擎的功能，让大家能够从 Unity 引擎的视角理解如何利用这些功能来实现实际应用或前瞻创新的车机 HMI 功能。

第 2 章

Unity 引擎的核心功能

本章将介绍 Unity 引擎在 HMI 开发中提供的主要功能，以及 Unity 中国团队开发的团结引擎，涉及团结引擎与 Unity 引擎的区别，团结引擎给车机 HMI 开发所带来的底层优化和全新程序架构 URAS（Unity Render As Service）。

2.1 Unity 引擎和团结引擎

Unity 引擎作为一款面向全球开发者的产品，自 2005 年发布以来，一直与全球游戏和应用开发者共同成长。然而，随着全球化趋势的变化，以及世界各地开发者需求的变化，例如国内蓬勃发展的微信小游戏平台和开放鸿蒙平台，许多使用 Unity 引擎开发游戏的厂商急切地需要 Unity 提供一整套合适的工具，以便将现有游戏移植到这两个平台上，或者基于这两个平台开发全新的爆款游戏，以期获取更大的市场份额。

随着国内电动汽车行业的蓬勃发展，越来越多的厂商将智能座舱 HMI 中的 3D 互动可视化内容开发作为研发重点之一。尽管 Unity 引擎已成为车机 HMI 开发者的首选工具，但它并不能完全解决车机 HMI 开发中因软硬件平台差异而产生的特定需求。

因此，如果 Unity 引擎技术依然按照原先游戏行业"一招鲜，吃遍天"的方式演进，恐怕很难跟上市场的真实需求变化。为此，在 2022 年 8 月，Unity 公司联合国内的合作伙伴（中国移动、阿里巴巴、字节跳动、米哈游等知名企业）成立了一个全新的区域性合资企业"Unity 中国"，并建立了国内的 Unity 引擎研发团队，以更好地满足国内开发者的需求。而国内研发的 Unity 引擎也拥有了一个更接地气的名字——团结引擎。

上面是团结引擎诞生的一些背景信息。不过，大家可能会好奇：不是要讲 Unity 的主要功能吗，为什么一开始讲团结引擎的来历？这是因为如果不把这部分内容讲清楚，大家日后在技术选型时，对于选择使用 Unity 引擎（也可以称为"Unity 引擎全球版"）还是团结引擎，会产生不必要的混淆。特别是对于车机 HMI 的开发，随着 2024 年 1 月 1 日团结引擎的正式发布，因其集成了众多专门针对车机 HMI 开发的功能，团结引擎（而不是 Unity 引擎）已经成为车机 HMI 开发的首选工具。

不过，大家不用担心，因为团结引擎是基于 Unity 引擎 2022.3 LTS 版本开发的，所以如果你已经很熟悉 Unity 引擎，会发现团结引擎的使用方法、窗口菜单、打包流程等与 Unity 引擎几乎完全相同。当然，这里说的"几乎"之外的部分，是指团结引擎支持更多针对车机 HMI 中所使用的操作系统以及国内的游戏平台（如微信小游戏和开放鸿蒙）。对这些平台的支持在 Unity 引擎里是不存在的。

我们先快速了解一下针对车机 HMI 开发更加友好的团结引擎和 Unity 引擎的主要区别。这有助于对这两个基于同一源头和理念开发的引擎有比较清晰的理解。

2.1.1　Unity 引擎和团结引擎的主要区别

Unity 引擎和团结引擎的主要区别在于它们所支持的平台。图 2-1a 为 Unity 引擎的 Build Settings 窗口，图 2-1b 为团结引擎的 Build Settings 窗口。

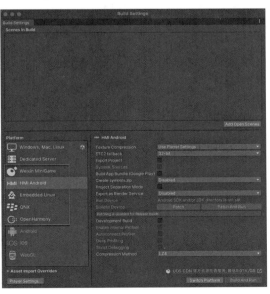

a)　　　　　　　　　　　　　　　　　　b)

图 2-1　Unity 引擎与团结引擎 Build Settings 窗口对比

团结引擎包含 Weixin MiniGame（微信小游戏）平台、OpenHarmony（开放鸿蒙）平台，以及专门为车机 HMI 内容开发而定制的 3 个平台：HMI Android、嵌入式 Linux 和 QNX

（黑莓仪表）。HMI Android 针对车机 HMI 内容开发进行了性能优化，包含一整套适合车机 HMI 内容开发的程序框架 URAS。原先的 Android 平台则适用于为 Android 移动设备开发游戏和应用。Unity 引擎并不包含上述团结引擎包含的 5 个平台的特有支持。

2.1.2 安装 Unity 引擎 Hub 和团结引擎 Hub

Unity 引擎和团结引擎都通过一个叫 Hub 的软件提供版本的安装/更新、项目管理、授权许可证管理等功能。随着团结引擎的推出，Unity 中国已经将 Unity 引擎 Hub 和团结引擎 Hub 进行了整合。如图 2-2 和图 2-3 所示，Unity 引擎 Hub 和团结引擎 Hub 安装完成后，我们可以在同一个界面切换使用 Unity 引擎和团结引擎，分别管理各自的许可证和版本，以及它们所关联的项目工程。

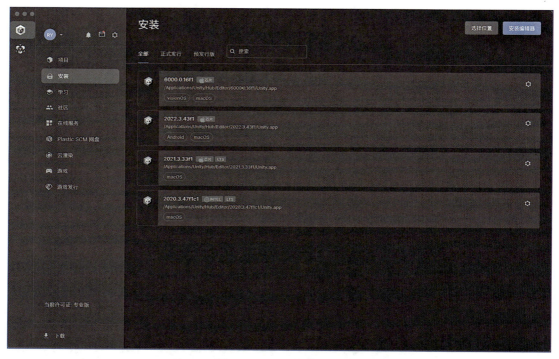

图 2-2　Unity 引擎 Hub

对于 Hub 的安装方法，请参考 Unity 中国官网。

Unity 引擎的跨平台能力不仅体现在支持最广泛的计算平台上，还在于我们可以使用同一个引擎编辑器开发所有平台的内容。当然，脱胎于 Unity 引擎的团结引擎也不例外。虽然本书讨论的是车机 HMI 内容的开发，但随着车机 HMI 与手机以及更多穿戴式设备的互联互通，我们需要了解这些可能与车机 HMI 联通的平台，以期设计和开发出能够显著提升车载智能座舱体验的互动式内容。

1. 支持微信小游戏平台

由于微信小游戏平台已经作为团结引擎的 Build Target（目标构建平台）之一，所以开发者可以直接开发或者将现有游戏转换成微信小游戏，从而覆盖更广泛的玩家群体。微信小游戏解决方案的众多特性包括：引擎 / 用户代码裁剪缩小包体、IL2CPP 内存和性能优化、专项渲染 / 异常优化、加强版的 Profiler 工具等。此外，微信小游戏平台还集成了一站式游戏云服务。

图 2-3　团结引擎 Hub

2. 支持开放鸿蒙平台

开放鸿蒙平台与微信小游戏平台一样，也是作为团结引擎的 Build Target 之一进行深度集成的。团结引擎已经全面适配开放鸿蒙系统，拥有 Ability 框架、XComponent 组件、ArkUI 框架等关键技术，保证在开放鸿蒙平台上开发的游戏和应用与在 Android 和 iOS 平台上开发的游戏和应用有相同的流畅体验。

3. 团结引擎支持的其他平台

- Windows、macOS、Linux：团结引擎可以在这三个桌面操作系统上开发和运行游戏，提供良好的跨平台兼容性和运行性能。支持所有 Windows 版本，提供 DirectX 图形 API 支持。与 macOS 深度集成，支持 Metal 图形 API，提供针对 Apple 硬件的优化，并支持最新的 macOS 版本。团结引擎在这三个平台上都支持高画质渲染（需配备独立显卡）和多显示器输出。

- Android：团结引擎支持开发和运行在 Android 设备上的应用和游戏，适配各种 Android 手机和平板电脑，并支持 ARCore 相关 AR 内容的开发。
- iOS：团结引擎支持开发和运行在 iPhone 和 iPad 上的高性能应用和游戏，支持最新的 iOS 版本和设备特性，以及 ARKit 相关 AR 内容的开发。
- WebGL：开发者可以通过 WebGL 平台将游戏发布到网页上（支持台式机和移动端）。玩家无须安装额外插件，只需要使用浏览器即可玩游戏。

4. 团结引擎支持的车机平台

在车机 HMI 内容的开发上，团结引擎支持 Unity 引擎所不支持的计算平台。这些平台分别是 HMI Android（针对车机 HMI 内容开发的 Android 平台）、QNX（针对仪表内容开发的 QNX 平台）和嵌入式 Linux（针对 HMI 内容开发的嵌入式 Linux 平台）。这里我们着重了解一下 HMI Android 平台的情况。

HMI Android 平台专门针对车机 HMI 内容开发进行了优化。这些优化内容涉及启动时间、内存占用、线程数量、启动流程、运行效率、Unity Profiler、对 Mono64 支持等。由于团结引擎仍在持续开发中，新特性也在持续更新，最新信息请参考团结引擎官方文档。

另外，HMI Android 平台本身也包含了传统 Android 平台没有的 URAS 程序框架。URAS 框架内置于团结引擎的 HMI Android 平台中，它是专门为车机 HMI 中需要同时运行多个应用的实际情况而量身定做的。

URAS 可以通过一个 Unity Runtime（运行时）支持运行多个用团结引擎开发的车机 HMI 应用（如图 2-4 所示），解决了之前将 Unity Runtime 嵌入 Android 原生应用时，每个原生应用中都必须包含一个 Unity Runtime 所带来的额外 CPU 性能消耗和内存占用问题。由于上述改变，URAS 也为我们带来了应用启动时间的缩短以及整体运行性能的提升（如图 2-5 所示）。

图 2-4　URAS 程序架构支持多个用团结引擎开发的车机 HMI 应用

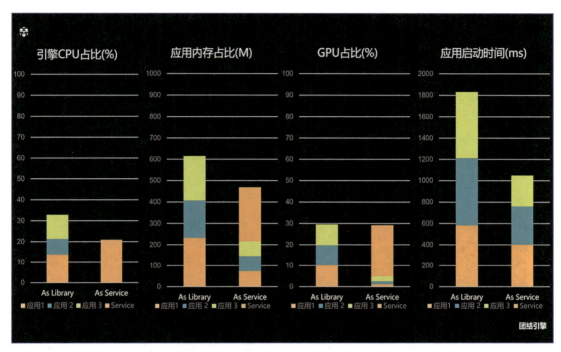

图 2-5　团结引擎 URAS 与传统集成方式的性能对比

URAS 的另外一个好处是允许我们自定义所渲染内容窗口的大小、分辨率，以及这些窗口在 HMI 中控屏上所处的位置，并且可以控制各个窗口的前后层级叠加，甚至可以单独控制应用窗口的渲染帧率。如图 2-6 的上半部分所示，整个中控屏的 HMI 内容都运行在一个应用里面，尽管左侧栏、左侧空调和座椅的 UI 部分，以及右下角音乐和天气等的 UI 部分，大部分时间可能是完全一样的内容，只有右上角的 3D 车模会实时展示各种效果，比如行车模式（可能包含动态特效）、泊车、开关门和前 / 后备箱等动画效果。但是，由于所有内容都包含在同一个应用中，因此整个画面必须以至少每秒 30 帧的速度进行渲染，以确保实时渲染的流畅性。这会导致无谓的算力资源消耗。

如图 2-6 的下半部分所示，我们使用 URAS 框架将左侧右下角的 UI 部分独立出来成为两个应用，右上角的车模部分独立成一个应用，然后用同一个 URAS 框架打包出来的 Unity Runtime 分别渲染画面和处理来自这三个应用的交互。最终效果是：相对静态的 UI 部分不需要每时每刻以每秒 30 帧的速度渲染，只有在用户与之交互时再进行渲染，从而节省算力的消耗。

图 2-6　URAS 框架支持的 UI 布局

2.2 Unity 引擎转团结引擎

由于团结引擎 1.x 版本基于 Unity 2022.3 源代码构建，并且引擎编辑器的 UI 保持不变，因此我们可以将 Unity 引擎平滑地转换到团结引擎中。图 2-7 展示了将一个 Unity 引擎转换为团结引擎项目时可能涉及的工作。由于这些转换工作都与项目中使用的引擎模块 / 功能相关，我们在图 2-7 中以引擎模块 / 功能的转换进行说明。

图 2-7　Unity 引擎转团结引擎

图 2-7 中的绿色线条表示在转换时无须进行任何操作即可转换成功，例如渲染管线、标准材质、摄像机系统等。

虚线表示需要一定的工作量，比如在开发计算机中安装团结引擎 Hub 和团结引擎。如果使用 URAS 程序框架，需要一定的学习。

另外，如果在项目中使用第三方插件或自开发插件，可能会涉及兼容性问题。

2.3　渲染管线

目前，在汽车智能座舱中使用的 SoC 大多是移动芯片的改版，比如很多车型会选用高通 8155 和 8295 芯片。因此，当使用 Unity 引擎为车机 HMI 开发互动式实时渲染内容时，渲染管线的选择变得非常重要，因为这将直接影响到最终渲染的画面效果和运行性能。

2.3.1　渲染管线的选择

Unity 引擎为用户提供了 3 个渲染管线的选择。

1. 内置渲染管线（Built-in Render Pipeline）

内置渲染管线是 Unity 引擎最早期的渲染系统，具有广泛的兼容性和成熟的功能。它支持所有 Unity 平台，适用于大多数项目。我们可以通过 Shader 编程和脚本来自定义渲染效果。由于内置渲染管线存在时间最长，因此拥有大量教程和第三方资源。

不过，因为内置渲染管线的技术实现本身过于耦合，在过去十几年的发展中，为了适配越来越多的平台，整个渲染管线已经变得臃肿，导致整体灵活性降低，无法满足不同计算平台的个性化需求。因此，Unity 官方不再建议开发者继续使用内置渲染管线［除非你的项目过于复杂，升级到通用渲染管线（URP）或高清渲染管线（HDRP）的成本过高］，也不再向内置渲染管线中添加新功能，比如高级粒子效果系统。

2. 通用渲染管线（Universal Render Pipeline，URP）

URP 旨在为各种设备提供一致的高性能渲染，特别适用于移动设备和中低端硬件。相比内置渲染管线，URP 优化了渲染过程，提高了运行效率，在移动设备上表现尤为出色。

URP 使用可编程渲染管线（Scriptable Render Pipeline，SRP）架构，因此开发者可以自定义渲染流程。我们也可以使用 Unity 编辑器内置的 Shader Graph，以可视化编程的方式编写自定义 Shader。URP 支持所有 Unity 引擎所支持的平台。

3. 高清渲染管线（High Definition Render Pipeline，HDRP）

高清渲染管线专为高端硬件和高质量图形效果而设计，适用于对视觉效果要求极高的项目。HDRP 支持复杂的基于物理计算的光照、反射和全局光照效果，可用于创作接近电影级画质的作品。HDRP 也支持实时光线追踪（Ray Tracing）、体积光等高级渲染效果。

HDRP 基于 SRP 架构开发，开发者可以高度定制整个渲染流程。不过，HDRP 并不适用于所有 Unity 引擎支持的计算平台，目前仅适用于高端 PC 和主机平台（Xbox 和 PlayStation）。

综上所述，由于 URP 和 HDRP 都是基于 SRP 开发的，因此它们均具有 SRP 的灵活性和强大的渲染能力。SRP 允许自定义游戏对象的剔除、绘制和帧的后处理，而无须使用 C++ 这样的编程语言。

表 2-1 总结了 Unity 引擎提供的 3 种渲染管线的主要特性，便于我们进一步理解这三者各自的优势及适用场景。

表 2-1 Unity 引擎提供的 3 种渲染管线对比

对比项	内置渲染管线	通用渲染管线（URP）	高清渲染管线（HDRP）
目标平台	支持所有平台，包括低端到高端设备	支持所有平台，优化了移动设备和中端设备的支持	主要面向高端 PC 和主机平台，以及需要高端视觉效果的应用
性能表现	需要手动优化，以适应不同的硬件	针对性能进行了优化，提供更高效的渲染流程，以适应各种设备，尤其是移动设备	针对高质量视觉效果优化，需要更高的硬件算力
图形质量	良好，但需要更多手动调整和优化来实现高级视觉效果	提高了渲染质量和效率，支持更多现代图形技术	支持复杂的光照模型和物理写实的高画质渲染，如次表面散射、体积光等高级渲染效果

（续）

对比项	内置渲染管线	通用渲染管线（URP）	高清渲染管线（HDRP）
易用性	对新用户友好，但高级特性需要较深的图形学知识	提供了简化的设置和自动化工具	提供了更多功能，所以使用上更为复杂，用于控制高级渲染效果的参数非常多
光照和阴影	支持基础的光照和阴影效果	引入了新的光照模型和更好的阴影支持，对于动态光照的支持更好	提供高级光照模型，包括全局光照和光线追踪等高级效果
材质和纹理	支持标准的 PBR 材质，支持金属工作流和高光工作流	拥有更优化的 PBR 材质系统和更丰富的调节参数，支持更高效的资源使用	支持最丰富的 PBR 材质和高级纹理技术，适用于追求极致细节和真实感的游戏和应用
适用场景	广泛应用于各种类型的游戏和应用，特别是对性能要求不是特别高的场景	推荐用于需要兼顾性能和图形质量的项目，尤其是移动平台、车机 HMI、XR 应用等	推荐用于追求高级视觉效果的项目，如 AAA 游戏、高质量 VR 体验和影视制作等
特殊考虑	对于低端设备，需要更多的性能优化工作	URP 设计之初就考虑了移动设备上的运行性能和效率，是开发移动游戏和应用的最佳选择	HDRP 的高级特性和复杂光照模型可能导致在性能较低的设备上运行不佳，需要权衡图形效果与性能

在选择渲染管线时，对于汽车智能座舱中使用的 SoC（如高通 8155 和 8295 芯片），虽然这些芯片算力很强大，但在渲染能力上可能与最新的高端 PC 和游戏主机有差距，因此 URP 是目前最为合适的选择。URP 不仅提供了优化的性能和良好的渲染质量，还兼顾到了移动设备的特性，真正做到了画质和性能的平衡，从而实现优秀的 HMI 产品通过 Unity 引擎的工具链量产上车的目标。

当然，随着车机芯片算力的不断提升，如英伟达推出的 Orin 和雷神系列芯片，在不久的将来，我们也会陆续看到 HDRP 应用到车机 HMI 内容中的案例。因此，渲染管线的选择其实并不是一成不变的，它将会随着车机芯片算力的变化而变化。用户对画面效果的追求，可能是渲染管线从 URP 向 HDRP 转变的第一推动力。

鉴于目前在车机 HMI 内容开发中最佳的渲染管线选择是 URP，我们快速了解一下 URP。如果大家对 HDRP 也感兴趣，可以参考我之前写的专门介绍 HDRP 高画质渲染的书：《创造高清 3D 虚拟世界：Unity 引擎 HDRP 高清渲染管线实战》（博文视点出品）。

为了便于讲解本章的后续内容，我会使用 Unity Hub 内置的 3D Sample Scenes（URP）示例模板。如图 2-8 所示，我们可以在 Unity Hub 界面选择一个 Unity 编辑器版本，然后下载这个示例模板，单击"创建项目"完成项目创建。

图 2-9 所示为示例模板项目的中央广场场景。在后续的 Unity 引擎概述中，我将使用此项目来介绍 Unity 引擎的各个主要功能。

2.3.2 通用渲染管线

通用渲染管线（URP）成为车机 HMI 内容开发时首选渲染管线的理由如下。

1）**性能优化**：URP 专为现代硬件和多平台设计，从底层考虑了性能优化，使用更高效

图 2-8　在 Unity Hub 界面使用官方模板创建项目

图 2-9　URP 官方示例工程的中央广场场景

的渲染方法和算法，减少了 CPU 和 GPU 的负担。这对于移动设备和性能有限的平台来说，意味着更高的帧率和更流畅的互动体验。

2）**跨平台一致性**：URP 提供了在不同硬件平台间一致的渲染效果，这是传统内置渲染管线难以实现的。开发者可以更容易地开发出既能在高端 PC 上运行，也能在移动设备上提供优质体验的游戏或应用，而无须针对每个平台进行大量调整和优化。

3）**可视化工具集**：URP 支持更现代化的工作流程，包括 Shader Graph（以节点连接的方式开发自定义 Shader）和 Visual Effect Graph（以节点连接的方式开发基于 GPU 渲染的高级粒子效果，可以模拟包含高达数百万个粒子的特效）。这些可视化工具让开发者可以用更直观和灵活的方式创作高质量的视觉效果和动画，而无须深入了解复杂的着色器代码和特效制作方法。

4）**可扩展性和灵活性**：URP 考虑了可扩展性，允许开发者根据项目的具体需求定制和扩展渲染管线。这种灵活性使 URP 既能用于简单的 2D 游戏，也能用于开发复杂 3D 应用和要求高级美术效果的游戏和应用。

接下来，我们将通过 URP 的重要组成模块来了解 URP 的使用方法。

2.3.2.1 渲染管线资产

这是 URP 配置的核心，允许开发者自定义渲染设置，如阴影质量、渲染分辨率和后处理效果。通过这个资源，可以轻松调整管线，以满足不同项目的性能和质量需求。

图 2-10 展示了在 URP 示例项目中为不同平台和质量设置创建的渲染管线资产。

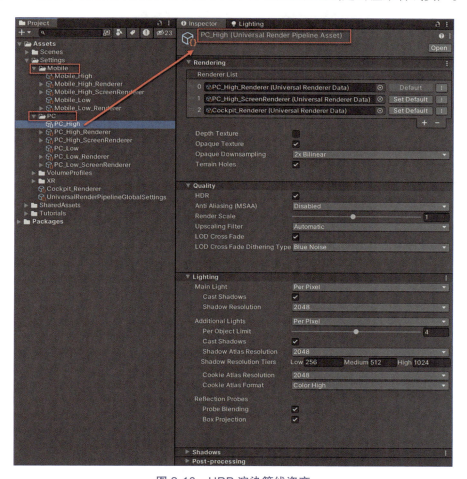

图 2-10　URP 渲染管线资产

我们可以在此资产中配置有关渲染（Rendering）、质量（Quality）、灯光（Lighting）、阴影（Shadows）和后处理（Post-processing）。

图 2-11 展示了可应用于渲染管线资产的渲染器配置文件。在这里，我们可以选择不同的渲染路径（Rendering Path）。渲染路径是对渲染过程中数据和渲染指令的处理方式。目前，URP 提供 3 种渲染路径：Forward、Forward+ 和 Deferred。

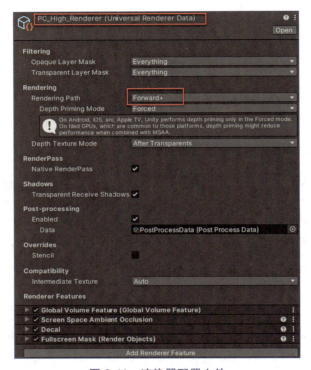

图 2-11　渲染器配置文件

表 2-2 展示了这三种渲染路径的对比，便于大家根据自己项目的实际情况做出正确的选择。

表 2-2　URP 3 种渲染路径的对比

对比项	Forward （前向渲染）	Forward+ （前向渲染 +）	Deferred （延迟渲染）
基本描述	直接计算并渲染每个光源对物体的影响，适用于光源较少的场景	在 Forward 渲染的基础上优化，使用 Tile 或 Cluster 技术高效处理多光源，适用于光源数量较多的场景	先渲染场景几何信息到 G-Buffer，然后再计算光照，适用于光源非常多的复杂场景
性能	在光源较少时性能好，但随着光源数量增加，性能下降较快	相比 Forward 渲染，能更高效地处理多光源，性能优于传统 Forward 渲染	在光源数量非常多的场景下性能好，但初始 G-Buffer 的填充需要较高的性能开销

（续）

对比项	Forward （前向渲染）	Forward+ （前向渲染+）	Deferred （延迟渲染）
光照效果	光照效果直观，易于调试	与 Forward 相同，但能更好地处理大量光源，提升场景中光照的复杂度和真实感	支持复杂的光照模型和高级光照效果，如软阴影、环境遮挡等
资源占用	较低的内存和带宽需求	相对于 Forward 有更高的资源需求，但优化后较为适中	高内存和带宽需求，因为要存储 G-Buffer 的额外数据
兼容性	与大多数平台兼容良好	兼容性良好，但对硬件有一定要求	对硬件要求较高，可能不适用于所有平台，尤其是内存有限的移动设备
适用场景	适用于光源较少的移动游戏和 VR 应用	适用于需要较多动态光源处理的游戏和应用	适用于需要大量光源和复杂光照效果的高端游戏和模拟

2.3.2.2 材质和着色器

Unity 引擎引入了一套专为优化渲染管线材质的 Shader 系统。这些着色器不仅高效而且灵活，实现从简单的非光照着色（Unlit）到复杂的基于物理的渲染（Physically Based Rendering，PBR）效果。URP 还通过 Shader Graph 提供了可视化的着色器编辑工具，让开发者能够以拖曳的方式创建自定义着色器，无须编写代码。

在使用 URP 时，我们通常会选择使用默认的 Lit Shader 来创建所需的材质。图 2-12 展示的是通过在材质界面选择 URP 的默认 Lit Shader 来创建所需的材质。

PBR 的引入使材质的光照和反射行为更符合物理规律。这样做的好处是提高了视觉效果的真实性，并使不同光照条件下的材质表现更一致，从而减少了为适应不同光照条件进行的手动调整工作量。

PBR 系统支持高动态范围的光照（HDR）、金属度/粗糙度工作流（Metallic/Roughness Workflow）和镜面高光/光滑度工作流（Specular/Glossiness Workflow）。如图 2-13 所示，我们可以在材质界面的 Workflow Mode 中选择 Metallic 或者 Specular 选项（目前流行的工作流为 Metallic）。

当然，如果 URP 内置的材质无法满足

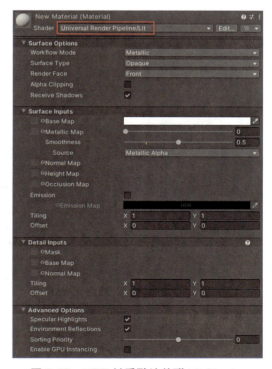

图 2-12　URP 材质默认关联 Lit Shader

需求，我们也可以手动编写或使用 Shader Graph 来开发自定义 Shader，创造独特的材质效果。Shader 编程是一个庞大的主题，不在本章展开介绍。我将在后面的技术美术相关章节为大家讲解 Shader Graph 的基本用法。

2.3.2.3 光照和阴影

1. 光照

URP 提供了一种高效的光照模型，支持多种光源类型，包括定向光（Directional Light）、点光源（Point Light）、聚光灯（Spot Light）、区域光（Area Light）。它优化了光照计算过程，从而支持移动设备实现实时全局光照效果。在 URP 中，光照可以分为两种主要类型：直接光照、间接光照。

（1）直接光照

直接光照来自我们在场景中摆放的光源，典型应用如使用定向光模拟太阳或月亮，用点光源模拟灯泡，用聚光灯模拟探照灯和车辆远光灯，用区域光模拟面上的片状光源，如日光灯。

请注意，区域光附带了 baked only（仅在光照烘焙时起作用）说明。这是因为，URP 所应用的计算平台通常算力不足，而实时计算区域光需要比较多的算力，因此在 URP 中要让区域光起作用，必须通过烘焙光照贴图的方式来实现。而在 HDRP 中，因为 HDRP 的目标硬件都配备独立显卡，所以区域光可以实时计算，没有附带 baked only 标签。

图 2-14 展示了 Light 组件上可选择的 4 种光源类型。

 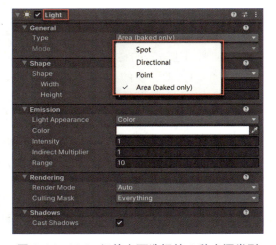

图 2-13　URP 默认材质的工作流程　　　图 2-14　Light 组件上可选择的 4 种光源类型

（2）间接光照

如果场景中只有直接光照信息，那么只有被光直接照射到的物体表面才会亮起来，其他地方则是漆黑一片，如图 2-15 所示。

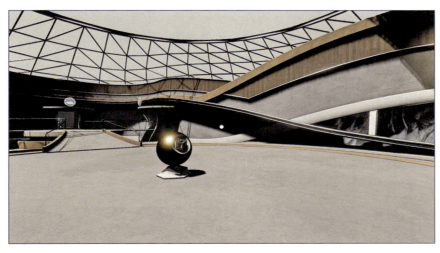

图 2-15　场景中只有直接光照信息

为了获得更为逼真的光照效果，我们需要为场景进一步添加间接光照信息，这通常包括以下方法。

1) **使用天空盒（Skybox）添加环境光照。**

在 Light 界面的 Environment 设置中，我们可以通过关联 Skybox 材质（Skybox Material）或设置环境光颜色来为场景添加环境光照（如图 2-16 所示）。

图 2-16　在场景中添加环境光照

2) **使用光照贴图添加间接光照。**

使用光照贴图（Lightmapping）技术可以为场景添加间接光照。通过光照贴图可以模拟出以下光照信息。

- 模拟直接光源在物体表面发生的光线反射效果,并将这些模拟好的光线反射信息保存在光照贴图中,然后与物体表面的纹理叠加,从而获得细腻的间接光照效果。不过,这一部分只针对静态对象(Static Object)有效。
- 通过反射探针(Reflection Probe)技术为静态对象或动态对象提供反射信息。这些反射探针可以放置在场景中,通过光照烘焙技术或实时采样周围的环境信息,生成 Cubemap 供场景中的物体使用。
- 通过光照探针(Light Probe)技术为场景中的动态对象提供间接光照信息,以弥补静态光照贴图只能应用于静态对象表面的不足。

图 2-17 展示了在同一场景中应用上述所有技术后完整的全局光照效果。

图 2-17　同一场景中完整的全局光照效果

2. 阴影

URP 中的阴影系统支持软阴影和硬阴影,同时支持通过调整阴影距离和质量参数来获得特定场景的阴影效果。另外,URP 丕支持通过优化的阴影映射技术和阴影级联技术实现动态阴影效果。

1)**阴影映射**:通过创建从光源视角生成的深度图来模拟阴影,适用于所有类型的光源。

2)**阴影级联**:适用于定向光,它会以当前摄像头视角为起点,按照设定的距离参数,将场景划分成多个区域,每个区域使用不同分辨率的阴影图,以优化性能和视觉效果。

这使开发者能够根据性能预算和视觉需求优化阴影渲染,确保在各种设备上都能获得满意的效果。

2.3.2.4　摄像机系统

摄像机系统可以看作虚拟世界中的"眼睛",它决定了用户能看到什么内容以及如何看到这些内容。在第 1 章中反复提到的"一镜到底"动画效果,正是通过操纵 Unity 引擎中强大且灵活的摄像机系统来实现的。

如果不考虑使用第三方插件，Unity 引擎的摄像机系统使用的就是 Unity 引擎自带的 Camera 组件和 Cinemachine 虚拟摄像机系统。

1. Camera 组件

通过调整 Camera 组件的参数，开发者可以控制视角、焦距、视野大小等，以实现期望的视觉效果。Camera 组件的主要功能如下。

- 视野（Field Of View，FOV）：用于调整摄像头的视野宽度，类似于调节人眼看世界的"缩放"级别。
- 裁剪平面（Clipping Plane）：用于规定摄像头可见范围的最近和最远边界，系统只会渲染包含在这两个边界内的物体，从而提升渲染性能。
- 视口矩形（Viewport Rect）：用于定义摄像头视图在屏幕上的具体位置和大小。我们可以用这个功能来实现同屏幕展示同一场景不同视角的画面效果。

2. Cinemachine 虚拟摄像机系统

Cinemachine 是 Unity 官方提供的一套先进的虚拟摄像机系统。它极大地扩展了基础 Camera 组件的功能，提供了更为丰富的摄像行为和控制方法，可以帮助我们实现复杂的摄像动作，比如"一镜到底"。Cinemachine 的主要功能如下。

1）**虚拟摄像头（virtual Camera，vCam）**：我们可以在同一个场景中创建和配置一个或多个虚拟摄像头。每个虚拟摄像头都有自己的设置和行为，但是渲染的画面通过基础的 Camera 组件进行统一输出。因此，通常在使用 Cinemachine 的场景中，我们会设置一个基础的 Camera 组件，用 CinemachineBrain 组件与同一场景中任意数量的虚拟摄像头进行关联。

2）**智能跟踪**：通过设置 Cinemachine 的虚拟摄像头（CinemachineVirtualCamera）组件上的 Follow 和 LookAt 参数，可以实现根据目标物的移动和旋转自动调整摄像头的位置和角度，轻松实现镜头动态转场的开发。

3）**多摄像头混合**：Cinemachine 虚拟摄像机系统可以让同一场景中不同摄像视角进行平滑过渡（这些摄像视角来自不同的虚拟摄像头），创建电影级的镜头切换效果。

4）**动态遮挡处理**：Cinemachine 虚拟摄像机系统具有自动调整摄像头位置以避免视线被遮挡物阻挡的功能，其智能跟随系统可以始终保持目标物体在摄像头画面中清晰可见。

3. Camera 组件与 Cinemachine 虚拟摄像机系统的关系

所有通过 Unity 引擎渲染的画面都是通过 Camera 组件进行输出的，而 Cinemachine 虚拟摄像机系统就是建立在此基础之上，提供了更高级的摄像控制功能。

简而言之，Camera 组件负责"看到"游戏世界，Cinemachine 则决定了"如何看"。使用 Cinemachine，我们可以在不直接修改 Camera 组件的情况下，通过配置一系列虚拟摄像机系统即可控制镜头切换等摄像头相关功能。

2.3.2.5 后处理

顾名思义，后处理（Post-processing）就是在画面渲染完成以后、最终显示在屏幕上之前，对画面进行的一系列处理。这些处理包括但不限于：色彩校正（Color Correction）、模糊效果（Blur）、景深效果（Depth of Field）、光晕（Bloom）等。后处理可以帮助开发者渲染出更加逼真或符合特定风格的画面。

URP 中后处理的一个显著优势是其优异的性能和灵活性。开发者可以根据目标平台的算力调整这些后处理画面效果的质量，从而在画面效果和运行性能之间达到最佳平衡。此外，URP 的设计使其在移动平台上运行得非常高效，这对开发跨平台游戏/应用来说是一个巨大的优势。

下面通过为场景添加一个简单的色彩校正效果，介绍 URP 后处理系统的基本使用方法。

1. 创建与配置 URP 资产

首先确保你的 Unity 项目使用的是 URP，并在相关的 URP Renderer 配置文件上启用 Post-processing 选项（如图 2-18 所示）。

2. 启用 Camera 组件的后处理选项

在场景的主 Camera 组件中启用 Post Processing 选项（如图 2-19 所示）。后处理效果通过在摄像机系统渲染的场景画面上应用额外的像素级处理来实现。具体应用哪些后处理效果，可在后处理 Volume 组件中进行设置。

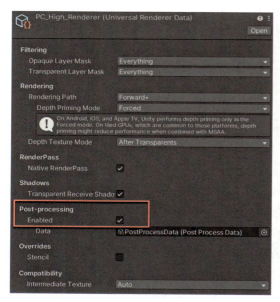
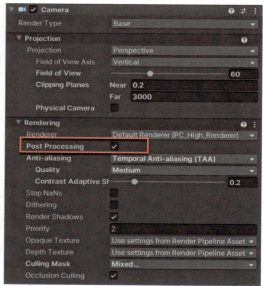

图 2-18　在 URP Renderer 配置文件中启用后处理效果　　图 2-19　在 Camera 组件上启用后处理效果

3. 添加后处理体积

在场景中创建一个新的空对象（Empty GameObject），并为它添加一个 Volume 组件。这个组件是用来添加和管理所有后处理效果的容器。如图 2-20 所示，Volume 组件中添加了一个 Color Adjustments（色彩调整）后处理效果。我们可以通过底部的 Add Override 按钮添加更多的后处理效果。

Volume 组件的 Mode（模式）可以设置为 Global（全局）或者 Local（本地）。这里设置为 Local，意味着只在一定范围内起作用。因此，我们需要为这个空对象添加一个 Box Collider，用碰撞检测的方式来检测摄像头是否进入了这个 Volume 添加的后处理效果所影响的空间范围。一旦摄像头进入了这个 Box Collider 所包含的空间，摄像机系统所渲染输出的画面就会应用这个 Volume 中所包含的后处理效果。

4. Color Adjustments（色彩调整）参数的调整

你可以通过 Color Adjustments 参数调整曝光度、对比度、色彩滤镜等，以获得想要的画面风格。

通过以上步骤，我们在游戏中实现了一个基本的色彩调整后处理，从而改变了整体画面的视觉体验。URP 的后处理功能非常强大且灵活。通过探索和实验，你可以创造出各种独特的视觉效果。

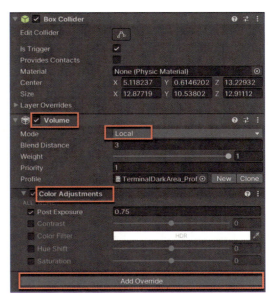

图 2-20　Volume 组件中添加 Color Adjustments 后处理效果

2.4　针对实时渲染内容增加交互功能

HMI 内容的核心特点之一显然是互动性。Unity 引擎提供了多种方式来为项目添加互动功能，其中包括使用 C# 脚本系统、Unity 内置的输入系统以及可视化编程系统。

2.4.1　Unity 脚本系统

要在 Unity 引擎中实现互动功能，最强大且灵活的方式就是使用 C# 脚本。Unity 引擎官方支持的编程语言是 C#。在使用 Unity 引擎进行开发时，C# 编程语言几乎覆盖了所有相关开发领域，包括游戏和应用逻辑的开发、用户界面的交互、数据管理、网络通信以及与硬件的交互等。下面介绍 C# 脚本在 Unity 引擎中的主要作用。

1. 游戏与应用逻辑的开发

C# 脚本用于编写游戏或应用程序的核心逻辑。无论玩家控制、AI 行为控制、游戏规则，还是交互系统开发，C# 都是可选的工具。

2. 用户界面交互

Unity 的用户界面系统允许开发者创建交互式的菜单、按钮、文本显示等 UI 元素。C# 脚本可以用于管理这些 UI 元素的行为，比如响应用户的点击事件、更新 UI 元素的显示内容等。

3. 物理模拟和动画控制

通过 C# 脚本，我们可以控制 Unity 的物理引擎，例如使用力和扭矩来模拟真实世界的物理行为。C# 脚本还用于控制角色和物体的动画，包括动画状态机的切换和动画参数的调整等。

4. 资源和数据管理

C# 脚本可用于加载和管理游戏资源，如场景、音频、纹理等。此外，C# 脚本还可用于实现数据持久化，例如保存和加载玩家的游戏进度。

5. 网络通信

在多人联机游戏和网络应用中，C# 脚本可用于实现客户端和服务器之间的通信。Unity 引擎提供了多种网络解决方案，我们可以使用 C# 编写网络通信代码，处理数据同步、更新玩家状态等。

6. 跨平台开发

Unity 引擎支持多平台发布。在 Unity 引擎中开发时，我们可以在所有平台上使用 C# 编程语言。这使开发者能够针对桌面、移动设备、游戏主机等多种平台开发游戏和应用。

7. 自定义编辑器工具

我们可以使用 C# 脚本扩展 Unity 编辑器的功能，创建自定义编辑器窗口和工具，从而提高开发效率。这些功能包括批量处理资源、自动化构建游戏场景等。

接下来，我们将通过一个简单的旋转场景中的 3D 车模互动式应用，了解如何使用 C# 脚本为模型添加互动能力。我们要在项目中实现通过单指单击 HMI 屏幕并滑动手指的方式，控制 3D 车模的旋转。可以参考以下 C# 脚本示例了解具体的代码实现。本脚本假设使用的是 Unity 的 Input Manager 输入系统。系统将通过监听屏幕上的触摸输入，并根据用户的滑动方向和距离旋转车模。

```
1.  using UnityEngine;
2.  public class RotateModel : MonoBehaviour
3.  {
4.      [SerializeField]
5.      private float rotationSpeed = 0.2f; // 调整旋转速度
6.      void Update()
7.      {
8.          // 检查是否有单指触摸
9.          if (Input.touchCount == 1)
10.         {
11.             // 获取触摸事件
12.             Touch touch = Input.GetTouch(0);
13.             // 根据触摸的阶段进行处理
14.             if (touch.phase == TouchPhase.Moved)
15.             {
16.                 // 获取触摸移动的 x 方向和 y 方向的距离
```

```
17.                float xMovement = touch.deltaPosition.x * rotationSpeed;
18.                // 根据触摸的水平移动距离旋转车模
19.                transform.Rotate(0, -xMovement, 0, Space.World);
20.            }
21.        }
22.        // 用于在 Unity 编辑器中模拟单指点击并移动来旋转车模的操作
23.        // 同时检查鼠标左键是否被按下并且移动(拖动)
24.        else if (Input.GetMouseButton(0))
25.        {
26.            // 获取鼠标的移动量,这里我们使用 GetAxis 来获得鼠标水平和垂直方向的移动量
27.            float xMovement = Input.GetAxis("Mouse X") * rotationSpeed * 10;
28.            // 根据鼠标的水平移动距离旋转车模
29.            transform.Rotate(0, -xMovement, 0, Space.World);
30.        }
31.    }
32. }
```

在如图 2-21 所示的场景中,将此 C# 脚本添加至 3D 车模下的圆形底座上。该脚本会监听屏幕触摸事件(在 Unity 编辑模式中则是检测鼠标左键单击及左右滑动的操作)。当检测到单指触摸加滑动操作时,系统会根据滑动的水平距离来旋转车模。我们通过 rotationSpeed 变量来调整旋转的速度,然后可以根据需要对旋转速度的参数进行调整。

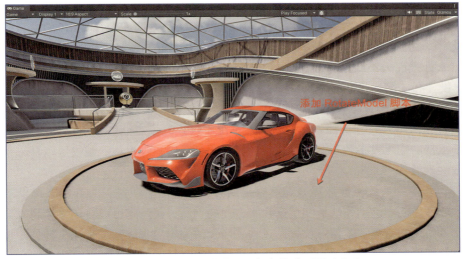

图 2-21 将旋转车模的 C# 脚本关联到圆形底座

注:由于版权限制,本书未提供图 2-22 中的 3D 车模。你也可以使用自己的车模或以一个简单的方块模型代替。

上述示例只是一个基本的实现,你需要根据项目的具体需求进行调整。例如,你可能需要调整旋转速度或加入更复杂的输入处理逻辑,以适应用户的操作习惯和满足 HMI 设计的要求。

图 2-22　书中未使用的 3D 车模资源示例

2.4.2　Unity 输入系统

Unity 的新输入系统（Input System Package）首次以预览版形式出现在 Unity 2019 版本中，并从 Unity 2019 LTS 版本开始得到了验证和正式支持。这标志着 Unity 引擎在提供一个更现代化、灵活且功能强大的输入处理系统方面迈出了重要一步，以满足开发者对跨平台支持和输入处理能力不断增长的需求。这一全新的输入处理系统是基于对过去版本中 Input Manager 设计和功能局限性的深入分析和理解而开发的。

新输入系统提高了跨平台支持能力，简化了多平台输入映射的配置和管理工作。通过对输入设备和控制方式进行抽象化，新输入系统不仅让开发者能够基于设备功能进行编程，还扩大了支持的输入设备范围，包括传统的游戏手柄、键盘、鼠标、触摸屏以及未来可能推出的新型输入设备。

另外，新输入系统在性能提升和底层访问方面也有显著改进，为开发者提供了更精确控制输入处理的能力。动作映射和玩家控制方面的创新，使玩家可以自定义控制方案，同时简化开发者实现和管理这些偏好设置的过程。增强的编辑器集成和可视化工具进一步简化了输入映射的配置和测试，无须编写代码即可设计和实现复杂的输入逻辑。

如图 2-23 所示，我们可以在 Unity 编辑器的 Project Settings 界面（单击 Project Settings → Player → Other Settings）中选择旧的 Input Manager 和新的 Input System Package。

接下来，我们一起使用新的 Input System Package 来开发之前用旧输入系统实现的旋转车模功能。我将分步骤详细说明整个过程，包括启用新的输入系统、创建输入动作、编写处理输入的脚本，以及绑定输入到游戏对象。

图 2-23　Project Settings 界面中选择 Input System Package

步骤 1：启用新的 Input System Package

1）确保 Unity 项目中安装了 Input System Package。在 Unity 编辑器顶部菜单依次单击 Window → Package Manager，在 Package Manager 界面左上角切换到 Packages：Unity Registry 列表，在其中找到 Input System，然后单击 Install 完成安装。

2）在 Unity 编辑器的顶部菜单中，依次单击 Edit → Project Settings → Player，找到 Other Settings 部分，将 Active Input Handling 选项设置为 Input System Package（New）。如果你的项目中还有一部分在使用旧的输入系统，你需要选择 Both。

步骤 2：创建 Input Actions

1）在 Project 窗口中右键单击，选择 Create → Input Actions，将新文件命名为 PlayerControls。

2）如图 2-24 所示，双击创建的名为 PlayerControls 的 Input Actions 文件，打开 Input Actions 编辑器。单击最左侧 Action Maps 边上的"+"按钮创建一个新的 Action Map，命名为 Gameplay。在这个 Action Map 中，创建一个新的 Action，命名为 Rotate，设置其 Action Type 为 Value，Control Type 为 Vector 2。

3）按照图 2-25 所示，将具体的输入绑定到 Rotate 动作上。展开 Rotate 动作，单击"+"按钮添加一个绑定（Binding）。选择 Delta [Mouse] 作为输入源，这样我们就可以通过鼠标的左右移动来接收输入值，并且控制车模的左右旋转角度。

4）不过，我们不仅要在鼠标左右移动时控制车模的旋转，还要确保只有在鼠标左键按下时，车模才进行旋转。如果鼠标没有按下任何按键，只要左右移动就会让车模旋转，这不是我们想要的效果。因此，我们要再增加一个名为 Click 的 Action，如图 2-26 和图 2-27 所示。这个 Action 用于判断鼠标左键是否被按下。

5）完成上述 Input Actions 相关的设置步骤后，勾选 Auto-Save 复选框，此时 Input Actions 中的设置会被自动保存。

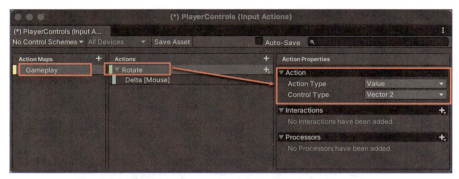

图 2-24 在 PlayerControls 界面创建 Actions

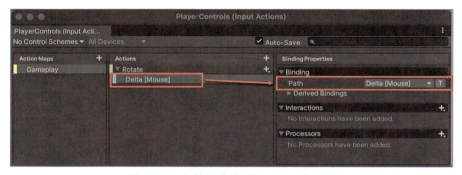

图 2-25 将输入绑定到 Rotate 动作上

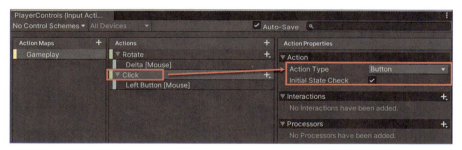

图 2-26 添加 Click（单击）动作

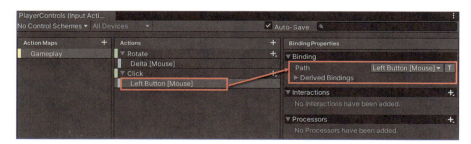

图 2-27 将 Click 动作绑定到鼠标左键

6）如图 2-28 所示，在 Project 窗口中选中 PlayerControls 资产，然后在 Inspector 界面中勾选 Generate C# Class 选项，并单击 Apply 按钮。

7）这将在 PlayerControls 资源的同一文件夹中自动生成一个名为 PlayerControls 的 C# 接口类。由于此脚本是自动生成的，这里我只展示部分代码（如图 2-29 所示）。我们可以在接下来的步骤中直接使用这个自动生成的脚本。

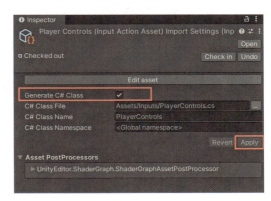

图 2-28　生成 PlayerControls 的 C# 接口类

步骤 3：创建处理输入的 C# 脚本

1）在 Project 窗口中，右键单击依次选择 Create → C# Script，命名为 CarRotator。

```
PlayerControls.cs ×
Assets > Inputs > PlayerControls.cs > ...
//------------------------------------------------------------------------------
// <auto-generated>
//     This code was auto-generated by com.unity.inputsystem:InputActionCodeGenerator
//     version 1.7.0
//     from Assets/Inputs/PlayerControls.inputactions
//
//     Changes to this file may cause incorrect behavior and will be lost if
//     the code is regenerated.
// </auto-generated>
//------------------------------------------------------------------------------

using System;
using System.Collections;
using System.Collections.Generic;
using UnityEngine.InputSystem;
using UnityEngine.InputSystem.Utilities;

5 references
public partial class @PlayerControls: IInputActionCollection2, IDisposable
{
    15 references
    public InputActionAsset asset { get; }
    1 reference
    public @PlayerControls()
    {
        asset = InputActionAsset.FromJson(@"{
    ""name"": ""PlayerControls"",
    ""maps"": [
        {
            ""name"": ""Gameplay"",
            ""id"": ""e92e1578-66d1-4bfb-a53d-495f7c48a53e"",
            ""actions"": [
                {
                    ""name"": ""Rotate"",
                    ""type"": ""Value"",
                    ""id"": ""efed524d-a7d3-4c54-8cdf-8cd45da6a0fb"",
                    ""expectedControlType"": ""Vector2"",
                    ""processors"": """",
                    ""interactions"": """",
```

图 2-29　Unity 编辑器生成的 PlayerControls 的 C# 接口类

```
37              ""initialStateCheck"": true
38            },
39            {
40              ""name"": ""Click"",
41              ""type"": ""Button"",
42              ""id"": ""f354324e-3438-472e-8299-75e020c53122"",
43              ""expectedControlType"": ""Button"",
44              ""processors"": """",
45              ""interactions"": """",
46              ""initialStateCheck"": true
47            }
```

图 2-29 （续）

2）打开 CarRotator 脚本，并使用以下代码来处理 Rotate 动作的输入。在如图 2-30 所示的场景中，将 CarRotator 脚本添加到车模下的圆形底座上。

```
1.  using UnityEngine;
2.  using UnityEngine.InputSystem;
3.
4.  public class CarRotator : MonoBehaviour
5.  {
6.      public float rotationSpeed = 0.1f; //降低旋转速度以提供更好的控制
7.      private PlayerControls controls;
8.      private Vector2 rotationInput;
9.      private bool isClicking = false;
10.
11.     private void Awake()
12.     {
13.         controls = new PlayerControls();
14.
15.         //监听鼠标移动
16.         controls.Gameplay.Rotate.performed += ctx => rotationInput = ctx.
                ReadValue<Vector2>();
17.         controls.Gameplay.Rotate.canceled += ctx => rotationInput = Vector2.zero;
18.
19.         //监听鼠标点击
20.         controls.Gameplay.Click.performed += ctx => isClicking = true;
21.         controls.Gameplay.Click.canceled += ctx => isClicking = false;
22.     }
23.
24.     private void OnEnable()
25.     {
26.         controls.Gameplay.Enable();
27.     }
28.
29.     private void OnDisable()
30.     {
31.         controls.Gameplay.Disable();
32.     }
33.
34.     void Update()
35.     {
```

```
36.         if (isClicking)
37.         {
38.             //仅当鼠标左键被按下时处理旋转
39.             Vector3 rotationVector = new Vector3(0, -rotationInput.x, 0) *
                    rotationSpeed;
40.             transform.Rotate(rotationVector, Space.World);
41.         }
42.     }
43. }
```

图 2-30　添加 CarRotator 脚本到圆形底座

在上述 C# 代码中，首先创建了一个 PlayerControls 的实例，然后在 Awake 方法中注册对 Rotate 动作和 Click 动作的监听。我们使用 isClicking 变量来追踪鼠标左键是否被按下。

当 Rotate 动作被触发时，系统会获取当前的旋转向量；当动作结束时，旋转向量被清零。在 Update 方法中，如果 isClicking 为真，我们可以使用这个旋转向量来旋转车模。

3）将 CarRotator 脚本添加到需要旋转的 3D 车模对象上。在 Inspector 窗口中，可以调整 rotationSpeed 参数来控制旋转速度。

4）进入 Play 模式，尝试使用鼠标左键单击并拖动来旋转车模。我们应该能够看到车模会根据鼠标移动的方向和移动的距离进行旋转。

通过上述步骤，我们就能使用新的输入系统来实现旋转车模的功能。当然，在 Input System Package 中，我们可以通过配置不同的 Input Actions 来为相同的操作添加针对不同输入方式的支持。比如，我们要为多点触摸屏添加旋转车模的功能，只需在 Input Actions 编辑界面添加多点触摸的交互配置，无须修改任何代码。

2.4.3 可视化编程

Unity 引擎在最新版本中提供了可视化编程（Visual Scripting）模块，它可以让我们使用图形界面而非手写代码来实现游戏逻辑。可视化编程使得没有编程背景的人员（设计师、产品经理等）也能参与到程序开发中，从而加快整个开发进程。

Unity 引擎中的可视化编程具有以下主要特点。

- 通过拖曳节点连接构建程序逻辑的各个节点（每个节点提供具体的能力，如旋转物体），开发者无须编写代码即可创建复杂的游戏逻辑。
- 可视化编程模块提供的图形化操作界面使程序逻辑的执行流程一目了然，便于理解和修改。
- 可视化编程模块几乎可以实现任何传统手写代码所能实现的程序逻辑。
- 可视化编程模块支持创建自定义节点，这为实现有特定需求的项目提供了更多灵活性。
- 可视化编程模块可与 Unity 编辑器紧密集成，可与 Unity 的其他模块（如动画模块、物理模块等）无缝交互，并且可以在所有 Unity 引擎支持的平台上运行。

接下来，我们将使用可视化编程模块来实现鼠标左键单击和左右移动时让车模旋转的功能。

步骤 1：导入可视化编程模块

可视化编程模块的程序包不是 Unity 引擎默认导入的，因此我们首先需要通过 Package Manager 导入 Visual Scripting 包（如图 2-31 所示）。

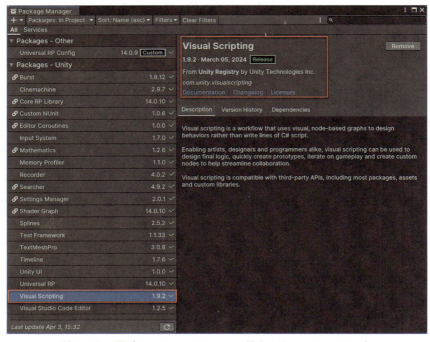

图 2-31　通过 Package Manager 导入 Visual Scripting 包

步骤 2：创建开发可视化编程所需的组件

在 Hierarchy 窗口中选择需要旋转的对象，然后为该对象添加 Script Machine 组件，如图 2-32 所示。

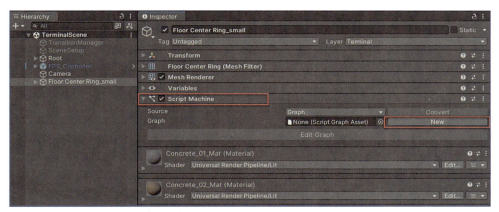

图 2-32　显示了为控制旋转的对象添加 Script Machine 组件

单击 New 按钮生成一个 Script Graph Asset 资源，将其命名为 RotateCarModel（如图 2-33 所示）。

图 2-33　生成 Script Graph Asset 资源

步骤 3：在可视化编程界面中实现具体功能

单击图 2-33 中所示的 Edit Graph 按钮可以打开可视化编程界面。我们通过节点连接的方式完成如图 2-34 所示的节点图，实现鼠标左键单击和左右移动时旋转车模的功能。

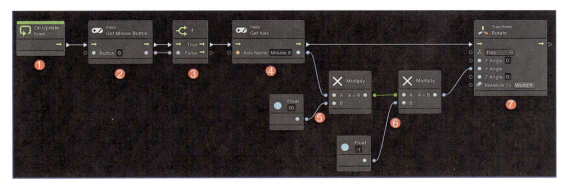

图 2-34　旋转车模的可视化编程节点图

我们可通过图 2-34 所示的 7 个步骤，快速了解这些节点连接实现的功能。

1）由于系统需要在任何时刻侦测用户的鼠标事件，因此需要使用 On Update 节点来保证所有后续步骤都能在一个循环中运行。至少要达到每秒 30 帧的渲染速度，才能真正称为"实时渲染"。

2）首先要检测用户是否按下了鼠标左键。这里用 Get Mouse Button 节点来检测。Button 数值设置为 0。0 代表鼠标左键。

3）然后使用一个 If 节点来判断鼠标左键是否按下。如果用户按下了鼠标左键，那么系统就会继续后面的逻辑；否则，不做任何处理。

4）如果鼠标左键被按下，系统继续处理后续逻辑。首先要获取鼠标在 X 轴上的移动距离。这里，我们需要使用 Get Axis 节点。将 Axis Name 设置为 Mouse X，这样该节点就只获取鼠标左右移动的距离。

5）接着将获取到的鼠标左右移动的距离与一个浮点数相乘（使用 Multiply 节点）。这个浮点数用于控制鼠标左右移动距离的放大倍数，从而控制车模旋转的速度。

6）这里使用第二个 Multiply 节点乘以 –1，以控制车模的旋转方向与鼠标左右移动的方向一致。当然，我们也可以在第一个 Multiply 节点中，直接将用于控制速度的浮点数设置为负数。

7）最后，将已计算的浮点数连接到 Transform（Rotate）节点上，以驱动 Y Angle。同时将 Relative To 设置为 World，因为我们的车模将在世界坐标系中旋转。

通过以上 7 个步骤，我们就完成了使用可视化编程实现旋转车模这个小功能。最后，我们可以直接单击 Unity 编辑器中的 Play 按钮进行测试。

2.5　Unity 引擎动画系统

动画系统是游戏引擎必备的。使用动画系统，我们可以为游戏和应用程序中的对象创建复杂且富有表现力的动画。这个系统的设计目的是提供一个既灵活又易用的工具集，以支持从简单的 2D 动画到复杂的 3D 动画等各种类型的动画创作。

Unity 引擎为动画内容开发提供了 3 个工具（不包括第三方插件）。

1. Unity 内置动画系统

Unity 内置动画系统与 Unity 编辑器直接集成在一起。我们可以通过 Animator 组件和配套的 Animation Controller（动画控制器）状态机，将 Animation Clip（包含在 Unity 引擎内制作的关键帧动画或者从外部动画软件中制作并导入的动画关键帧数据），将动画与游戏逻辑结合在一起。

2. Timeline

Timeline 是通过 Package Manager 提供的 Unity 官方非线性动画编辑器（如图 2-35 所示）。它提供了一种在 Unity 编辑器中以可视化方式编辑动画的工作流程。

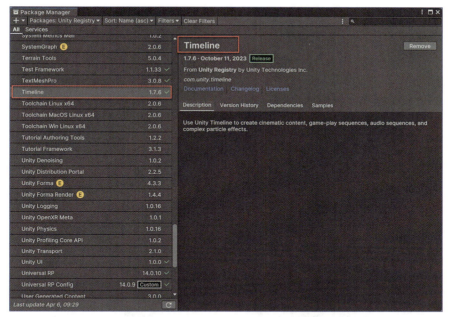

图 2-35　通过 Package Manager 安装 Timeline 工具包

3. Animation Rigging

通过 Package Manager 提供的官方 Animation Rigging 工具包（如图 2-36 所示），开发者和动画师可以更加细致和动态地控制角色的动画。

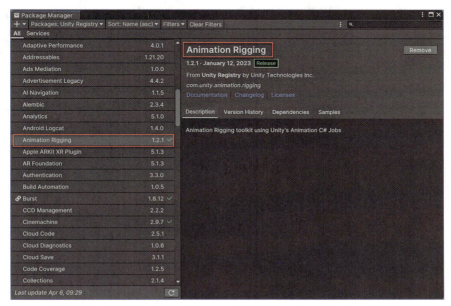

图 2-36　使用 Package Manager 安装 Animation Rigging 工具包

2.5.1 Unity 内置动画系统

在日常开发工作中,Unity 内置的动画系统是大家最常用的动画系统。该动画系统主要包含以下组成部分。

1. Animator

图 2-37 中的 Animator 组件是 Unity 动画系统的核心,负责管理游戏对象上的动画状态和过渡。它使用 Animator Controller 来控制动画的播放逻辑,例如角色从行走状态过渡到跑步状态。

2. Animator Controller

Animator Controller 是一个状态机(如图 2-38 所示),它包含了一系列动画状态和在这些状态之间进行切换的条件信息。我们可以在 Animator Controller 中设置参数,根据 C# 脚本中的游戏逻辑来控制动画状态的切换。图 2-39 所示是一个 Animator Controller 示例,其中包含链接好动画剪辑(Animation Clip)的状态机图。

图 2-37　Animator 组件

图 2-38　Animator Controller 状态机

3. Animation Clip(动画剪辑)

Animation Clip 组件包含动画的所有关键帧数据(如图 2-40 所示)。你可以在 Unity 编辑器中直接创建和修改动画,或者从外部 3D 建模软件中制作好这些动画,并用 FBX 文件格式导入 Unity 引擎。

我们可以通过 Unity 编辑器中提供的创建动画关键帧的工具,针对任何游戏对象的属性(比如位置、旋转、缩放和材质等属性)制作关键帧动画,从而实现丰富的动画效果。这些关键帧动画可以是一段 3D 车模上车门开关的动画,也可以是 2D/3D 角色的动作动画,当然也可以是物体的变形动画等。这些动画可以在 Animator Controller 组件中进行管理。

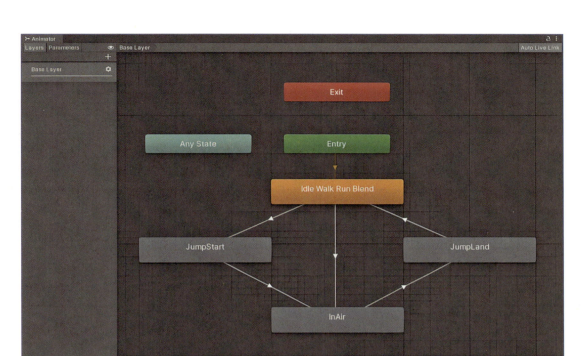

图 2-39　Animator Controller 示例

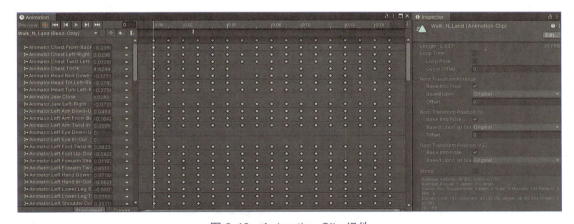

图 2-40　Animation Clip 组件

4. Avatar

在 3D 角色上，图 2-41 所示的 Avatar 组件用于定义角色骨骼结构，从而使 Unity 正确应用动作捕捉数据和动画数据。我们可以使用 Avatar 组件复用与人形结构相似的骨骼动画。即使这些 3D 角色的身形或骨骼结构有所不同，Avatar 组件也可以确保相同的动画在不同的角色模型上正确播放。

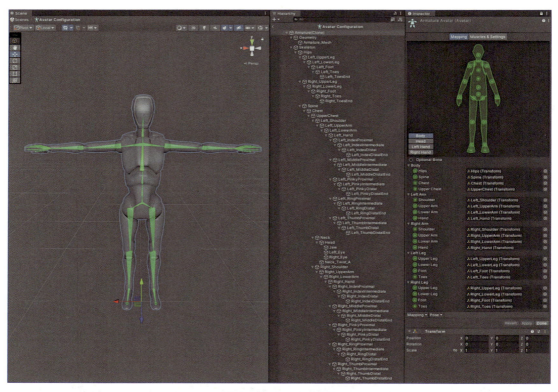

图 2-41　Avatar 组件

5. Blend Tree（混合树）

图 2-42 所示的是 Animator Controller 中的混合树。混合树允许开发者根据参数（如角色速度）动态混合多个动画剪辑，从而实现平滑过渡和更加自然的动画效果。

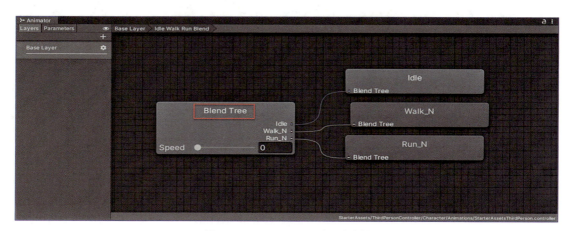

图 2-42　Blend Tree（混合树）

6. Animation Layer 和 Mask

动画层允许开发者在不同的层上独立控制动画,这样某些动画可以覆盖或添加到其他动画之上,而不会相互干扰。动画遮罩则可以用来指定动画影响的身体部位,例如在保持下半身静止的同时,只播放上半身的动画。

接下来,我们使用一个 3D 车模来实现开关车门和后备箱的动画。在 Unity 编辑器中制作动画,将它们导入 Animation Controller 中,然后用 State Machine(动画状态机)把这些动画连接起来,并用 C# 脚本监测鼠标左键的单击,从而控制车门和后备箱的开关动画。示例虽简单,但是可以演示清楚 Unity 内置动画系统的基本使用方法。

如图 2-43 所示,我们首先选中场景中的车模,为其添加一个 Animator 组件。Animator 组件关联 Animator Controller。Animator Controller 组件关联与车模相关的 Animation Clip,并用动画状态机将它们连接起来。

图 2-43 为场景中的车模配置动画状态机

我们可以在 Animator Controller 中创建各种可在 C# 脚本中使用的触发条件。从目前的 Animator Controller 视图中,可以看到有 3 个默认的状态机节点:Entry、Any State 和 Exit。这些节点在动画状态机中扮演着特定的角色,帮助定义动画的流程和逻辑。下面介绍它们各自的作用。

- Entry 节点是动画状态机的起点。它指定了状态机开始播放时的第一个状态。当动画状态机被激活时,它会从 Entry 节点开始,根据 Entry 节点的设置跳转到指定的状态。我们可以通过设置 Entry 节点指向的 Transition(过渡效果)来决定动画开始时播放哪个动画状态。

- Any State 节点可以让动画从任何状态过渡到目标状态。无论当前动画状态机处于何种状态，只要满足 Any State 节点指定的条件，就可以直接跳转到另一个状态。这在需要快速切换到随时可能触发的动画状态（如角色受伤或死亡动画）时特别有用，因为这些状态可能需要从任何动画状态被立即触发。
- Exit 节点表示动画状态机的终点。当状态机进入 Exit 节点时，动画状态机的播放就会结束。这对于有确定结束状态的动画序列（如一套完整的攻击动画或一次性的过场动画）非常有用。

设置完 Animator 并创建好 Animator Controller 后，我们就可以用 Animation 窗口为左右车门和后备箱制作开关动画了。我们以左侧车门的开关动画作为示例。右侧车门和后备箱的开关动画的制作方式与左侧车门的开关动画制作方式完全一致，因此不再重复讲解。

左侧车门开关动画的制作步骤如下。

步骤 1：依次单击顶部菜单 Window → Animation → Animation，打开 Animation 窗口。如图 2-44 所示，在 Hierarchy 窗口选中车门模型的父节点 Toyota_GRSupra_Left_Door。然后在 Animation 窗口单击 Create 按钮，创建一个名为 Left_Door_Open 的 Animation Clip，选择 Project 窗口中的 Animations 文件夹作为保存此 Animation Clip 的位置。

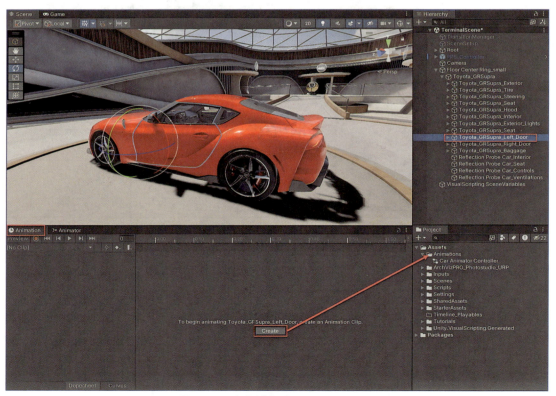

图 2-44　为车模创建 Animation Clip

如图 2-45 所示，在 Animation 窗口的右上角单击锁定图标，将当前名为 Left_Door_Open 的 Animation Clip 锁定，以便后续制作动画关键帧。

图 2-45　锁定 Animation Clip

步骤 2：选中 Hierarchy 窗口中左侧门对象 Toyota_GRSupra_Left_Door，然后单击 Animation 窗口左上角的红色圆点（录制关键帧动画）（如图 2-46 所示），就可以开始录制左侧门的旋转动画关键帧了。我们先把时间轴的头拖动到 0 秒，然后在 Inspector 窗口左侧门对象的 Transform 的 Rotation 的 Z 轴输入框中输入 0。接着把 Animation 的时间轴拖动到 1 秒处，再在左侧门的 Z 轴输入框中输入 50。这时拖动时间轴，可以看到左侧门的打开动画完成了。再次单击 Animation 窗口左上角的红色圆点，停止对左侧门上属性的动画关键帧的录制。

图 2-46　为左侧门创建动画

步骤 3：完成上述开门动画后，我们可以很容易地完成关门动画。如图 2-47 所示，在 Animation 窗口中单击 Left_Door_Open 这一 Animation Clip，通过 Create New Clip... 按钮继续创建所需的 Animation Clip。在此，我们可以把 Animation Clip 理解为一个用于保存动画关键帧数据的容器。Animation Clip 保存了动画对象的某个属性在相应时间点的改变数值（此例中是车门的 Z 轴旋转数值）。最后，我们可以在 Animator Controller 或 Timeline 中重复使用这些 Animation Clip。

图 2-47　动画关键帧的容器

如图 2-48 所示，我们通过 Create New Clip... 按钮创建了一个新的 Animation Clip，命名为 Left_Door_Close。首先在时间轴的 0 秒处将左侧门的 Z 轴旋转数值设置为 50，然后在时间轴的 1 秒处将 Z 轴旋转数值设置为 0。这样便实现了左侧门从打开到关闭的动画关键帧。

图 2-48　创建左侧车门关闭动画的 Animation Clip

接着，可以按照同样的方式完成右侧车门和后备箱打开和关闭的 Animation Clip。完成以后导入 Animation Controller，现在的动画状态机如图 2-49 所示。

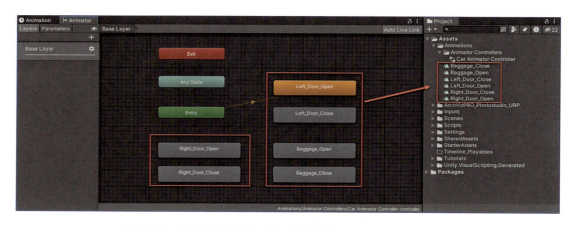

图 2-49　将完成的 Animation Clip 导入 Animator Controller

现在，我们可以在 Animator Controller 中创建新的 Parameters（参数），用这些参数来控制 Animation Clip 节点之间的转换，从而实现通过鼠标单击车门或后备箱来控制其打开或关闭的动画效果。这里我们使用了两种参数类型：Bool（布尔值）和 Trigger（触发器）。如图 2-50 所示，我们分别使用 Bool 和 Trigger 创建了用于打开和关闭左右车门和后备箱的参数。

我们可以将这些参数应用到相应的动画过渡线上。如图 2-51 所示，我们在 Any State 节点和 Right_Door_Open 节点之间建立了一个动画过渡，并且为这个过渡设置了一个触发条件 open_right_door。因为 open_right_door 的参数类型是 Trigger，因此它可用于在任何时候触发包含在 Right_Door_Open 节点中右侧门的打开动画。

另外，如图 2-52 所示，我们在 Right_Door_Open 和 Right_Door_Close 这两个节点之间也创建了一个动画过渡，使用的参数是 Bool 类型的 is_right_door_close。如果该参数为 true，则会播放右侧门的关门动画。其他节点使用相同的连接方式和参数设置方法。

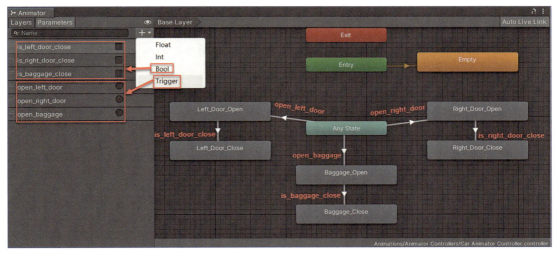

图 2-50 创建动画状态机参数

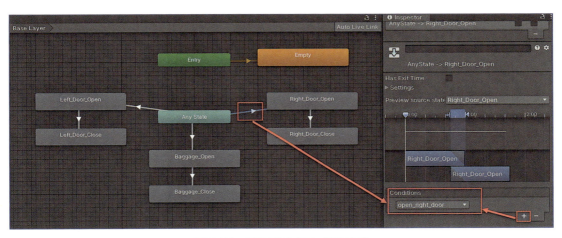

图 2-51 动画状态机之间的过渡

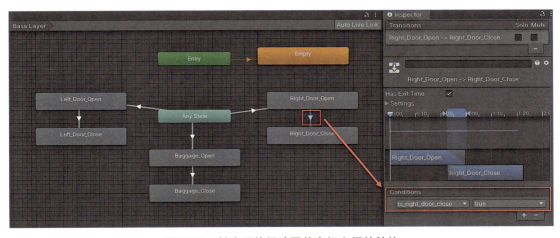

图 2-52 创建开关门动画状态机之间的转换

通过上述在 Animation Controller 中节点之间的连接和参数的使用，我们可以在 C# 脚本中完成鼠标单击车门或者后备箱区域，实现它们的打开或关闭动画效果。下面是一个简单的 C# 脚本，用于检测鼠标左键是否单击了左侧车门，以及判断当前车门是打开还是关闭状态，从而触发正确的开关门动画。

```csharp
using UnityEngine;
public class ClickDetector : MonoBehaviour
{
    public Animator animator;
    private bool isLeftDoorOpen =false;

    void Update()
    {
        // 检测鼠标左键是否被点击
        if(Input.GetMouseButtonDown(0))
        {
            // 创建一条射线，从摄像头处发射射线到鼠标点击的位置
            Ray ray = Camera.main.ScreenPointToRay(Input.mousePosition);
            RaycastHit hit;
            // 如果射线与任何 Collider 相交
            if(Physics.Raycast(ray, out hit))
            {
                // 检测射线是否击中了指定物体
                if(hit.transform.CompareTag("left_door"))
                {
                    if(isLeftDoorOpen == false)
                    {
                        animator.SetBool("is_left_door_close",false);
                        animator.SetTrigger("open_left_door");
                        isLeftDoorOpen = true;
                    }
                    else
                    {
                        animator.SetBool("is_left_door_close", true);
                        isLeftDoorOpen = false;
                    }
                }
            }
        }
    }
}
```

另外，如图 2-53 所示，我们需要事先为触发事件的物体添加 Collider。在这里，我们为车门和车窗的内饰和外饰都添加了 Mesh Collider，并给它们添加了名为 left_door 的 Tag，以便射线检测和判断是否单击了左侧车门区域。

最后，我们将 Click Detector 脚本与车门关联，并将之前制作的 Animator 与 Click Detector 脚本暴露的参数关联，从而完成所有设置。

图 2-53　完成 Click Detector 脚本与车门关联的设置

我们可以用相同的方式为右侧车门和后备箱添加相同的开关逻辑代码和 Collider，从而完成所有的动画控制效果。以下是更为完整的，包含左右车门和后备箱开关动画的代码示例。

```
1.   using UnityEngine;
2.   
3.   public class ClickDetector : MonoBehaviour
4.   {
5.       public Animator animator;
6.       private bool isLeftDoorOpen = false;
7.       private bool isRightDoorOpen = false;
8.       private bool isBaggageOpen = false;
9.   
10.      void Update()
11.      {
12.          //检测鼠标左键是否被点击
13.          if (Input.GetMouseButtonDown(0))
14.          {
15.              //创建一条射线，从摄像头处发射射线到鼠标点击的位置
16.              Ray ray = Camera.main.ScreenPointToRay(Input.mousePosition);
17.              RaycastHit hit;
18.   
19.              //如果射线与任何Collider相交
20.              if (Physics.Raycast(ray, out hit))
21.              {
22.                  //检测射线是否击中了指定物体
23.                  if (hit.transform.CompareTag("left_door"))
24.                  {
25.                      if(isLeftDoorOpen == false)
26.                      {
```

```
27.                    animator.SetBool("is_left_door_close", false);
28.                    animator.SetTrigger("open_left_door");
29.                    isLeftDoorOpen = true;
30.                }
31.                else
32.                {
33.                    animator.SetBool("is_left_door_close", true);
34.                    isLeftDoorOpen = false;
35.                }
36.            }
37.            else if (hit.transform.CompareTag("right_door"))
38.            {
39.                if(isRightDoorOpen == false)
40.                {
41.                    animator.SetBool("is_right_door_close", false);
42.                    animator.SetTrigger("open_right_door");
43.                    isRightDoorOpen = true;
44.                }
45.                else
46.                {
47.                    animator.SetBool("is_right_door_close", true);
48.                    isRightDoorOpen = false;
49.                }
50.            }
51.            else if (hit.transform.CompareTag("baggage"))
52.            {
53.                if(isBaggageOpen == false)
54.                {
55.                    animator.SetBool("is_baggage_close", false);
56.                    animator.SetTrigger("open_baggage");
57.                    isBaggageOpen = true;
58.                }
59.                else
60.                {
61.                    animator.SetBool("is_baggage_close", true);
62.                    isBaggageOpen = false;
63.                }
64.            }
65.        }
66.    }
67. }
68. }
```

2.5.2 Timeline

Timeline 是 Unity 官方提供的一个强大的非线性编辑动画模块。它可以让我们创建复杂的动画序列、音效、触发事件等，而不需要编写任何代码。它是制作过场动画、动态环境效果或者任何基于时间的动画效果的利器。

接下来，我们将使用 Timeline 来创建一个动画效果，帮助大家建立对 Timeline 模块的初步理解。在这个 Timeline 教程中，我们会将之前制作的左侧门、右侧门和后备箱的开关动画剪辑，应用在 Timeline 的时间线上。在学习之前，请确保你已经通过 Package Manager 安装了 Timeline 模块。

步骤 1：创建 Timeline 动画所需的组件和资产

1）通过依次单击顶部菜单 Window → Sequencing → Timeline 打开 Timeline 界面。

2）在 Hierarchy 窗口中选择一个游戏对象。我们需要在车模上制作 Timeline 动画，因此可以在车模上添加所需的组件。由于当前选中的游戏对象上没有 Timeline 运行所需的组件，因此 Timeline 窗口中会提示创建 Director 组件（如图 2-54 所示）。

图 2-54　创建 Timeline 动画资产

3）单击图 2-54 中的 Create 按钮，提示生成一个 Timeline 资产，将其命名后保存在 Assets 文件目录中指定的文件夹中。同时，Unity 会为选中的游戏对象添加一个 Playable Director 组件（如图 2-55 所示），并将其 Playable 参数与生成的 Timeline 资产相关联。

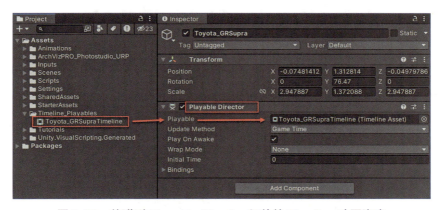

图 2-55　关联到 Playable Director 组件的 Timeline 动画资产

步骤 2：创建 Animation Track（动画轨道）

1）为了便于后续在 Timeline 界面上进行操作，我们可以先单击 Timeline 界面右上角的小锁图标，锁定当前与车模关联的 Timeline 界面。然后，如图 2-56 所示，将 Hierarchy 窗口中的车模拖动到 Timeline 左侧的空白区域，在弹出菜单中单击 Add Animation Track 选项。

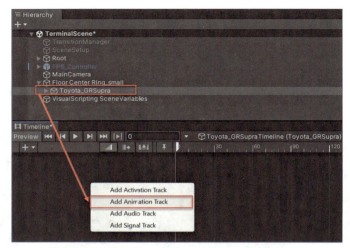

图 2-56　Timeline 中的 Add Animation Track

2）如图 2-57 所示，设置完成后，可以看到 Timeline 窗口中生成了一条 Animation Track（动画轨道）。我们可以在这条轨道上添加之前制作的 Animation Clip。在车模的组件列表上，现在关联了两个组件：Playable Director 用于管理 Timeline 资产；Animator 用于管理与 Timeline 轨道相关联的 Animation Clip。

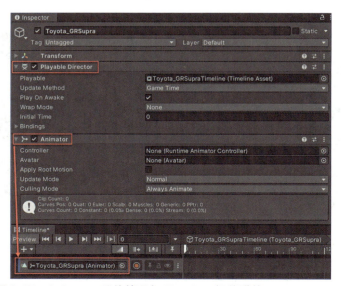

图 2-57　Animator 组件管理与 Timeline 相关联的 Animation Clip

步骤 3：在动画轨道上添加 Animation Clip

1）接下来，我们可以在 Timeline 界面复制两个 Animation Track，然后将 6 个 Animation Clip 分别添加到 3 条 Timeline 轨道上（如图 2-58 所示）。

2）单击 Timeline 上的播放按钮或拖动 Timeline 时间轴上的播放头图标，可以看到左右车门和后备箱的开关动画开始播放。

通过以上步骤，我们使用 Unity 的 Timeline 功能创建了一段简单的演示动画，展示车模的车门和后备箱的开关动画效果。我们可以使用 Timeline 提供的更多功能，进一步细化和控制动画表现。这包括添加声音效果、使用摄像头轨道创建动态视角变换，实现"一镜到底"的效果等。

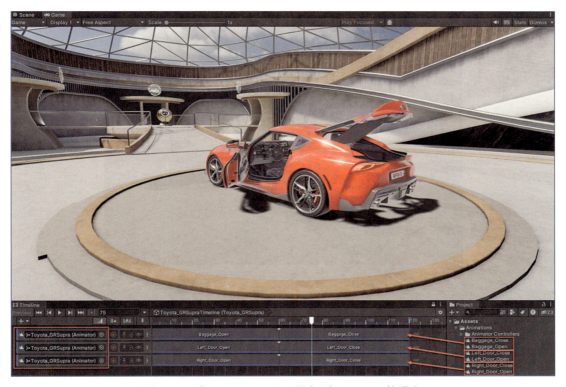

图 2-58　将 Animation Clip 添加到 Timeline 轨道上

2.5.3　Animation Rigging

Unity 的 Animation Rigging 系统允许在运行时对角色进行更复杂的动画调整和修正，提高了动画的逼真度和互动性。Animation Rigging 特别适用于需要高度定制化动画控制的场景，比如根据环境调整角色的姿态，或是动态地模拟物理互动。Animation Rigging 的主要特点如下。

1）**动态控制**：Animation Rigging 允许开发者在游戏运行时动态修改角色的骨架和姿势，为角色和对象之间的互动提供更多可能性。

2）**逼真的动作调整**：通过使用约束和动力学控制，可以实现更逼真的动作调整，例如，可以使角色的手自然跟随目标物体，或者根据地形调整角色的脚步位置。

3）**提高动画质量**：通过细粒度的控制，Animation Rigging 可以用来提升已有动画的质量，使预制的动画更加贴合特定的游戏场景和逻辑。

4）**灵活的动画制作流程**：动画师可以在 Unity 中直接使用 Animation Rigging 工具。这简化了动画制作流程，无须依赖外部动画软件进行复杂的动画调整。

由于 Animation Rigging 主要应用于角色动画领域，本书不对其进行详细讲解。有兴趣的读者可以自行查看 Unity 官方文档和相关公开资源。Package Manager 窗口中也提供了配套示例工程（如图 2-59 所示）。

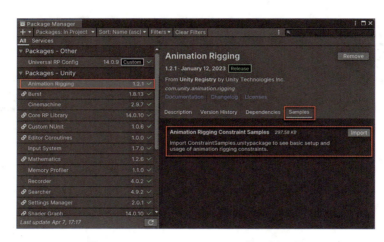

图 2-59　Animation Rigging 的示例工程

2.6　使用粒子系统为场景添加效果

Unity 引擎提供了两套粒子系统：一套是基于 CPU 运算（名为 Particle System），另一套则是基于 GPU 运算（名为 Visual Effect Graph）。这两套系统在设计和运行原理上有所不同，因此应用场景和主要功能也有所区别。

2.6.1　基于 CPU 运算的粒子系统

基于 CPU 运算的粒子系统（名为 Particle System）可用于生成和控制大量粒子，以模拟各种自然现象，如火、烟、雨、雪等。由它制作的粒子效果中，每个粒子的行为（如位置、速度、颜色等）均由 CPU 计算。CPU 负责处理这些粒子的逻辑和物理计算，然后将结果传递给 GPU 进行渲染。

我们可以在 Unity 编辑器中通过为 GameObject 添加 Particle System 组件来创建和配置粒子系统。如图 2-60 所示，Particle System 组件提供了丰富的参数设置，使我们能够控制粒子的各种行为和外观。

粒子系统的优点如下。

1）该系统具有很好的兼容性，可以在大多数设备上运行，其中包括车机 HMI 平台。

2）提供丰富的参数和模块，支持复杂的粒子行为和效果模拟。

粒子系统的缺点如下。

1）在处理大量粒子时，CPU 的计算负担较重，对运行性能有较大影响。

2）相比于基于 GPU 运算的粒子系统，Particle System 的并行处理能力较弱，因此能够同屏显示的粒子数量也相对较少。

2.6.2 基于 GPU 运算的粒子系统

由于基于 GPU 运算的粒子系统 Visual Effect Graph（简称 VFX 粒子系统）可以利用 GPU 强大的并行计算能力，因此能够生成和控制大量的粒子（如果算力充足，模拟几百万的粒子效果也可以）。VFX 特别适用于需高度并行处理的复杂粒子效果，例如大规模粒子模拟。

在 VFX 粒子系统中，粒子的逻辑和物理计算都在 GPU 上进行。它能够充分利用 GPU 的高并行处理能力，同时计算成千上万个粒子的行为。

如图 2-61 所示，VFX 粒子系统配备了一个可视化编程界面。尽管这个界面有一定的学习门槛，但一旦掌握主要节点的用法和常用 VFX 粒子效果的开发流程，就可以使用 VFX 粒子系统开发出炫目多彩的粒子效果。图 2-61 列出了 VFX 粒子系统的创建流程。

1）在场景中创建一个空的 VFX Game Object，或者使用场景中现有的 Game Object。

2）在 VFX Game Object 上添加一个 Visual Effect 组件，用于关联可视化编程 Graph 资产和管理相关参数。

3）依次单击 Visual Effect 组件下的 General → Asset Template 参数右侧的 New 按钮（在图 2-61 中 Asset Template 参数框右侧的 Edit 按钮位置），生成一个新的 Graph 资产，并命名为 VFX Graph。

4）单击 Edit 按钮打开这个 Graph 资产，我们就可以在里面进行 Visual Effect Graph 效果的可视化编程了。

想要深入学习如何使用 VFX 粒子系统的读者，可以在 Unity 官方中文课堂中查看完整的 VFX 教程。

VFX 粒子系统的优点如下。

1）拥有高算力的 GPU 硬件配置，能够同时处理大量粒子。

2）强大的并行处理能力使复杂的粒子效果和模拟成为可能。

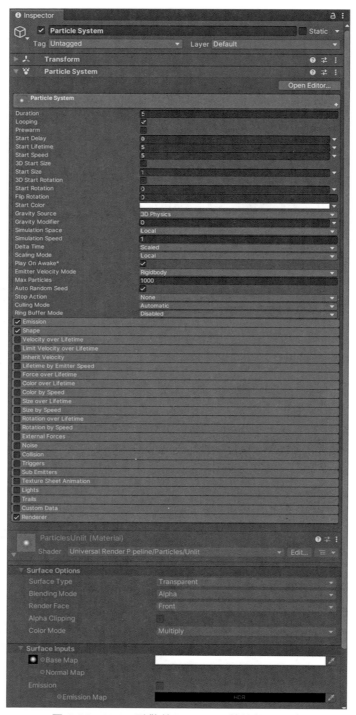

图 2-60　Unity 引擎基于 CPU 运算的粒子系统

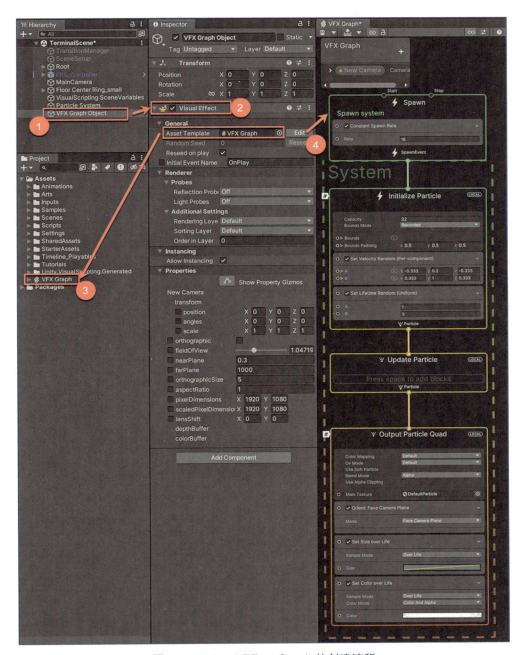

图 2-61　Visual Effect Graph 的创建流程

VFX 粒子系统的缺点如下。

1）硬件兼容性相比基于 CPU 运算的粒子系统要差。

2）存在学习门槛。如果需要实现复杂的模拟，开发者还需具备一定的着色器编程能力。

Particle System 和 VFX 这两套粒子系统各有优缺点，适用于不同的场景。对于需要高度交互且粒子数量不是特别多的场景，Particle System 可能是更好的选择。而对于需要模拟大规模粒子效果且对性能有较高要求的场景，VFX 是更合适的选择。

对于目前主流的车机 HMI 应用的硬件环境（高通 8155 / 8295 等），考虑到可用于 3D 渲染的实际算力及兼容性，建议使用 Particle System 来开发所需的粒子效果。

2.7 团队协作工具（版本控制系统）

在软件开发中，版本控制系统（Version Control System，VCS）扮演着至关重要的角色。它的核心作用可以总结为以下几点。

1）**管理历史记录**：VCS 能够跟踪和记录文件的完整变化情况。这意味着开发者可以查看过去的任何版本，了解每次修改的详细情况。这包括修改者、修改时间，以及修改内容的具体描述等。

2）**团队协作功能**：VCS 可以让多位开发者同时在同一个项目中工作。VCS 可以管理不同开发者的修改并防止冲突。此外，VCS 支持创建独立的分支来开发新功能或修复错误，不会影响项目的主干。通过这些功能，即使团队成员分布在世界各地，VCS 也能确保整个项目的一致性。

3）**项目变更回溯**：当发现一个新引入的问题时，开发者可以回退到未引入该问题的版本，快速定位并解决问题，从而将对项目进度的影响减到最小。

4）**代码审核**：通过查看 VCS 中的日志和历史记录，我们可以进行代码审核，以了解每次变更的内容和原因，以及谁对这些变更负责。这对于确保代码质量、遵守开发标准和法律合规性至关重要。

5）**降低数据丢失风险**：VCS 通常会有远程备份，即使本地数据丢失，也能快速从远程仓库中拉取项目文件，对本地文件进行恢复。

6）**简化部署和发布**：VCS 还可以实现软件的构建、测试和发布自动化，从而简化从开发、测试到部署的整个工作流程。

2.7.1 传统版本管理系统

我们通过表 2-3 可以快速了解 Unity 项目开发过程中常用的 3 个版本控制系统：SVN、Git 和 Mercurial。当然，有的开发者还会使用其他版本控制系统，这里不再一一赘述。

对于 Unity 开发者来说，Unity 项目工程中通常存在很多二进制文件，比如 3D 模型、纹理贴图、音频等的二进制文件。因此，对于 Unity 项目而言，在版本控制中对大文件的保存、上传和下载速度的要求，比通常以纯文本形式保存代码的项目要高得多。因此，我们在表 2-3 中对这三个版本控制系统进行优劣势对比时，专门考虑到了二进制文件相关的需求。这有助于我们在 Unity 项目中选择合适的版本控制系统。

表 2-3　3 个常用的版本控制系统的对比

对比项	SVN	Git	Mercurial
概念	SVN 是一个集中式版本控制系统。开发者可以通过与中央仓库进行交互，提交更改和获取更新	Git 是一个开源的分布式版本控制系统，适用于各种规模的项目开发	Mercurial 是一个跨平台的分布式版本控制系统，强调简易性和高性能，适用于各种规模的项目开发
大文件处理	SVN 可以较好地处理大文件，因为不需要在每个克隆的仓库中保存文件的所有副本。但是，大规模的二进制文件更新可能导致版本库迅速膨胀	Git 对大文件的支持较弱，直接使用 Git 管理大型二进制文件会导致仓库体积急剧增加，影响性能。 可以使用 Git LFS（Large File Storage）这个 Git 扩展来解决大文件问题，但需要额外配置	Mercurial 的性能与 Git 类似，对大文件的原生支持也有限。 Mercurial 也有针对大文件处理的扩展（如 LargeFiles extension），但同样需要额外配置
分支和合并	SVN 的分支是通过复制整个项目到另一个目录来实现的，这使得分支操作相对重量级。SVN 的分支和合并操作，相对于 Git 和 Mercurial 来说更笨重	Git 的分支非常轻量级，分支和合并的操作简单快速。Git 的这一特性对于采用频繁分支策略的开发团队尤其有利	Mercurial 的分支管理类似于 Git，也是轻量级的，并且提供了直观的分支和合并操作。不过，相比于 Git，Mercurial 在社区支持和工具生态方面更胜一筹
协作	SVN 的集中式模型意味着协作时所有更改都需要连接到中央服务器。这对于团队协作，特别是在大文件的情况下，非常不友好	Git 的分布式模型非常适合协作和远程工作，每个开发者有完整的仓库副本，可以离线工作并轻松同步更改	Mercurial 的分布式模型同样支持高效的协作和远程工作，其简洁的命令和一致的用户体验让团队成员很快上手
易用性	SVN 的命令和概念相对简单，对于不需要复杂分支策略的团队来说，学习门槛较低	Git 功能强大，但其复杂性意味着新用户的学习曲线较为陡峭。不过，Git 丰富的社区资源和文档可以帮助缓解这一问题	Mercurial 设计上更注重易用性，它提供了更简单的命令和更一致的用户体验，对初学者很友好

2.7.2　Unity Plastic SCM（Unity 版本控制）

Unity Plastic SCM 是一个专为包含大量二进制文件的 Unity 工程而设计的版本控制系统。它为 Unity 开发者提供了一系列针对游戏和应用开发项目的强大功能，包括对大文件和二进制文件的支持。

通过在同一存储库中提供独立的工作流程，Unity Plastic SCM 可以让艺术家和程序员协同工作。这种独立的工作流程，允许开发者在使用基于代码的版本控制工作流程的同时，让艺术家使用基于文件的工作流程。

Unity Plastic SCM 能高效管理大文件和二进制文件，这对包含大量大型资产文件的 Unity 项目来说至关重要。该系统确保了处理这些文件时的性能和响应速度，从而确保游戏和应用开发的顺利推进。

Unity Plastic SCM 还提供了强大的分支和合并功能。无论是小型独立团队还是大型开发工作室，它都能根据你团队和文件的大小需求进行动态扩展。

Unity Plastic SCM 还与 Unity 编辑器进行了深度集成，方便开发者在不离开 Unity 引擎开发环境的情况下进行版本控制。这种整合为游戏开发人员提供了无缝的工作流程，简化了变更检查、分支管理和项目历史回顾的流程。

图 2-62 为 Unity Plastic SCM 的界面。

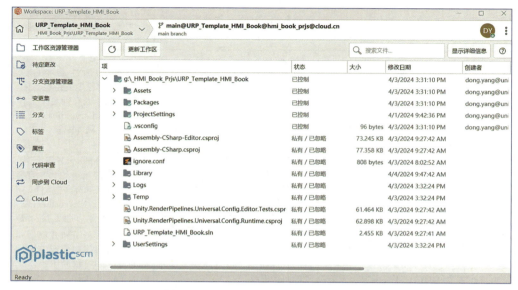

图 2-62　Unity Plastic SCM 的界面

图 2-63 所示为集成在 Unity 引擎 Package Manager 中的 Version Control 工具包。

图 2-63　Package Manager 中的 Version Control 工具包

2.8　本章小结

本章讲解了 Unity 中国团队开发的团结引擎的基本情况，包括它对国内新平台的支持和针对 HMI 开发者提供的 3 个新平台。另外，本章还全面介绍了 Unity 引擎的主要功能模块，并提供了相关的示例。通过对这些重要模块的了解，我们对 Unity 引擎有了基本认识，这将有助于我们深入理解后续章节的内容。

在下一章的内容中，我们将暂时离开技术本身的讨论，转而从车机 HMI 开发工作流程的角度来理解典型的 HMI 内容是经过哪些步骤开发出来的，这些步骤之间的关系，以及为什么这个流程可以让大家更高效地进行开发工作。

Chapter 3 第 3 章

Unity 引擎中的 HMI 设计流程

尽管 Unity 引擎在游戏开发市场的占有率达到了全球第一，在手机游戏开发中占有超过 70% 的市场份额，但在车机 HMI 内容开发上，Unity 引擎仍然是一个新工具。此外，车机 HMI 内容开发与游戏开发在工作流程上有较大的区别，因此我们有必要从概念上全面了解 HMI 内容开发的工作流程。

本章讲解的车机 HMI 内容开发流程，来自 Unity 中国团队近年来参与众多车厂 PoC（Point of Concept，概念验证）和量产项目开发经验的积累总结。这里展示了如何使用 Unity 引擎高效开发车机 HMI 内容的典型工作流程，读者可以根据各自团队的具体情况调整后参考使用。

图 3-1 展示了将要讨论的简化版 Unity HMI 项目开发工作流程。

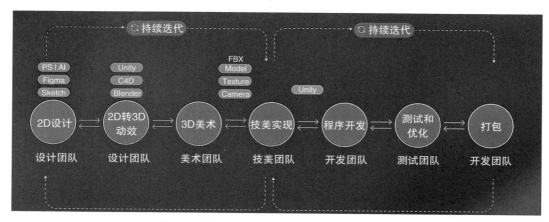

图 3-1 简化版 Unity HMI 项目开发工作流程

下面将通过学习图 3-1 中的 7 个开发流程节点，了解每个节点的具体内容，节点之间的关系，以及所有节点组合在一起对于提升车机 HMI 内容开发效率和质量的意义。

3.1 Unity HMI 项目开发流程

3.1.1 2D 设计

在此节点中，HMI 设计师使用各种设计工具（如 Adobe Photoshop、Figma）和 AI 图形生成工具（如 Midjourney）来设计用户界面元素，以及进行交互设计。具体工作包括：场景和布局设计、颜色方案选择、图标和按钮的制作，以及视觉风格的定义等。重点是完成符合汽车行业标准、直观且响应式的 HMI UI/UX 设计，这需要设计师具备良好的美学理念和对目标用户群体行为深入理解的能力。

当然，除了传统的 2D 设计工具，HMI 设计师还可以将 3D 建模动画软件（如 Blender 和 Cinema4D）整合到 HMI 设计工作中。因为我们最终希望设计包含 2D 和 3D 的内容，甚至许多 2D 内容会被放置在 3D 空间中进行交互。

如果一开始我们就将整个设计放在更高维度的 3D 空间中来思考，并将 3D 实时渲染的原理考虑进去，那么就能解决在 HMI 设计阶段可能遇到的一系列与 3D 空间设计相关的问题，比如流畅的"一镜到底"转场效果的演示（这在 2D 图形软件中很难用可视化的方式传达出来）。当然，这些与 3D 相关的设计也可以在第二个动效环节解决，但如果 HMI 设计师一开始就在 3D 空间中进行设计，第二个动效环节的工作将会变得事半功倍。

3.1.2 2D 转 3D 动效

在此节点中，2D HMI 设计稿的关键页面会被动效设计师用 Cinema4D、Blender 或者 Unity 引擎制作出视频形式的演示动画。这些演示动画可能不是 100% 代表最终效果，却是关键 HMI 设计亮点的绝佳展示。此节点产出的演示动画，也可在后续开发节点（3D 美术和技美实现节点）中作为参考。

此节点的关键是将静态的 2D 设计元素转化为 3D 动画的视觉效果。这个过程要求动效设计师具备良好的动画制作技能，并理解动画中的物理运动规律。

3.1.3 3D 美术

在此节点中，团队中精通实时渲染和互动式内容开发的美术人员（通常来自游戏开发行业）会对 HMI 设计稿和动效进行把关。当然，这个把关过程可能在第一个节点就已经开始了。

3D 美术人员要确保 HMI 设计在"好看"的同时，也能够满足最终实时渲染时的运行性能要求，因此 3D 美术人员需要确保 HMI 设计师在设计稿上的各种效果（如清晰的反射效果、使用多次光线反弹才能获得的全局光效果、对性能影响很大的高级多层车漆效果、动态日夜变化效果等）都能够在车厂指定的车机算力范围内实现。这其中就涉及在 HMI 设计上做出取舍，并对最终需要实现的美术效果进行正确的评估和判断。

3.1.4 技美实现

当我们决定了大部分的 HMI 设计，制作了动效视频，且美术人员也完成了审核以后，我们就可以把这些资料作为技美实现节点所需的输入信息。"技美"是技术美术的简称，它在 HMI 设计稿在引擎具体实现的过程中，发挥着非常重要的作用。

技美人员的重要职能之一是桥接设计与开发。他们负责将 HMI 设计和 3D 动效转化为适用于实时渲染的高质量 3D 场景，包括材质创建、光照设置、自定义 Shader 编写和细节优化等。此外，技美人员还需考虑诸如反射、全局光照和动态环境等高级渲染效果的实现，同时保证这些效果不会超出车厂指定车机硬件的性能限制。

3.1.5 程序开发

程序开发节点主要是编写和实现前端逻辑与后端服务的交互。这包括 UI 控制逻辑的实现、数据处理，以及与车辆其他系统的接口对接等。开发团队需要使用 Unity 的 C# 脚本（或者使用 Visual Scripting 这样的可视化编程模块）进行编程工作，并确保代码的可维护性和可扩展性。

由于车机 HMI 应用与传统手机应用在软硬件运行环境中存在差异，在进行程序开发时，我们需要对这两者的区别有清晰的认知。

以下是针对车机 HMI 应用开发和手机应用开发的具体对比。

1. 多任务并行与资源共享

车机 HMI 系统中通常需要同时运行多个应用程序，如导航、音乐播放和车辆监控等，这些应用会竞争有限的计算资源。为此，车机 HMI 应用需要严格进行资源管理和优化，以确保系统流畅运行和响应速度。

相比之下，手机应用通常独占用户设备的大部分资源，尤其是在应用前台全屏运行时。在手机应用开发时，我们可以假设资源的高可用性，从而专注于功能的实现。

2. 实时性和稳定性要求

车机 HMI 应用涉及驾驶安全，对实时性和稳定性的要求极高。任何延迟或故障都可能直接影响驾驶安全。因此，车机 HMI 应用的开发需要严格的错误处理机制和高可靠性的设计。

传统手机应用虽然也注重用户体验，但对实时性的要求通常不如车机 HMI 应用严格。传统手机应用崩溃或重启的后果也没有车机 HMI 应用那么严重。

3. 用户界面设计

车机 HMI 设计必须考虑驾驶时的操作便利性和安全性，强调简洁明了的视觉元素和易于访问的控件。此外，车机 HMI 应用通常需要满足车内多种光照条件下的观看视角要求，并且需要解决在更大显示屏上交互时可能带来的问题。

手机应用的用户界面设计更加注重美观和趣味性，同时用户的交互也更为复杂和多样化，因为用户操作手机时的注意力和精细动作能力都更强。

4. 输入方式

车机 HMI 应用需要支持多种输入方式，包括语音命令、物理按键、触摸操作和手势控制，以满足驾驶过程中的操作需求。因此，开发者在设计车机 HMI 应用时需整合和优化这些复杂的交互方式。

传统手机应用主要支持触屏操作，虽然现代手机也支持语音和某些手势控制，但这些功能的应用并不如车机 HMI 应用那样广泛和关键。

5. 开发和测试环境

车机 HMI 应用的开发和测试需要在模拟真实车辆环境下进行，这可能包括使用车辆硬件模拟器和复杂的集成测试平台。这个过程比在传统手机应用开发更为复杂，相对成本也更高。

传统手机应用的开发和测试可以利用大量廉价的手机设备与成熟的应用程序接口（API）来搭建测试环境，实际测试时自动化程度也比在车机环境中测试更高。

车机 HMI 应用开发面临的技术挑战和开发要求与传统手机应用开发有显著不同。开发者需要在设计和实现过程中充分考虑这些差异，以确保应用的性能和安全性。

3.1.6 测试和优化

在开发车机 HMI 内容时，测试和优化是确保最终产品达到高质量标准的关键节点。这一节点涉及多个方面，包括功能性测试、性能测试、用户体验测试、安全性测试等。

1. 功能性测试

- **模块测试**：每个独立的功能模块都需要通过详尽的测试来验证，以确保按照预期的方式运行。这包括测试快速响应的界面元素、准确的数据处理，以及正确的交互逻辑。
- **集成测试**：随着各个模块的整合，我们需要进行集成测试，以确保模块间的接口可以正确交互。在 Unity 引擎中，这可能涉及验证不同场景和预制件的加载和卸载，以及它们在不同硬件配置下的表现。

2. 性能测试

- **资源使用情况**：使用 Unity 引擎的 Profiler 工具可以详细了解应用程序在运行时对 CPU、GPU 和内存的使用情况。
- **渲染性能**：这里我们要检查渲染流程中可能存在的瓶颈，特别是在渲染复杂界面或进行大量数据处理时的瓶颈。我们可以使用的渲染优化手段包括减少绘制调用（Draw Call）次数、使用更高效的着色器、调整渲染设置、优化代码结构和所使用的 Unity API 等。

3. 用户体验测试
- **UI 测试**：确保 UI 元素在不同屏幕尺寸和分辨率下的表现一致，交互元素易于访问且响应迅速。
- **可用性测试**：我们可以通过实际用户测试来收集真实的可用性反馈，进而对界面的直观性和使用便利性进行准确评估。在车机 HMI 中，这种测试尤为重要，因为它关系到驾驶安全。

4. 安全性测试
- **错误处理**：确保系统能妥善处理输入错误、设备故障和其他异常情况。这对车机系统至关重要，因为任何一个小错误都可能影响驾驶安全。
- **恢复机制**：测试车机 HMI 的恢复策略，确保车机系统在发生故障时能够快速恢复到安全状态。

5. 工具和策略
- **自动化测试**：开发自动化测试脚本，以便在应用更新后快速执行回归测试。
- **持续集成 / 持续部署（CI/CD）**：搭建完整的 CI/CD 流程，确保每次提交都自动构建并测试，快速发现并解决问题。

3.1.7 打包

完成所有测试和优化后，开发团队将软件进行最终打包。这包括将所有资源文件、脚本和依赖库编译成一个可执行软件包，为最终部署到车机系统中做准备。

Unity 引擎为所支持的平台开发了非常便捷的打包流程和工具链。无论使用哪个平台，打包流程都是相似且易于设置的。

3.2 节点之间的关系与贯穿全流程的快速迭代策略

上述 7 个节点组成了一个环环相扣的流程，每个节点的输出都是下一节点的输入。

另外，在整个开发流程中，快速迭代对于推进项目落地和保质保量交付，起到关键作用。快速迭代的开发模式是通过每个节点的反馈和修正来实现的，以下是实现快速迭代的关键策略。

1）**持续集成和持续部署（CI/CD）**：通过自动化构建和测试流程，可以确保每次提交都能快速反馈，从而提早发现并解决问题。在实践中，我们可以考虑使用成熟的 Unity 解决方案如 Unity Plastic SCM 版本控制系统、Unity UPR 性能测试分析和 Unity 云真机测试服务云平台。

2）**开发原型和最小可行产品（MVP）**：通过开发原型和 MVP，我们可以在项目早期验证概念和设计，降低后期大规模修改的风险。Unity 引擎本身就可以作为一个完整的原型开发和验证工具使用。Unity 自带的模块如 ProBuilder 和 PolyBrush（可通过 Package Manager 获得），可以让我们在 Unity 编辑器中快速搭建 3D 场景和进行交互测试用的模型，然后为这些模型添加用于验证的 C# 脚本。

3）**定期评审和调整**：每完成一个开发阶段，我们需要进行项目评审，并根据反馈快速调整开发计划和相关设计。这有助于确保项目目标的持续对齐，并使开发团队能够快速响应变化。

4）**跨功能团队合作**：鼓励 HMI 设计师、3D 美术人员、技美人员、开发人员和测试人员紧密合作，以提高沟通效率和工作协同性。

通过这种结构化的流程和贯穿整个工作流程的快速迭代策略，我们可以有效提高车机 HMI 设计的还原度和程序开发质量，以及加快整体交付速度，从而确保最终产出内容能够满足用户需求并适应快速变化的技术环境。

3.3 车载智能座舱 Unity HMI 开发团队组建

在 3.1 节描述的 Unity HMI 开发流程中，有一个重要的前提条件是参与整个工作流程的团队必须紧密合作和持续沟通。特别是在 2D 设计阶段到与设计相关的技美实现的这一过程中，HMI 设计师要与动效师、3D 美术和技美人员一同快速迭代。总之，不应将 HMI 设计师的工作孤立起来。HMI 设计师输出的内容是后续开发工作的中心。

不过，我们也在图 3-1 的流程中看到了在后半部分 Unity 开发工程师发挥的重要作用。他们负责将前半部分设计师和动效师的输出成果保质保量地在合理的项目时间范围内完成，并确保最终完成的应用程序可以在设定的性能参数指标范围内流畅运行。

从事过任何类型开发工作的朋友可能都了解，项目开发阶段的特点通常是：时间紧、任务重、加班加点修复 Bug。针对这些特点，开发团队的人员需要覆盖上述开发流程中的大多数职能。

下面我们从一个典型的 Unity HMI 开发团队构成角度，探讨如何组建一支能够实现 HMI 设计师想法的完整开发队伍。

1. HMI 产品经理

（1）职责

HMI 产品经理负责收集市场和用户需求，定义车机 HMI 应用的功能和性能参数。产品经理与项目经理共同制定产品的开发时间表和路线图，确保项目按计划推进。HMI 产品经理应作为设计、开发、市场和销售团队之间的联络人，确保各方协同工作，并监督最终交付的产品质量，同时与市场部门协同制订相应的宣传计划。

（2）重要性

HMI 产品经理在确保产品从概念到市场的每一个步骤都符合高标准要求、有效推动车机 HMI 内容落地方面起着重要作用。

2. 项目经理

（1）职责

项目经理负责整个项目的日常管理工作，确保项目按照既定时间线和预算顺利推进。

项目经理还需处理团队内外复杂的沟通工作，解决跨部门甚至跨公司的协调问题。

（2）重要性

HMI 项目的复杂性决定了一个项目可能有众多供应商参与开发，涉及的沟通协调工作量可能非常大。因此，项目经理在项目开发过程中的重要性不言而喻。

3. HMI 设计师

（1）职责

HMI 设计师负责设计直观且符合用户需求的界面。HMI 设计师需要将设计想法通过具体的设计稿表达出来，以供其他开发团队成员参考。

（2）重要性

HMI 设计师的输出直接影响最终产品的用户界面和交互体验，是整个开发过程的起点。

4. 动效师和 3D 美术师

（1）职责

动效师和 3D 美术师的工作是将 HMI 设计师的 2D 设计转化为后续技美人员与程序开发人员可用的动画效果以及在引擎中使用的相关美术资产。他们需要确保制作的动画和美术资产不仅在视觉上吸引人，而且能够在技术上实现。

（2）重要性

动效师和 3D 美术师的工作缩短了 HMI 设计与在 Unity 引擎中实现之间的距离，确保 HMI 设计在 Unity 引擎中实现高保真。

5. 技美人员

（1）职责

- **美术资源整合**：负责将 3D 模型、纹理、动画等美术资源导入 Unity HMI 项目中，并确保这些资源在车机 HMI 中能够正确显示和高效运行。
- **美术性能优化**：对 HMI 应用中的视觉元素进行优化，确保应用在目标车载硬件上达到最优性能。这包括但不限于模型整合和优化、纹理简化、优化着色器和光照效果、减少绘制调用（Draw Call）次数、合批、遮挡剔除、优化相机等。
- **着色器与特效的开发**：负责开发和维护项目中使用的着色器（如车漆着色器），以及开发场景中所需的各类特效（如速度线、粒子效果等），并确保这些效果的性能消耗在合理范围内。
- **技美相关的技术支持**：解决在美术效果实现与性能优化中遇到的技术难题。
- **跨部门协作**：与 HMI 设计师、开发人员和项目经理等其他团队成员密切合作，确保 HMI 设计在 Unity 引擎中实现高保真。

（2）重要性

- **确保艺术愿景与技术实现相匹配**：技美人员可以将 HMI 设计师的创意在 Unity 引擎中具体实现。这对于保证原始 HMI 设计的完整性和实现高质量的最终用户体验至关重要。

- **优化应用性能**：通过对资源使用和美术效果的优化，可以直接提升应用运行性能和响应速度。这在性能受限的车载系统中尤为重要。
- **提升开发效率**：技美人员通过建立有效的工作流程和自动化工具，可以加速开发过程，减少重复劳动，提高整个团队的工作效率。

技美人员在车机 HMI 应用开发中不仅是视觉实现的关键角色，也是保证项目高效交付的核心力量。他们的工作确保了产品在视觉吸引力和系统性能之间取得平衡，是成功开发高质量车机 HMI 应用的重要保障。

6. Unity 开发工程师

（1）职责

- **界面实现**：负责将 HMI 设计师的设计稿转化为可在车机 HMI 上操控的用户界面，包括界面布局、UI 控件开发、相关的 UI 动画开发、用户交互逻辑开发等具体工作。
- **功能开发**：编写代码以实现功能逻辑，如数据处理、与车辆系统的接口对接等，确保 HMI 应用能够与车机中其他应用或系统进行无缝的数据交换和交互。
- **性能优化**：进行性能调优，包括优化内存使用、减少 CPU 和 GPU 的负载、优化程序逻辑等，确保 HMI 应用在目标车载硬件上按照预定的性能参数指标流畅运行。
- **测试与调试**：负责在开发完自己负责的 HMI 应用的模块后进行测试和调试，包括单元测试、集成测试和功能测试等，以确保在交给质量保证工程师（QA 工程师）之前，自己开发的模块可以正常运行。
- **技术支持与维护**：提供技术支持服务，解决车机 HMI 应用上线后出现的各种问题，并进行必要的功能迭代、更新和维护。

（2）重要性

- **确保 HMI 设计的实现**：Unity 开发工程师需确保 HMI 设计师的视觉和交互设计在最终产品中真实体现，因为这直接影响到最终用户体验。
- **确保系统稳定性和安全性**：车机系统的稳定性和安全性至关重要。Unity 开发工程师需要通过严格测试和质量控制，确保软件的高可靠性，减少故障。
- **支持快速迭代**：在车机 HMI 开发过程中以及后续维护迭代工作中，功能需求可能会频繁变更。Unity 开发工程师需要快速响应这些变更，及时调整开发策略，确保项目按时完成。

Unity 开发工程师在车机 HMI 应用开发中扮演着核心角色。他们的工作不仅关系到应用的功能实现和视觉效果，更直接影响整个系统的性能和用户的最终体验。

7. 质量保证工程师（QA 工程师）

（1）职责

- **测试计划和用例开发**：QA 工程师负责制订详尽的测试计划，包括定义测试策略和方法，以及编写具体的测试用例。这些测试用例应覆盖 HMI 应用的各个方面，从功能、性能、用户界面到安全性和兼容性等。

- **自动化测试**：在 Unity 项目中，QA 工程师通常需要设计自动化测试框架，利用 Selenium、QTP 等工具来自动执行重复的测试任务。这不仅提高了测试效率，也让测试过程更为一致和准确。
- **性能测试**：QA 工程师应对 HMI 应用进行性能测试，以确保在目标硬件上流畅运行，并满足如启动时间、UI 响应时间、资源消耗在合理范围内等预设的技术参数和指标要求。
- **回归测试**：当代码有更新或修复时，QA 工程师要负责执行回归测试，确保新的更改没有破坏已有功能或导致新的性能问题产生。
- **缺陷跟踪和管理**：QA 工程师需要记录、分类和跟踪所发现的问题和缺陷，并与 HMI 产品经理、项目经理和 Unity 开发工程师紧密合作，确保所有问题都能被及时解决。QA 工程师应定期向项目团队和管理层提供测试结果和质量报告，包括缺陷分析、测试覆盖率和风险评估等重要信息。

（2）重要性

QA 工程师通过综合测试和持续监控，能够确保最终产品满足用户的需求和预期，降低质量问题导致的用户流失率。通过早期发现和修复缺陷，QA 工程师还可以帮助减少产品发布后修复缺陷的成本。

3.4 本章小结

本章从车机 HMI 应用开发工作流的角度，详细讲解了典型的使用 Unity 引擎开发车机 HMI 应用的工作流同时阐述了在使用 Unity 引擎等实时渲染内容开发工具时，持续迭代在设计和程序开发节点的重要性。

本章还详细讲解了典型的 Unity HMI 应用开发团队所需的参与角色，以及每个角色的主要职责和重要性。

当然，无论是工作流还是开发团队的成员组成，都需要根据公司组织架构和项目的实际需求进行更细致的设计。本章内容来自 Unity 中国团队和笔者合作伙伴的开发实践，因此可以作为参考。

无论理论多么优秀，如果不结合实际项目，都是空中楼阁。因此，下一章将通过一个可免费下载的 Unity 官方 HMI 应用示例，为大家详细讲解 HMI 应用开发实践、可复用的资源（如场景和代码等）、UI 和代码实现等。

第 4 章 Chapter 4

Unity 引擎 HMI 模板

本章将通过使用 Unity 资源商店中由 Unity 官方提供的免费车机 HMI 示例工程（见图 4-1），为大家讲解典型的 Unity HMI 项目是如何开发的。相信通过本章的学习，大家会对如何在 Unity 引擎中从 0 到 1 地搭建车机 HMI 项目有深入的了解。

图 4-1 Unity 官方提供的免费车机 HMI 示例工程

4.1 Unity HMI 项目功能解析

首先，我们通过 Unity 资源商店中提供的指导来创建一个 Unity 工程。强烈建议大家在自己的计算机上安装 Unity 并创建这个工程，结合本书的讲解深入理解这个示例工程。以下是相关的 Unity 工程创建步骤。

1）在 Unity Hub 中创建一个新的 URP 项目，建议使用 Unity 2022.3 LTS 系列版本（这是本书使用的版本）。当然，最新的 Unity 版本应该也不会有太大问题。

2）在新创建的 URP 项目中，通过顶部菜单打开 Package Manager 界面。

3）在此示例工程的资源商店网页中，单击图 4-2 所示的"在 Unity 中打开"按钮。

图 4-2　Unity 资源商店中 Unity 官方 HMI 示例工程的页面

4）页面跳转到 Unity 编辑器的 Package Manager 界面，然后可以在 Package Manager 界面单击"下载"按钮完成资源的下载。

5）在 Package Manager 界面完成下载后，单击 Import 按钮将项目导入 Unity 编辑器。

6）完成整个工程导入后，我们可以看到如图 4-3 所示的 Unity 编辑器界面。

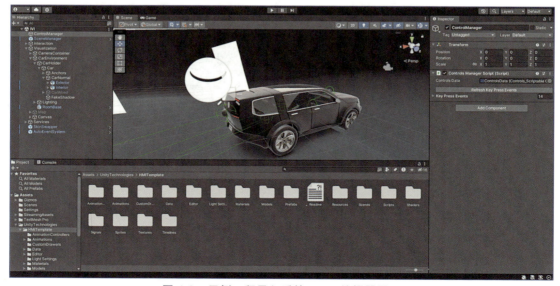

图 4-3　示例工程导入后的 Unity 编辑器界面

接下来，我们先整体了解整个项目的所有组成部分，然后分模块来了解这个示例工程。

4.1.1 项目工程总览

本示例工程中包含 5 个场景，具体如下。

（1）Cluster（仪表场景）

Cluster 场景包含所有与仪表屏幕相关的 2D UI 元素和 3D 车模。如图 4-4 所示，在下半部分的 Game 窗口中，2D UI 元素与 3D 车模共同构成了整个场景。实际上，它们被放置在一个 3D 空间中。

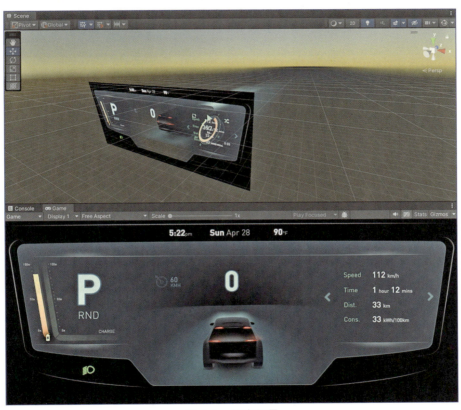

图 4-4　仪表场景

为了便于在 Unity 编辑器中进行所见即所得的测试，一些常用操作也被映射到键盘上。以下是在仪表界面用到的主要操作按键。

1）左方括号"["和右方括号"]"用于切换挡位。

2）切换到 D 挡后，使用键盘上的"上箭头↑"和"下箭头↓"，可以让车辆加速前行或倒退。

3）按下 D 键和 F 键，可以控制仪表场景进入以 3D 车模为视觉中心的 ADAS 模式（见

图 4-5）和以地图为主的导航模式（见图 4-6）。

图 4-5　以 3D 车模为视觉中心的 ADAS 模式

图 4-6　以地图为主的导航模式

4）按下数字键 8，切换到紧急刹车。

5）按下 C 键，开启或关闭远光灯。

6）按下 E 键或 R 键，使仪表界面右侧的数据显示 UI（见图 4-7）向左或向右滚动。

7）关于其他按钮，可以参考仪表场景中的 ControlsManager 游戏对象上关联的 Controls Manager Script（Script）（如图 4-8 所示）。在 Inspector 中可查看所有相关联的键盘按键的绑定关系，并可以自行修改。

（2）HVAC（暖通空调场景）

HVAC 是 Heating（加热）、Ventilation（通风）和 Air Conditioning（空调）的简称。HVAC 系统负责调节汽车内部的温度、湿度和空气质量，包括加热、制冷、通风、空气净化等功能。通常，车机 HMI 会提供一个与这些功能进行交互的界面，通过 HMI 上的按钮、旋钮、触摸屏等操作元素，驾驶员和乘客可以调整 HVAC 系统的设置，例如温度、风速、风向等。

图 4-7 仪表界面中的数据显示 UI

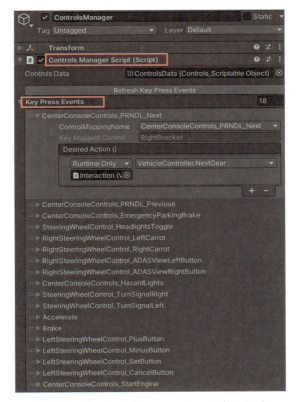

图 4-8 Controls Manager Script（Script）

HMI 的设计直接影响 HVAC 系统的易用性。现代汽车的 HMI 通常通过屏幕、语音等方式与用户进行交互，使调整车内温度、湿度等操作变得简单且直观。为了进一步提升用户体验，一些高端汽车的 HMI 还集成了气候控制系统。气候控制系统会根据车内外温度自动调节车内温度、湿度等。

本书的 HMI 示例工程使用的是传统的 2D 交互界面，如图 4-9 所示。虽然 Unity 引擎是一个 3D 渲染引擎，但它同样具备完整的 2D 交互界面开发能力。市面上很多纯 2D 游戏也都是直接使用 Unity 引擎开发的。

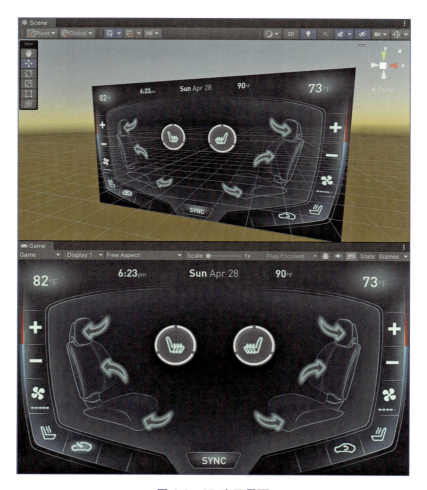

图 4-9　2D 交互界面

在这个 HVAC 场景中，我们不仅可以学习使用 Unity 引擎开发 2D 交互界面，还可以学习如何与数据进行交互。

（3）IVI（车载信息娱乐场景）

IVI（In-vehicle Infotainment，车载信息娱乐）系统是车机 HMI 中的一个关键系统，主要提供车载信息娱乐服务。IVI 系统通过整合多种多媒体功能，为驾驶员和乘客提供丰富的娱乐、导航和通信服务。

示例项目中的 IVI 场景为我们提供了 5 项功能演示。

1）**车模控制**：图 4-10 展示了一个完整的包含外饰和内饰的 3D 车模，以及在车模上的 2D 交互按钮。我们可以通过单击这些 2D 交互按钮，使界面展示更多关联信息。同时，通过使用 Unity 灵活可配置的摄像机系统，我们可以在 3D 场景中转变镜头的位置和角度，以切换车模的视角。

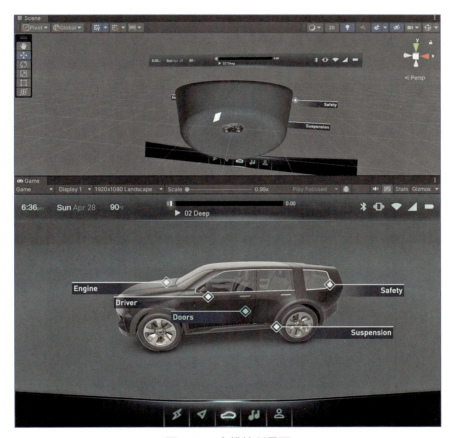

图 4-10　车模控制界面

2）**充电**：如图 4-11 所示，用户可以通过此界面一目了然地看到当前车辆的电池状态和剩余里程。如果车辆在充电状态，我们也可以查看充满电所需的时间。

3）**导航**：如图 4-12 所示，导航界面为用户呈现当前车辆在地图上的位置、离目的地的距离和时间、下一个转弯的相关信息和指示。

4）**音乐播放器**：如图 4-13 所示，虽然这个音乐播放器的 UI 设计比较简单，但是这个界面是完全可用的。它展示了如何在 Unity 中进行音频相关的开发工作。

5）**联系人**：如图 4-14 所示，此界面展示了如何使用数据接口来动态生成联系人信息。

图 4-11　充电界面

图 4-12　导航界面

图 4-13　音乐播放器界面

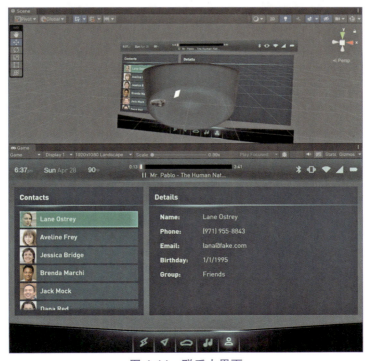

图 4-14　联系人界面

（4）MultiScreenSetup（多屏幕输出设置场景）

在 MultiScreenSetup 场景中，我们使用 MultiDisplayInitializeScript 脚本，将 Cluster、IVI 和 HVAC 三个场景通过 Unity 的多场景管理 API 加载在一起。同时，将这三个场景分别通过 Display 1、Display 2 和 Display 3 进行输出，如图 4-15 所示。使用这种方式，我们可以分别设置不同显示器的输出分辨率，也可以在开发阶段更直观地看到不同屏幕的显示和联动效果。

图 4-15　多窗口输出设置

如果我们在图 4-15 所示左下角的 Display 1 的 Cluster 界面，使用"["或"]"切换到 D 挡，然后使用上下箭头按键让车模向前行进或倒退。接着，在右上角的 Display 2 的 IVI 界面中切换到地图界面，可以看到车辆的行驶位置和朝向，Cluster 和 IVI 两个界面中的显示是一致的。

（5）SplitScreenSetup（分屏设置场景）

在 SplitScreenSetup 场景中，我们使用 SplitScreenSetupConfiguration 脚本来配置，让多个场景显示在同一个画面中，如图 4-16 所示。分屏设置可以让我们更方便地测试不同屏幕之间的联动，也可以在进行 UI 换肤操作时，使结果一目了然。

在介绍完示例项目中的各个场景后，我们从功能实现的角度来了解具体的实现方法。

4.1.2　车模控制的实现

在现代车机 HMI 中，以 3D 车模为中心的控制功能成为 HMI 设计师使用最多的设计元素之一。3D 车模给我们带来了更便捷和直接的车辆功能操控体验。不过，这并不意味着所有的元素都需要 3D 化。很多时候，3D 车模和 2D UI 元素的结合可以给用户带来更好的操控体验。

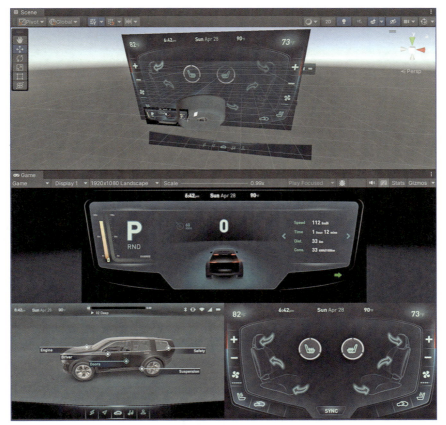

图 4-16 分屏设置

在示例工程中,以 3D 车模为中心的车模控制功能将传统的 2D UI 元素和放置在 3D 世界坐标系中的 2D UI 元素与 3D 车模进行了良好的结合。这样不仅获得了更直观的视觉效果,还能让我们通过熟悉的 2D UI 元素进行操控。

本示例的 3D 车模主要应用于 IVI 场景中,下面一起来学习该示例中的车模控制功能是怎么实现的。

(1) 2D UI 元素与 3D 车模的结合使用

图 4-17 展示了 Scene 窗口中 IVI 场景的组成结构。如图 4-18 所示,单击 Unity 编辑器顶部的 Play 按钮,可以看到车模从屏幕的右侧移动到中央位置,并显示车辆相关可单击的 2D UI 按钮。在图 4-17 中,我们可以看到 3D 车模和其背景环境比 2D UI 元素小很多。这是因为 3D 车模在世界坐标空间(World Space)中,而 2D UI 元素在屏幕空间(Screen Space)中。我们也可以将这些 2D UI 元素放置在世界坐标空间中,此时 2D UI 元素可以像 3D 车模一样以相同的尺寸展示。如图 4-19 所示,我们可以在 Canvas 组件的 Render Mode 中切换 Screen Space 和 World Space 模式。

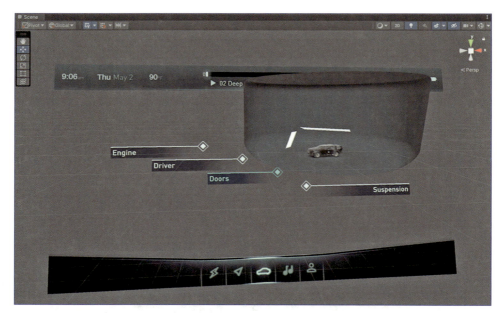

图 4-17　Scene 窗口中 IVI 场景的组成结构

图 4-18　单击 Play 按钮后车模会移动到屏幕中央

如果我们仔细观察 3D 车模的入场动画（从屏幕右侧移动到屏幕中央），可以看到那些 2D UI 按钮（Engine、Driver、Doors、Suspension 和 Safety）会随着车模一起移动到正确的位置。但是如前文所述，这五个按钮是在 Screen Space 中，它们是如何随车模在世界坐标空间中移动的呢？以下是相关的实现细节。

图 4-19　Canvas 组件中的 Render Mode

1）如图 4-20 所示，我们在车模上需要将这五个按钮出现的位置放置在相应的 5 个圆球上（这些圆球的 Layer 被设置为 Invisible，而摄像机系统的 Culling Mask 中已剔除了 Invisible 层，因此不会被渲染到最终画面中）。这五个球用于提供空间中的位置信息。你也可以使用任何其他的游戏对象（GameObject）或空的游戏对象来替代。

图 4-20　车模上用于获取按钮位置的圆球（不会在最终画面中渲染）

2）在 Hierarchy 窗口中，按照层级 Visualization → Canvas → ScreenNavigationManager → VehicleScreen → Content → CarUI → Connectors，找到 5 个 Connector 游戏对象（如图 4-21 所示）。每个游戏对象上都添加了 UI Connect To World Position（Script），并关联了相应的 World Anchor（即圆球）和相同的 Car Camera（Camera）。

图 4-21　UI Connect To World Position(Script)

3）以下为在 UI Connect To World Position（Script）中使按钮随着车模一起移动的主要代码。这些代码用于将世界坐标空间里的位置转换成屏幕空间里的位置，具体为在 Update 方法中动态改变 5 个按钮的 RectTransform 参数的数值，最终更新 5 个按钮的实际位置。

```
1.  private void Update()
2.  {
3.      if (WorldAnchor != null && Camera != null)
4.      {
5.          var screenPos = Camera.WorldToScreenPoint(WorldAnchor.position);
6.          RectTransformUtility.ScreenPointToLocalPointInRectangle(
7.              (RectTransform)ParentCanvas.transform, screenPos, ParentCanvas.
                  worldCamera, out var movePos);
8.
9.          RectTransform.position = ParentCanvas.transform.
                TransformPoint(movePos);
10.     }
11. }
```

（2）单击 2D 按钮触发镜头动画

单击 5 个按钮中的任何一个，摄像头的位置和旋转角度都会变化，如图 4-22 所示。单击图 4-18 中最左侧的 Engine 按钮，场景中的主摄像头将发生移动和旋转，从而改变整个画面。

图 4-22　单击 Engine 按钮后，摄像视角发生变化

在 Hierarchy 窗口依次单击 Visualization → Canvas → ScreenNavigationManager → VehicleScreen → Content → CarUI → Connectors，随后在出现的界面中选中 Connector_Engine。在 Inspector 窗口中找到 Button 组件，可以看到此按钮的 On Click() 事件绑定了 7 个 Runtime Only 的操作，如图 4-23 所示。

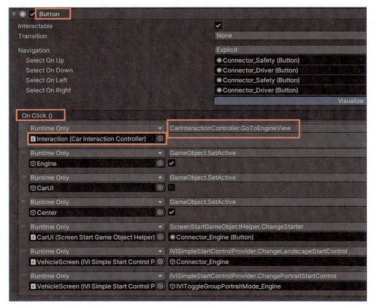

图 4-23　按钮的 On Click() 事件绑定了 7 个 Runtime Only 操作

如图 4-23 所示，如果单击 Runtime Only 标签下的 Interaction（Car Interaction Controller），可以在 Hierarchy 窗口中看到 Interaction 这个游戏对象上绑定的 Car Interaction Controller 脚本，这是我们调用 GoToEngineView 方法的地方。

```
1.  public void GoToEngineView()
2.  {
3.      CarCameraAnimator.SetBool("ReturnToDefault", false);
4.      CarCameraAnimator.Play("DefaultToEngine");
5.  }
```

代码中调用的 DefaultToEngine 即我们预先制作的关键帧动画（Animation Clip）。我们统一通过图 4-24 所示的 CarCameraController 这个 Animation Controller 来管理所有相关的动画及它们之间的切换操作。（CarCameraController 与场景中的 CarCamera 游戏对象上的 Animator 组件相关联。）

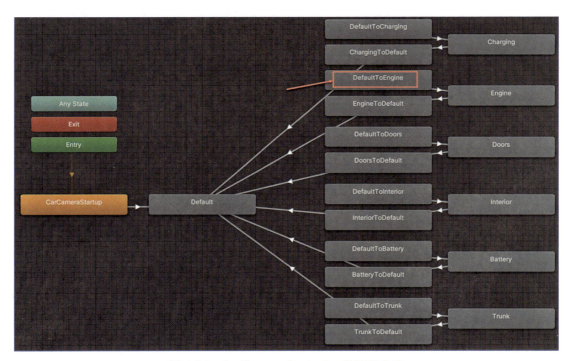

图 4-24　CarCameraController 动画状态机

其他按钮的操作方式与此类似，唯一的区别是它们调用的动画不同，隐藏和显示的界面也各不相同。

（3）车模入场动画

3D 车模作为 IVI 场景的"主角"，如果没有入场动画，显然会缺少一些仪式感。这里使用与单击 2D 按钮触发镜头动画相同的方法，即在 Animator Controller 中用动画状态机控制关键帧动画的方式来实现 3D 车模的入场动画和出场动画。

如图 4-25 所示，Hierarchy 窗口中的 CarHolder 游戏对象下的 Car 上关联了一个 Animator 组件，用于控制 CarController 这个 Animator Controller。CarController 中包含了 CarMoveIn（车辆进场）、CarIdle（车辆待机）和 CarMoveOut（车辆出场）这三种动画。CarMoveIn 会在场景启用时被自动调用，播放完车辆进场动画后，会自动转入车辆待机动画状态。在需要播放车辆出场动画时，只需在 C# 脚本中直接调用 CarMoveOut 动画即可。

图 4-25　CarHolder 游戏对象下关联的 CarController

IVI 场景中与车模相关的动画播放操作都是通过 Interaction 游戏对象上关联的 CarInteractionController 脚本控制的。

（4）车模打光

最后，我们来看一下车模场景的光照是如何设置的。2D UI 元素所搭建的界面实际上并不需要进行任何灯光设置。当然，如果需要为 2D UI 元素设置动态光照效果，Unity 引擎的 2D Lighting 功能也是可以应用的。不过，大多数情况下，我们并不需要为 2D UI 进行任何光照相关的设置。

3D 场景则是另一回事。我们必须通过 Unity 引擎提供的各种光照功能，为 3D 场景添加光照设置。否则，3D 场景将缺乏真实感。图 4-26 展示了运行 IVI 场景后的光照效果。车身呈现出写实的磨砂车漆效果，并有来自各种光源和背景模型的反射效果；金属轮毂上也应用了正确的反射效果，赋予金属质感；地面上的车模阴影边缘显示出自然的模糊效果。整个环境光和反射光看上去也非常自然，没有出现完全漆黑的区域。

在图 4-27 所示的 Scene 窗口和 Hierarchy 窗口中，我们可以看到 IVI 场景中所有与光照设置相关的 GameObject 都放在了 Lighting 游戏对象下。我们现在来分别分析这些游戏对象的作用。

Lights 游戏对象下包含的子游戏对象如下。

1）5 个 Area Light 及其配套的 5 个带有自发光材质的白色面板。

图 4-26　运行 IVI 场景后的光照效果

2）2 个从不同方向对准车模的 Directional Light。其中一个 Directional Light 作为主光源，强度（Intensity）设为 1.5，颜色为白色；另一个 Directional Light 作为辅助光，强度设为 0.4，颜色为灰色。

3）所有光源的模式都设为烘焙（Baked），这样我们就可以通过 Lighting 窗口的光照烘焙功能，对场景进行光照烘焙操作。将 5 个白色面板的材质中自发光（Emission）下的 Global Illumination 模式设置为烘焙（Baked），因此自发光白色面板也会参与光照烘焙，为场景提供更多的间接光照（反射光）。

4）通过将场景中的所有光源设置为烘焙模式，我们可以预先计算出所有的直接光、间接光、环境光，以及反射探针和光照探针上所需的光照信息。使用预计算的光照烘焙贴图，不仅为我们提供逼真的场景光照，还由于无须实时计算光照信息，从而具有非常优秀的运行性能。

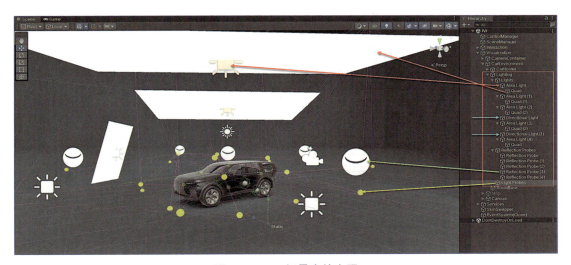

图 4-27　IVI 场景中的光照

Reflection Probes 游戏对象下包含的子游戏对象如下。

1）5 个类型（Type）为烘焙（Baked）的反射探针（Reflection Probe）。反射探针通过捕捉场景中的环境光照信息，生成环境贴图（Cubemap 格式），并将其应用于物体的材质，从而提供逼真的环境反射效果。它不仅能够提升场景的真实性，还能通过预计算生成贴图（烘焙）降低渲染过程中的性能消耗。

2）完成游戏对象的光照贴图烘焙后，我们可以单独手动烘焙每个反射探针的贴图，也可以在烘焙光照贴图的同时，完成反射探针贴图的烘焙工作。

3）光照探针（Light Probe）。由于我们的车模需要在场景中移动，而光照贴图只能作用于静态游戏对象（Static）（在光照烘焙开始之前，我们需要将参与光照烘焙的游戏对象设置为 Static），所以我们必须使用能够为动态游戏对象提供全局光信息的光照探针，以此为车模提供正确的光照信息。

阴影对于提升场景中的物体真实感非常重要。如果车模在与地面接触的地方缺乏阴影，它的真实感会大打折扣。然而，使用场景中的光源实时投射阴影会耗费大量的计算资源。由于车机 HMI 中的 3D 车模所处的场景相对固定，不存在大范围和多角度的镜头变化，而且车模阴影在最终渲染的画面上仅起辅助作用，因此我们可以采用假阴影的方式来制作车模阴影。如图 4-28 所示，在 Hierarchy 窗口的 Visualization → CarEnvironment → CarHolder → Car 层级下，可以找到一个名为 FakeShadow 的假阴影。

图 4-28　车模下的阴影效果

图 4-29 展示了假阴影在 IVI 场景中的实际效果。假阴影本身是一个面片形状的网格（Mesh），并使用了 URP 中的内置 Unlit（无光）着色器材质。将材质设置为透明模式，并在 Base Map 上关联一个黑色纹理。这样的假阴影效果在视觉上完全能够满足要求，同时无须在阴影计算上浪费任何算力。

通过以上分析，只要我们对 Unity 引擎所提供的各种光照相关的工具了然于胸，为场景打上正确的光并不是那么难的事情。

接下来，我们将快速查看光照烘焙界面，了解在进行光照烘焙之前需要设置的主要参数。通过依次单击 Unity 编辑器顶部菜单中的 Window → Rendering → Lighting，我们可以打开如图 4-30 所示的 Lighting 界面。

以下描述的数字对应图 4-30 中红色圆圈中的数字。

1）**Scene**：我们主要在此栏目中设置与光照烘焙相关的参数。

2）**Lighting Settings Asset**：在这里可以新建或关联一个光照设置资源，用于保存 Lighting 窗口中的参数设置信息，以便分享光照烘焙相关的参数设置、更适合版本控制系统，或者重置光照设置。

第 4 章 Unity 引擎 HMI 模板 ❖ 121

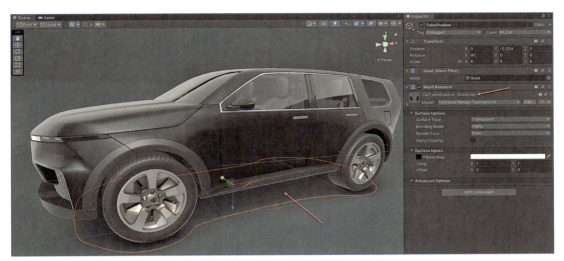

图 4-29 IVI 场景中假阴影的实际效果

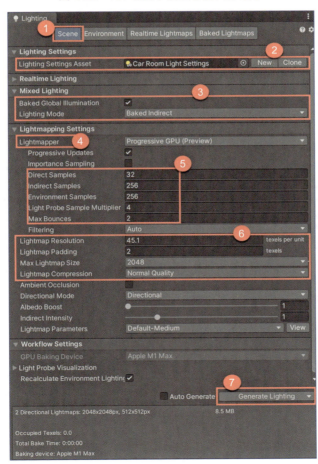

图 4-30 Lighting 界面

3）**Baked Global Illumination**：要开始光照烘焙，首先将场景中参与光照烘焙的游戏对象设置为 Static，然后勾选 Baked Global Illumination 选项，以及配套的 Lighting Mode（在这里选择 Baked Indirect，你也可以选择 Subtractive 或者 Shadowmask 模式）。

4）**Lightmapper**：选择一个烘焙算法，默认优先选择 Progressive GPU（Preview）。Progressive GPU（Preview）的烘焙速度比 Progressive CPU 要快 10 倍左右。

5）采样设置如下。

- **Direct Samples**：直接光采样，用于控制 Unity 在计算直接光源（如太阳光）与物体表面交互时的采样数量。采样数量越多，光照效果越平滑且精细，但计算时间也会相应增加。
- **Indirect Samples**：间接光采样，用于控制 Unity 在计算间接光照（例如光线在物体之间的反射和散射）时的采样数量。更多的间接光采样数量能生成更自然、真实的间接光照效果，但也会增加计算时间。
- **Environment Samples**：环境光采样，用于控制 Unity 在处理环境光源（例如天空、反射探针）光照效果时的采样数量。更多的环境光采样数量可以改善环境光照的质量。如图 4-31 所示，我们可以在 Environment 栏中设置环境光相关的参数。

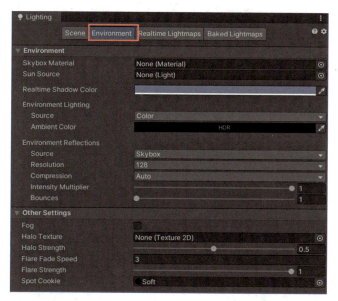

图 4-31　在 Environment 栏中设置环境光参数

- **Light Probe Sample Multiplier**：光照探针采样倍数，用于控制光照探针生成时的采样密度。更高的倍数会提高场景中光照探针的精确度，从而提供更精美的光照效果，但也会增加计算时间。
- **Max Bounces**：最大反弹次数，用于控制光线在场景中反弹的最大次数。更多的反弹次数需要进行光线在物体之间更多的反弹计算，提供更复杂、真实的间接光照效果，但也会增加光照烘焙的计算时间。

6）光照贴图的设置如下。

- **Lightmap Resolution**：光照贴图分辨率，用于控制光照贴图中每个单元的像素密度，单位为每单位面积像素数（texels per unit）。更高的分辨率可以生成更精美的光照贴图，但也会增加贴图的内存占用空间和渲染时间。推荐数值设置在 10～40 之间。对于移动设备或需要快速渲染的项目，可以设置数值在 10～20 之间的分辨率；对于高质量的 PC 或主机，可以设置数值在 20～40 之间或者更高的分辨率，以提供更精细的光照效果。

- **Lightmap Padding**：光照贴图间距，用于设置光照贴图中各个图块之间的间距，防止光照在图块之间产生溢出。推荐数值设置在 2～4 texels 之间。较小的数值可以节省空间，但可能会导致光照溢出；较大的数值可以确保贴图质量，但会增加贴图尺寸。

- **Max Lightmap Size**：光照贴图最大尺寸，用于设置光照贴图的最大分辨率。较大的尺寸可以容纳更多的光照信息，但会增加贴图的内存占用空间和加载时间。通常，建议数值设置为 1024 或 2048。对于高质量要求项目，可以选择 2048 或更高；对于体量较小的项目或性能受限的设备，可以选择 1024 甚至 512，这有助于减小贴图尺寸和减轻渲染负担。

- **Lightmap Compression**：光照贴图压缩，用于设置光照贴图的压缩选项，以减小贴图文件的大小。压缩可以有效减少光照贴图对存储空间的占用，但可能会在一定程度上降低光照贴图质量。High Quality 可以在压缩贴图的同时保持较高的光照贴图质量；Normal Quality 则可以减小文件大小，但可能会导致一些贴图质量降低，影响渲染效果。

7）**Generate Lighting**：当我们设置完所有参数后，单击 Generate Lighting 按钮开始计算光照贴图。如果你有一台性能强大的计算机，也可以勾选旁边的 Auto Generate 选项。当你对场景做出任何修改时，Auto Generate 会自动重新计算光照贴图。

按照图 4-30 所示的光照烘焙参数设置，IVI 场景中最终生成的两张光照贴图的大小为 8.5MB，分辨率分别为 2048×2048 像素和 512×512 像素。我们可以在 Baked Lightmaps 栏中查看这两张烘焙好的光照贴图（如图 4-32 所示）。

图 4-32　烘焙好的光照贴图

4.1.3 UI 实现

现在我们一起来了解一下示例工程中的 UI 是如何实现的。这里会使用 Cluster（仪表）场景和 HVAC（暖通空调）场景进行讲解。

4.1.3.1 Cluster UI 的实现

如图 4-33 所示，在运行 Cluster 场景时，我们可以使用 D 按键切换 ADAS 模式和导航模式。在 ADAS 模式中，我们使用了 2D UI 元素与一个简化的 3D 车模相结合的方式来构成最终的界面。而在导航模式中，有两个额外的元素加入：第一个是表示城市街道的多层 2D 图片背景（这里使用 SpriteRenderer 组件来渲染这些图片，使它们看起来像 3D 模型），第二个是表示车道线的 3D 模型。

a）ADAS 模式　　　　　　　　　　　　b）导航模式

图 4-33　Cluster 场景中的 ADAS 模式和导航模式

如图 4-34 所示，之前在 ADAS 模式中使用的车模依然存在于导航模式内。该车模位于城市地图和车道线的下层，为整个场景增加了额外的车前大灯效果。

虽然 Unity 引擎自带完整的 UGUI 系统，可以满足所有类型 UI 的开发需求，但在 Cluster 场景中，我们并未使用 UGUI 系统进行 UI 的开发。本示例 Cluster 场景中的 UI 开发主要使用了 SpriteRenderer 组件（用于 2D UI 的渲染，如图 4-35 所示）和 TextMeshPro（用于高质量文字的渲染）。

使用 SpriteRenderer 来开发 Cluster 场景中的 UI，主要是考虑到在这个场景中需要将 2D UI 元素和 3D 车模进行紧密融合的需求。SpriteRenderer 组件与 UGUI 系统相比有以下特性。

1）SpriteRenderer 组件可以很容易地将 Sprite（图片精灵）放置于 3D 场景中，用于创建 2D UI 元素在 3D 空间中的视觉效果（例如背景、前景或游戏环境中的其他图形元素），从而使 2D UI 元素与场景中的 3D 车模融合得更加自然。

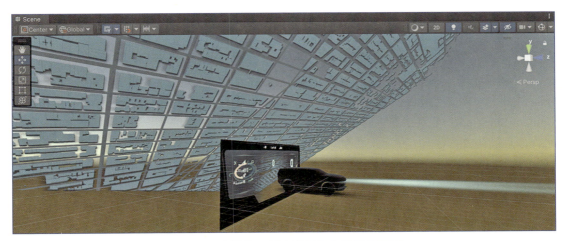

图 4-34　车模位于城市地图和车道线的下层

图 4-35　SpriteRenderer 组件示例

2）在使用 SpriteRenderer 组件时，可以通过调整其在场景中的 Z 坐标或利用 Sorting Layer（排序层）和 Order in Layer（层内顺序）来控制 Sprite 的渲染顺序。这种方式可用于精确控制对象（GameObject）的前后关系。

3）SpriteRenderer 组件可以与 Unity 的 2D 物理系统（如 Rigidbody2D、Collider2D）直接集成，更容易实现基于物理的交互和动画，例如碰撞、反弹等物理效果。

因此，虽然 UGUI 系统强大且适用于复杂 UI 的布局和交互设计，但在处理需要深度融入 3D 场景的 2D 元素和进行物理交互时，SpriteRenderer 组件更符合功能实现的要求。另外，由于 Cluster UI 上并没有设计像按钮这样需要触发事件处理的功能，因此我们并不需要 UGUI 系统提供的完整事件处理能力。

本示例 Cluster UI 实现中还用到了 URP 的另一个特性：Camera Stacking（摄像头堆叠）。在使用 URP 中的 Camera Stacking 技术时，Camera 对象可以被设置为 Base（基础）或 Overlay（覆盖）类型。通过这样的设置，Unity 可以根据不同的摄像头层次渲染不同的视觉元素,并在最终的图像输出中合成这些层。这种方法非常适合需要将多个视觉层次结合在一个场景中的应用,如游戏和复杂的视觉效果应用。

如果你在 Cluster 场景的 Hierarchy 窗口中的顶部搜索栏搜索 Camera 关键词,会发现 Cluster 场景中有 4 个 GameObject 关联了 Camera 组件。这四个 Camera 组件的名称分别为 BaseCamera、AdasCamera、MapCamera 和 UI Camera。这四个 Camera 组件通过 URP 的 Camera Stacking 功能联系在一起,一同合作输出最终的画面。以下是对这四个 Camera 组件工作原理的简要描述。

BaseCamera 的 Render Type(渲染类型)设置为 Base(基础)。Culling Mask(剔除遮罩)设置为 Nothing。Culling Mask 允许开发者指定 Camera 组件应该渲染哪些层上的对象,而忽略其他层上的对象。这里设置为 Nothing 表示 BaseCamera 不会渲染场景中的任何物体。其他三个 Camera 组件的 Render Type 都设置为 Overlay(覆盖)。

如图 4-36 所示,AdasCamera、MapCamera 和 UI Camera 通过 BaseCamera 的 Stack 关联在一起。

这三个 Overlay 模式的 Camera 组件输出的画面顺序是:最前面的画面是 UI Camera 输出,然后是 MapCamera 输出,离屏幕最远的画面来自 AdasCamera。

UI Camera 位于最上层,负责渲染所有 UI 元素,如文字信息、图标、按钮等,如图 4-37 所示。这些元素通常需要始终可见,不被其他视觉元素遮挡,因此放在最前面可以确保始终显示于其他内容之上。

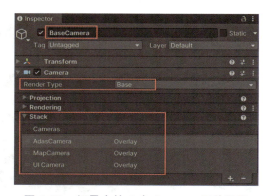

图 4-36　场景中的 4 个 Camera 组件设置

图 4-37　UI Camera

MapCamera 位于 UI Camera 之下,负责渲染地图和导航信息,如图 4-38 所示。尽管这些信息也很重要,但通常不应覆盖最前面的 UI 元素。

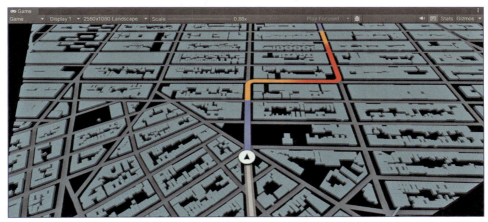

图 4-38　MapCamera

AdasCamera 位于底层,负责渲染高级驾驶辅助系统的相关视觉信息,如图 4-39 所示。这里渲染的是 3D 车模以及相关的车灯和道路。这些信息虽然重要,但为了与基础场景紧密结合,放在所有 Overlay 摄像头的下方可以使 ADAS 信息与场景中的其他视觉元素(例如车辆、道路)更好地融合。

图 4-39　AdasCamera

通过 Camera Stacking 技术,我们可以有效地管理和分离不同的视觉元素层。每个摄像头负责各自独立的部分,支持进行专门设置和优化,例如画面的对比度、色彩饱和度、特效等,从而提升整体视觉质量。另外,我们还可以在不需要显示 ADAS 或地图信息时,禁用 AdasCamera 或 MapCamera,而不影响其他视觉元素的渲染。

4.1.3.2　HVAC UI 的实现

如图 4-40 和图 4-41 所示,由于 HVAC 场景中的 UI 全部是传统的 2D UI,因此 HVAC UI 开发完全使用 UGUI 系统来实现。

图 4-40　HVAC 场景的 Scene 窗口

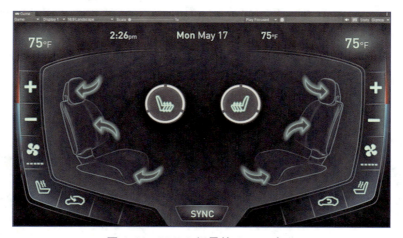

图 4-41　HVAC 场景的 Game 窗口

打开 HVAC 场景，在 Hierarchy 窗口中展开 Visualization 目录，里面包含所有 HVAC 界面上的 2D UI 元素和一个 Main Camera（场景中唯一的摄像头）。详细查看 Canvas 游戏对象及其子游戏对象上关联的组件，可以看到 UGUI 系统中的 3 个关键组件，具体如下。

1）**Canvas 组件**：如图 4-42 所示，Canvas 是 UGUI 系统中的核心组件。它定义了 UI 的渲染区域，在 Canvas 区域内的所有 UI 元素都会被渲染。我们可以将 Canvas 配置为随屏幕大小动态调整，也可以将其设置为固定大小。Canvas 有 3 种 Render Mode（渲染

图 4-42　UGUI 系统中的 Canvas 组件

模式），它们各自有不同的特点和应用场景。

- **Screen Space - Overlay**：2D UI 元素直接覆盖在屏幕上，位于所有 3D 物体之上。渲染性能高，不受场景摄像头和灯光的影响。此模式适合大部分基础 2D UI 界面，如菜单、常用信息显示（空调温度、时钟等）。
- **Screen Space - Camera**：Canvas 通过指定的摄像头渲染 2D UI 元素，并根据摄像头的属性（如视角和深度）调整 UI 显示。在此模式下，可以实现 2D UI 元素与 3D 世界的交互，例如视角动态调整和灯光对 2D UI 元素的影响。该模式适用于需要 2D UI 元素与 3D 世界交互的应用，如模拟头盔显示器（HUD）。
- **World Space**：在此模式下，整个 Canvas 作为 3D 对象存在于世界空间中，可以自由移动和缩放，且 2D UI 元素可以完全融入 3D 环境，支持遮挡和多角度查看。在车机 HMI 内容开发中，我们可以使用此模式在 3D 车模上放置随车模动态移动的 2D UI 元素，例如在车门、前 / 后备厢位置放置世界空间中的按钮。

2）**Event System 组件**：如图 4-43 所示，Event System 是 UGUI 系统中处理输入和事件的组件。它管理如单击、拖曳、滚动等用户与 UI 交互的行为。Event System 组件用于协调所有输入事件，并将这些事件传递给对应的 2D UI 元素，如按钮或滑动条。

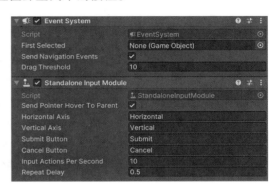

图 4-43　Event System 组件

3）**Rect Transform 组件**：如图 4-44 所示，在 UGUI 系统中，所有的 2D UI 元素均使用 Rect Transform 组件来控制其在 Canvas 中的位置、大小和旋转。Rect Transform 组件提供了比 Transform 组件更适合二维界面的控制方法，如锚点（Anchors）、枢轴（Pivot）和宽高比（Scale）等。

了解了 UGUI 系统中的主要组件后，我们可以在 HVAC 场景的 Hierarchy 窗口中的 Visualization 目录下查看所有的 UI 元素，理解它们是如何组成整个 HVAC 的 2D UI 的。这里就不再展开讨论。

图 4-44　Rect Transform 组件

4.1.4　UI 换肤（基于 ScriptableObject）

示例项目中包含 3 套可以动态替换的 UI 皮肤包。依次单击 Unity 编辑器顶部菜单 HMI Framework → Skin Manager 界面，可以选择不同的皮肤包，单击 Assign Skin to Scene 按钮来替换当前 UI 的皮肤配置数据，从而实现为 UI 切换日夜模式或者更换成个性化样式。

图 4-45 展示了应用不同皮肤包后的 UI 效果。

由于示例工程中的换肤系统大量使用了 Unity 中的 ScriptableObject，因此我们有必要先了解一下什么是 ScriptableObject，以及它的应用场景和使用方法。

ScriptableObject 是 Unity 引擎中的一个类，可用于创建独立于游戏对象（GameObject）的数据容器。ScriptableObject 与 MonoBehaviour 脚本不同，它无须挂载在游戏对象上，这意味着它不会受到场景加载/卸载的影响。这使得 ScriptableObject 非常适合用于存储那些与游戏/应用状态无关、不需要频繁实例化的数据。在车机 HMI 开发中，ScriptableObject 的应用场景大致有以下 4 种。

a）夜间模式（默认）

b）日间模式

图 4-45 项目中内置皮肤包效果

c）糖果皮肤（个性化）

图 4-45 （续）

1）**存储配置数据**：ScriptableObject 可用于存储各种配置数据，比如语言设置、界面主题、显示偏好等。这些数据通常在车机系统运行期间保持不变。开发者可以在 Unity 编辑器中预先配置好这些数据，并在运行时直接加载使用。

2）**管理静态资源**：我们可以使用 ScriptableObject 来管理车机 HMI 系统中可能需要用到的各种静态资源（如音效、图标、字体等）。这样做的好处是可以对这些资源进行集中管理，便于后续更新和修改，同时还能减少运行时的资源查找开销。

3）**存储用户偏好**：ScriptableObject 也非常适合用于存储用户的固定偏好设置，如音量大小、亮度调整等。这些数据可以在系统启动时被加载，也可以在用户修改设置后重新保存。

4）**模板和预设**：在车机 HMI 系统中，可能需要预设多种用户界面布局或皮肤配置，这些也可以通过 ScriptableObject 来实现。开发者可以创建多个不同的界面布局或皮肤数据，系统可以根据不同的应用场景或用户偏好进行动态加载（这也是本示例工程中使用的方法）。

接下来，我们用一个简单的示例来了解 ScriptableObject 的具体使用方法。

步骤 1：创建 ScriptableObject 类

首先，创建一个继承自 ScriptableObject 的类来存储用户的配置信息。例如，我们可以创建一个存储音量和亮度偏好设置的 ScriptableObject，代码如下：

```
1.  using UnityEngine;
2.  [CreateAssetMenu(fileName = "UserSettings", menuName = "Car HMI/User
        Settings", order = 1)]
3.  public class UserSettings : ScriptableObject
4.  {
5.      public float volumeLevel;
6.      public float brightnessLevel;
7.  }
```

步骤 2：创建 ScriptableObject 实例

在 Unity 编辑器中，通过 Assets/Create/Car HMI/User Settings 菜单创建一个 UserSettings 实例，这会在 Project 目录中创建一个名为 UserSettings 的 ScriptableObject 资源实例。我们可以在 Project 窗口选中这个实例，并在 Inspector 视图中设置默认的音量和亮度级别（如图 4-46 所示）。

图 4-46　UserSettings 的 ScriptableObject 资源实例

步骤 3：使用 ScriptableObject 数据

在车机 HMI 系统的主控制脚本中，我们可以引用这个 UserSettings 对象，并根据其中的设置调整车机 HMI 的行为。比如，可以创建一个名为 DashboardController（控制面板控制器）的脚本来调整和显示当前的音量和亮度级别。DashboardController 示例代码如下。

```
1.  using UnityEngine;
2.  public class DashboardController : MonoBehaviour
3.  {
4.      public UserSettings settings;
5.      void Start()
6.      {
7.          AdjustVolume(settings.volumeLevel);
8.          AdjustBrightness(settings.brightnessLevel);
9.      }
10.     void AdjustVolume(float level)
11.     {
12.         // 实际调整音量的逻辑
13.         Debug.Log("Volume set to: " + level);
14.     }
15.     void AdjustBrightness(float level)
16.     {
17.         // 实际调整亮度的逻辑
18.         Debug.Log("Brightness set to: " + level);
19.     }
20. }
```

我们可以在 Unity 编辑器里创建一个空白场景，在这个场景中创建一个空的游戏对象，然后将 DashboardController 脚本关联到这个空的游戏对象，并把先前创建的 UserSettings 实例拖到 DashboardController 组件的 Settings 字段中。

完成上述步骤后，运行这个场景，我们会看到 Console 窗口中打印出 Volume set to：0 和 Brightness set to：0。选中 Project 窗口中的 UserSettings 资源，将 Volume Level 和

Brightness Level 改成其他数字。再次运行场景，可以看到 Console 窗口中打印出的数值也发生了相应的变化。这说明我们这个简单示例项目已经可以正常运行了。DashboardController 脚本可以成功从 UserSettings 这个 ScriptableObject 中获取配置好的数据了。

如果车机 HMI 系统中允许用户更改设置，我们还可以添加更新 ScriptableObject 中数据的方法，并通过 Unity 引擎的其他持久化方法（如 PlayerPrefs）保存更改。这样即使在应用重新启动后，用户的偏好设置也可以保存下来。

理解了 ScriptableObject 的原理和基本使用方法之后，我们再来了解一下示例中是如何在 Cluster、IVI 和 HVAC 这三个场景中实现更换皮肤的。

我们先从图 4-47 来了解 3 个场景换皮肤时所使用的数据、脚本及其相互关系。打开 3 个场景中的任意一个，在 Hierarchy 窗口中可以看到每个场景都包含一个名为 SkinWrapper 的游戏对象，且其上挂载了一个名为 UISkinCollectionSwapper 的脚本。

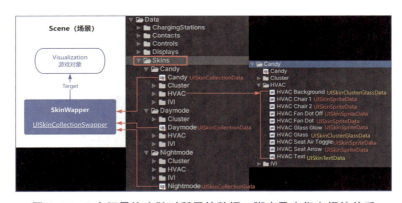

图 4-47 3 个场景换皮肤时所用的数据、脚本及它们之间的关系

在 Inspector 窗口中，UISkinCollectionSwapper 脚本暴露了 3 个参数，它们的作用如下。

1）**Target（目标）**：3 个场景中均设置了 Visualization 游戏对象。这是因为 3 个场景中的可换皮肤 UI 元素都放在 Visualization 游戏对象下。在更换皮肤的逻辑代码里，系统会以 Target 作为父游戏对象，查找其所有子游戏对象。如果发现挂载了 UISkinBase 组件，系统将尝试使用保存在 ScriptableObject 中的数据进行切换。

2）**Skin Collection Data（皮肤数据集合）**：如图 4-47 所示，所有与 UI 皮肤相关的数据都可以在 Project 窗口的 Assets → Unity Technologies → HMITemplate → Data → Skins 目录下找到。示例工程中包含 3 套 UI 皮肤：Candy、Daymode 和 Nightmode。每套皮肤的文件夹下包含一个 UISkinCollectionData 的 ScriptableObject，用于保存这套皮肤里所有基于 UISkinDataBase 的皮肤数据（例如 UISkinClusterGlassData、UISkinSpriteData、UISkinTextData 等）。

3）**Interpolation Time（插值时长）**：用于控制皮肤切换过程中的过渡效果持续时间，默认为 1s。

如果我们要为 UI 的皮肤包添加更多的皮肤元素，可以直接在图 4-47 所示的 Skins 文件夹中复制所需要的数据类型，或者通过图 4-48 所示的 Unity 编辑器顶部菜单 Assets → Create → HMI → Skins 中的皮肤类型创建新的皮肤元素数据。

不过这里需要注意一点，如果我们要为其中一个皮肤包创建一个新的皮肤元素数据，必须确保为其他所有的皮肤包创建一个名称和类型完全相同的数据（当然，数据本身的数值可以根据皮

图 4-48　Unity 顶部自定义换肤菜单

肤的定义进行更改），否则场景中的 SkinSwapper 游戏对象上挂载的 UISkinCollectionSwapper 将无法正确完成皮肤包的切换。

在 Skins 文件夹中创建新的皮肤元素数据后，Skins 文件夹中对应的皮肤包文件夹（比如 Candy）里的 Candy（UISkinCollectionData）会自动搜索当前文件夹中的皮肤数据并刷新其保存的所有数据（如图 4-49 所示）。

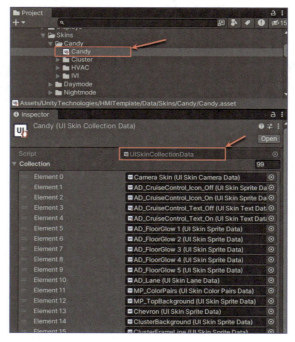

图 4-49　UISkinCollectionData

实现换肤的最后一个环节是，为每一个参与换肤的 UI 元素关联配套的 UISkin 组件和

Skin Data。如图 4-50 所示，在 HVAC 场景中，让 Background_Inside 这个 Image 类型的 UI 元素参与换肤，需要在其上挂载一个 UI Skin Cluster Glass 的脚本，以及配套的 HVAC Glass 数据（UISkinClusterGlassData）。由于示例项目默认使用的 UI 皮肤包是 Nightmode（夜间模式），因此该数据被保存在 Project 窗口中 Assets → Unity Technologies → HMITemplate → Data → Skins → Nightmode → HVAC 目录的文件夹中。

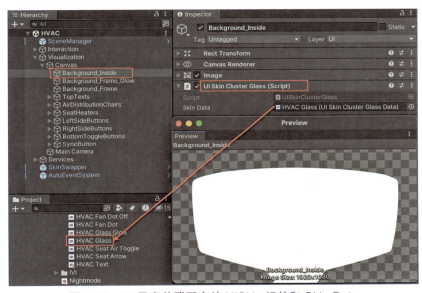

图 4-50　UI 元素关联配套的 UISkin 组件和 Skin Data

另一个例子是在 HVAC 场景中用于显示界面左侧温度的 UI 文字（TextMeshPro - Text）。这里使用的是 UI Skin UI Text 组件（如图 4-51 所示），相配套的数据是 HVAC Text（类型是 UI Skin Text Data）。

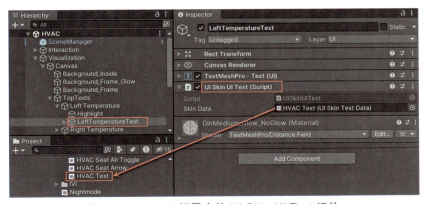

图 4-51　HVAC 场景中的 UI Skin UI Text 组件

这些需要参与换肤操作的所有 UISkin 脚本都可以在 Assets → Unity Technologies → HMITemplate → Scripts → HMI → UI → Skins 目录中找到。所有这些 MonoBehaviour 脚本都继承自 UISkinBase 基类。

通过以上讲解，相信大家不仅对如何使用 ScriptableObject 有了基本的了解，也对 HMI 示例工程中如何实现 UI 皮肤更换有了深入的理解。大家可以尝试修改现有皮肤包中数据的数值，也可以为示例项目创建一个全新的皮肤包。通过这样的练习，大家最终可以将类似的更换皮肤功能应用到自己的车机 HMI 项目中。

当然，除了 ScriptableObject 之外，Unity 引擎本身还有其他存储和获取数据的系统，比如 PlayerPrefs。PlayerPrefs 系统的 API 支持 3 种基本类型数据的存储，包括整数、浮点数和字符串。它可以在 Unity 引擎支持的所有平台上用相同的 API 实现数据存储和获取，这可以大大降低跨平台开发的难度。PlayerPrefs 系统会根据不同的操作系统，将数据存储在不同的地方，例如在 Windows 上是注册表，在 Android 和 iOS 上则是这些移动设备上的指定目录。不过，由于 PlayerPrefs 系统是用来存储少量数据的，所以不建议用它来保存大量数据，如复杂的用户配置信息。而且 PlayerPrefs 系统也不提供加密，其所保存的数据容易被用户或第三方访问或篡改，因此不适合存储敏感数据。

另外，我们还可以在 Unity 中使用 SQLite。SQLite 是一个开源轻量级的 SQL 数据库引擎。它是嵌入式的，因此 SQLite 不需要单独的服务器进程或系统来运行，数据库就是一个简单的文件。它支持完整的 ACID 事务，可以确保所有操作都具有原子性、一致性、隔离性、持久性。而且它兼容所有主要平台，可以通过多种编程语言进行访问。SQLite 的简易性和高度自给自足的特性，使其特别适用于资源受限或需要快速部署的应用场景。

在 Unity 引擎中使用 SQLite，可以选择从 SQLite 官网根据你的目标平台（如 Windows、macOS、Linux、Android、iOS 等）下载预编译好的二进制文件，如 .dll 或 .so 文件。

当然，你也可以在 Unity 资源商店中选择与 SQLite 相关的插件，比如 SimpleSQL。这是一个文档齐全且功能强大的 Unity SQLite 插件，如图 4-52 所示。

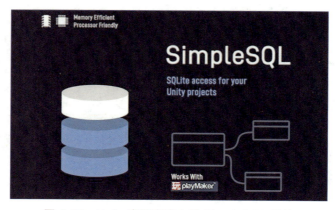

图 4-52　Unity 资源商店中的 SimpleSQL 插件

4.1.5 模拟车载信号以测试 HMI 体验

由于 HMI 示例项目并非运行在真实的车机台驾上,因此无法获取来自车机系统的真实信号(如车辆当前速度、空调运行状态、电池电量等)。因此,我们需要在 Unity 编辑器中通过某种方法模拟这些信号数据,以便在开发车机 HMI 的过程中使用这些数据,从而模拟出 HMI 和车模上的各种状态。

如图 4-53 所示,在 Project 窗口的 Assets → Unity Technologies → HMITemplate → Prefabs → Services 目录中可找到 5 个 Prefabs。这些 Prefabs 可以视为车机系统的数据提供者。

这五个 Prefabs 的作用如下。

1)**CarSystems**:此 Prefabs 提供的是与车机系统开关状态相关的数据,比如刹车状态改变事件、胎压过低事件、未系安全带状态、ABS 失灵状态、远光灯开关状态等。相关数据保存在名为 CarSystemsData 的 ScriptableObject 中。

2)**ClockService**:此 Prefabs 提供界面上的当前日期和时钟数据。

图 4-53 服务相关的 Prefabs

3)**ElectricVehicle**:此 Prefabs 提供了所有与电动车相关的车机系统数据,包括电池总量和当前电量、挂挡状态、电机再生制动效率等。

4)**HVACService**:此 Prefabs 可用于获取车辆的空调状态和座椅加热状态等数据。

5)**VehicleService**:此 Prefabs 可用于获取关联的车机系统具体数据。

当我们需要在某个场景中获取车机系统的模拟数据时,可以将上述相关的 Prefabs 加入场景中,然后在其他脚本中调用 Prefabs 中的数据。当然,在实际车机 HMI 开发时,我们可以将这些 Prefabs 替换成连接到真实车机系统的脚本,以获取真实车机系统的数据。

对于前装的量产汽车,这通常需要在车机系统的底层与车辆控制系统紧密集成,比如使用 CAN 总线通过 AUTOSAR(汽车软件架构)系统层接收信号,再由 Android 系统处理后传递给 Unity 引擎。CAN 总线能够提供实时的车辆状态数据,如引擎状态、轮胎压力、ABS 状态等。AUTOSAR 作为标准化的汽车软件架构,处理来自 CAN 总线的数据,并执行必要的数据格式化和预处理,然后传递到车机系统的更高层。这些数据将在车机系统进一步筛选、转换和封装,以便在应用层(使用 Unity 引擎开发的应用)中使用。

在 Unity 引擎中,通过 Android 系统的 API 获取车辆数据,通常需要开发一个特定的插件。这个插件充当 Unity 与 Android 原生系统之间的桥梁。该插件可以用 Java 编写,并通过 JNI(Java Native Interface)与 Unity 中的 C# 代码进行互动。

最后,我们就可以在 Unity 中根据获取的数据更新 UI 元素,显示实时车辆信息,并利用 Unity 强大的图形和动画功能开发直观的用户界面。

4.1.6 自定义构建窗口

HMI 示例工程中贴心地为我们开发了一个便于构建出包的界面。通过 Unity 编辑器的顶部菜单 HMI Framework → Custom Build，我们可以打开如图 4-54 所示的自定义构建界面。

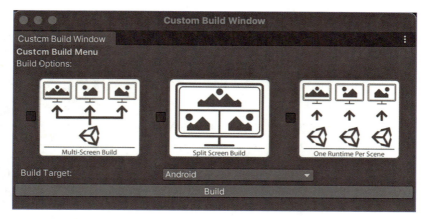

图 4-54 自定义构建界面

相关的自定义 Unity 编辑器脚本和构建脚本可以在 Project 窗口的 Assets → Unity Technologies → HMITemplate → Editor 目录中找到（如图 4-55 所示）。BuildPipelineScripts 文件夹中的脚本与自定义构建界面上图标的对应关系如下。

1）图标 Multi-Screen Build 对应脚本 BuildSingleRuntimeWithOneScreenPerScreen。

2）图标 Split Screen Build 对应脚本 BuildSingleRuntimeWithOnePhysicalScreenContainsAllScreens。

3）图标 One Runtime Per Scene 对应脚本 BuildOneRuntimePerScreen。

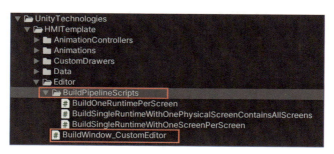

图 4-55 自定义构建相关脚本

注意：在构建之前，需要将项目中的 5 个场景全部加入 Build Settings 窗口中（见图 4-56）。自定义构建脚本会自动判断使用哪些场景。请注意将 MultiScreenSetup 场景放在最前面。

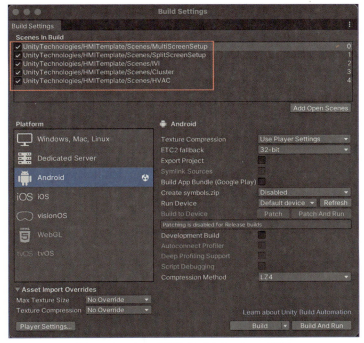

图 4-56　Unity 引擎 Build Settings 窗口

图 4-57 所示为构建完成后的 Android 端 .apk 文件。我们可以将其安装到车机 HMI 测试台架或者 Android 平板电脑上进行测试。

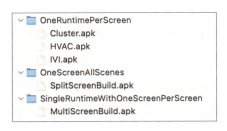

图 4-57　已构建完成的可执行文件

4.2　本章小结

本章专门讲解了 Unity 官方提供的 HMI 示例工程。通过这个示例工程，我们从车机 HMI 项目总体架构的角度，了解了如何使用 Unity 引擎开发车机 HMI 应用。

在接下来的章节中，我们将更深入地了解如何在 Unity 引擎中开发具体的技美效果。

第 5 章

HMI 3D 车模处理和 URP 材质

本章将从 3D 车模处理开始，讨论如何使用工具来减少模型面数，并针对不同应用场景的模型面数提供建议。由于目前在车机 HMI 开发中使用的渲染管线主要是 URP（通用渲染管线），所以我们也将一起了解如何使用 URP 的材质系统创建不同复杂度的车漆效果。材质系统部分还会介绍一些第三方材质库，包含各种在车机 HMI 项目中可能会用到的材质（车漆、玻璃、皮革、碳纤维等）。

5.1 工业 3D 车模的简化处理

在开发车机 HMI 内容时，3D 车模通常是一个可用于提升用户体验的重要载体。制作精细的 3D 车模不仅能够提高视觉吸引力，还能让用户直观地了解车辆的各种功能和状态。此外，3D 车模也可作为 UI 操作的界面。

工业 3D 车模通常使用专业的 3D 建模和 CAD 软件制作，比如达索公司的 CATIA 和 SolidWorks 软件。此类软件广泛应用于机械工程、汽车设计、航空航天以及其他工业领域。工程师和设计师用它们制作精确的 3D 车模、组装图和制造细节图等。然而，尽管这些软件可以生成高度细节的 3D 车模，包括复杂的表面和精细的内部零件，但我们无法直接将这些高精度模型导入 Unity 引擎中使用。这是因为未经处理的工业 3D 车模通常具有以下特点。

（1）模型面数很高

由于工业模型在设计时是为了最大限度还原真实世界中的物体，而不是应用于实时渲染内容中，因此工业级的 3D 车模通常具有非常高的三角面数量（几千万甚至上亿个三角面），以确保模型的细节和精度。

该类模型被导入 Unity 这样的实时渲染引擎时，会对实时渲染的运行性能产生显著影响，尤其是在中低端硬件上。这将直接导致帧率下降、加载时间延长，甚至运行失败。

（2）纹理和材质的复杂性高

工业 3D 车模不仅有大量的三角面，还拥有高分辨率的纹理和复杂的材质设置。由于工业设计软件通常使用离线光线追踪算法来渲染静态图像和动画（每一帧画面都需要耗费较长时间或大量算力来完成渲染），因此这样的 3D 车模并不适合直接应用于使用实时渲染技术的 Unity 引擎中。游戏引擎中的"实时渲染"至少需要满足每秒 30 帧的渲染速度，才能称为实时渲染。

（3）文件格式及兼容性问题

工业设计软件所使用的文件格式是专门为 CAD 设计和精密建模而优化的。因此，这些格式不能被 Unity 引擎直接使用。我们需要将这些工业模型转换为引擎可以使用的 3D 模型格式，比如在游戏引擎中通用的 FBX 格式。

不过，在将工业模型转换成 FBX 文件格式的过程中，可能会丢失一些重要的数据，比如 UV、材质等。工业软件所用的 Shader 与 Unity 引擎所用的 Shader 差异很大，所以会导致模型在 Unity 中的表现与工业软件中渲染出来的效果有很大差异。另外，减面完成后的车模也需要进行重新拓扑、重新分 UV 和材质处理，然后才能正确导入 Unity 引擎。

如表 5-1 所示，目前市面上流行的工业模型减面工具大致有 4 种。

表 5-1 工业模型减面工具

工具名	支持的平台	特点	适用场景
PiXYZ	Windows、Mac	强大的自动化处理能力，专为工业 3D 模型开发设计	可用于处理复杂的工业 3D 模型，如汽车模型
Blender	Windows、Mac、Linux	开源免费，具有丰富的模型处理功能	广泛应用于 3D 建模和动画制作，以及模型优化
MeshLab	Windows、Mac、Linux	开源，专注于处理和编辑未经处理的 3D 扫描数据	可用于优化 3D 扫描得到的模型、去噪和减面
Simplygon	Windows	自动化 LOD 生成能力，面向游戏开发	用于为不同的视距自动生成不同细节级别模型的游戏或应用中

PiXYZ 是一款专用于处理工业 3D 模型的软件。通过优秀的曲面细分和模型优化算法，PiXYZ 能够有效降低模型的复杂度，同时保持其视觉品质。你可以在 PiXYZ 软件中自动或手动设置减面参数，设定目标面数或需要保留的细节程度，从而找到模型细节与性能之间的最佳平衡点。

PiXYZ 支持读取多种类的 CAD 模型（具体支持的模型文件类型可参考 PiXYZ 官方文档），可处理并输出各种实时渲染软件支持的文件格式，如 FBX、GLB、USDZ 等。PiXYZ 除了提供单独的应用软件，也提供可在 Unity 引擎中直接使用的 PiXYZ Plugin for Unity 插件，便于 Unity 开发者在引擎中处理和使用模型。

5.2 不同应用场景/算力情况下的建议模型面数

在 Unity 引擎的实时渲染环境中，三角面的数量对车机 HMI 系统的运行性能有直接影响。这是因为每个三角面都需经过顶点处理，然后进行光栅化，最后进行像素着色。三角面的数量决定了 GPU 在渲染过程中需处理的数据量。因此，随着三角面数量的增加，对算力的需求也会增加，可能导致渲染延迟和帧率下降。合理规划和控制 3D 车模的三角面预算，是确保车机 HMI 内容在目标硬件上流畅运行的关键。

那么，如何确定特定 3D 车模三角面预算呢？

通常，我们会基于目标平台的算力来确定三角面预算。比如，高端 PC 和游戏主机可以处理更多的三角面，而移动设备或较旧的硬件可以处理较少的三角面。以下是一些三角面确定指导性原则。

1）**移动设备**：通常建议在单个场景中保持 10 万到 30 万个三角面。

2）**PC 和主机**：可以在单个场景中保持 100 万甚至几百万个三角面。

当然，我们也可以利用模型减面技术为同一个模型创建不同等级的 LOD（Level Of Detail）。当同一个模型拥有多个细节级别时，我们可以在摄像头远离模型时使用较低细节级别的模型，以减轻渲染负担。此外，我们还可以使用法线贴图来模拟模型表面的高精细节，从而减少模型的实际三角面数量。

在车机 HMI 应用中，考虑到车机 SoC 的算力及场景复杂度，表 5-2 给出针对高通 8155、高通 8295 和英伟达 Orin，配合场景复杂度的三角面预算建议。

表 5-2 针对不同 SoC、配合场景复杂度的三角面预算建议

SoC	场景复杂度	3D 车模三角面预算	场景中三角面预算
高通 8155	低	5 万～10 万	10 万～20 万
高通 8155	中	10 万～20 万	20 万～30 万
高通 8155	高	20 万～30 万	30 万～40 万
高通 8295	低	10 万～20 万	20 万～30 万
高通 8295	中	20 万～30 万	30 万～50 万
高通 8295	高	30 万～40 万	50 万～70 万
英伟达 Orin	低	20 万～30 万	30 万～50 万
英伟达 Orin	中	30 万～50 万	50 万～70 万
英伟达 Orin	高	50 万～70 万	70 万～100 万

（1）场景复杂度

这里指的是场景中所有 3D 模型和动态效果（如光影、动画、粒子等）所带来的视觉细节复杂度。

"低"通常意味着场景较为简单，动态效果少；"中"表示有一定数量的动态效果和细节；"高"表示场景和动态效果都非常丰富。

（2）车模三角面预算

这里指 3D 车模本身的最大三角面数量。三角面数量会直接影响 3D 车模的细节。当然，3D 车模的细节并不仅仅通过三角面数量来表现，还包括更多的技术应用，比如与材质相关联的各种贴图的应用，如基础贴图（Base Map）、金属度和光滑度贴图（Metallic Map 和 Smoothness Map）、法线贴图（Normal Map）、高度图（Height Map）、细节贴图（Detail Inputs）等。

很多时候，如果我们只依靠三角面数量的多少来判断车模细节，往往会以偏概全。即使 3D 车模的三角面数量达到 100 万个甚至更多，如果没有处理好模型表面的布线、纹理和 Shader，那么可能最终的渲染效果还比不上只有 20 万或 30 万个三角面，但其他细节处理得很好的车模。

（3）场景中三角面预算

这里指的是除车辆模型外，整个 3D 场景中可能包含的三角面总数。

车机 HMI 开发者可以使用表 5-2 中的三角面预算建议，做出更合理的资源分配和性能优化决策。需要注意的是，车机 HMI 应用的实际性能还需通过详细测试来验证，以确保在目标车机上获得最佳表现。关于性能测试和优化的内容，我们将在后续章节详细讲解。

5.3 URP 材质

在第 2 章中，我们简要介绍了 URP 的标准材质。在本节中，我们将详细了解 URP 中常用的几种标准材质，以及 Package Manager 中附带的示例材质库。此外，我们还将使用 Shader Graph 实现一个自定义车漆效果，并介绍第三方材质库。

5.3.1 URP 标准材质

如图 5-1 所示，当创建一个新材质时，可以选择 Unity 官方在 URP 中内置的专门优化的材质。

以下是 URP 中一些常用类型材质的介绍。

1. Lit 材质

这是 URP 中最常用的材质。Lit 材质对应的着色器是 Lit Shader。Lit Shader 和 Lit 材质之间的关系可以看成"工具"和"使用工具的界面"的关系。Shader 是渲染管线中的工具，用于计算光照和着色。材质界面则展示了暴露在 Unity 编辑器的 Inspector 界面中的参数。开发者通过对 Lit 材质界面上参数的调整，使 Shader 这个工具能够按照我们的想法渲染出

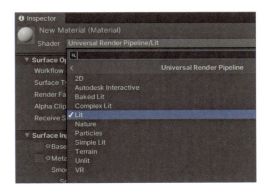

图 5-1　URP 中的内置材质

不同的材质效果。

URP 中的 Lit Shader 负责处理物体表面与光照之间的相互作用，包括多种光照模型和渲染技术，使开发者可以模拟真实世界中的各种材质效果，如金属、塑料、木材等。它的主要功能如下。

1）支持漫反射和镜面反射的光照模型。

2）处理多种光源（如定向光、点光源和聚光灯）的影响。

3）支持对基于物理的光照和材质属性（如金属度、粗糙度）的提供。

4）可应用于所有 URP 支持的平台，且对性能受限的设备友好。

2. Complex Lit 材质

Complex Lit 材质关联的着色器 Complex Lit Shader 是一种更高级的着色器，可用于处理更复杂的光照效果和材质属性，适用于需要高级视觉效果的应用。它的主要特点是：增强的光照模型可以支持更复杂的光照计算和高级光照效果，例如车漆的清漆（Clear Coat）效果以及模拟皮肤效果时必不可少的次表面散射（Subsurface Scattering）等。当然，在获得更高级材质效果的同时，通常也需要更多的算力来支撑 Complex Lit 材质的计算。

Complex Lit 材质和 Lit 材质的区别在于 Complex Lit 材质中包含 Clear Coat（清漆）相关的参数。Clear Coat 效果是一种在 3D 渲染和实际物理材料中常见的效果，它模拟了一个附加的透明层覆盖在材质表面上的效果。这可以增加材质的深度感和光泽感。

当然，Clear Coat 效果不仅仅出现在车漆上，还可以出现在高档木质家具、钢琴和吉他等乐器的漆面、地板涂层、电子产品外壳、船舶和飞机的表面等。

如图 5-2 所示，我们来了解一下 Complex Lit 材质各项参数的具体含义。

在 Inspector 界面中从上往下看，Complex Lit 材质包含以下 4 部分参数，具体如下。

（1）Surface Options（表面选项）

这部分参数用于设置材质的基础属性。这些设置决定了材质的基本光照和渲染行为。

1）**Workflow Mode（工作模式）**：定义了材质在特定环境下的使用方式和行为，例如金属度（Metallic）或光泽度（Specular）。

2）**Surface Type（表面类型）**：用于定义材质的不透明性或透明性。

3）**Blend Mode（透明表面类型，需要先将 Surface Type 改为 Transparent）**：如果选择了此透明表面类型，可以在此选择不同的混合模式，例如 Alpha、Premultiply、Additive 或 Multiply。

4）**Preserve Specular Lighting（透明表面类型，需要先将 Surface Type 改为 Transparent）**：启用时，Unity 将尝试在材质透明度较高的情况下，仍在物体表面保留镜面高光效果。通常情况下，渲染透明材质时，标准渲染处理可能会导致镜面反射效果减弱或完全消失，从而影响材质的视觉真实感。

5）**Render Face**：指定材质是否为 Both（双面材质，适用于需要从两面查看的对象，如叶片或薄布料）、Back（仅渲染背面）、Front（仅渲染正面）。

6）**Alpha Clipping（Alpha 剪辑）**：这是一种用于处理透明纹理中某些区域应当完全不显示（透明）或完全显示（不透明）的技术。它主要用于创建如叶子、栅栏或其他具有复杂轮廓的物体材质。在材质上启用 Alpha Clipping 后，可以设置一个阈值（Threshold），用于确定纹理的哪些部分应该被视为透明（Alpha 值低于阈值）和哪些部分应该被视为不透明（Alpha 值高于阈值）。这种方法不涉及半透明像素，因此它避免了常规 Alpha 混合可能带来的排序和性能问题。

7）**Receive Shadows**：当启用时，Unity 将计算并渲染影响当前物体表面的阴影。这包括来自直接光源（如阳光或灯光）的阴影。如果禁用此选项，即使场景中的其他设置允许阴影存在，应用了该材质的物体也不会显示阴影。

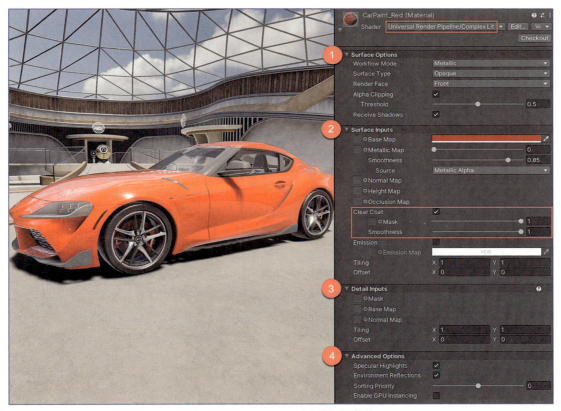

图 5-2　Complex Lit 材质各项参数

（2）Surface Inputs（表面输入）

Surface Inputs 用于定义材质的视觉外观，通过提供纹理和颜色来影响材质的实际外观。

1）**Base Map（基础贴图）**：通过点击色条，可以在打开的色轮界面调整颜色和 Alpha（透明度）等参数。

2）**Metallic Map（金属贴图）或 Specular Map（镜面反射贴图）**：如果将 Workflow

Mode 改为 Specular，这两个选项会根据 Surface Options 中所选择的 Workflow Mode 变化。

Metallic Map 用于定义材质表面哪些部分表现出金属特性。在 Metallic 工作模式中，这种贴图通常是灰度图，其中白色区域（值接近 1）代表高度金属性，黑色区域（值接近 0）代表非金属性。这种贴图可以帮助我们创建从金属到非金属的渐变效果，非常适合模拟复杂的实物材质，如金属与塑料的结合部件。

Specular Map 用于控制材质表面对光照的镜面反射强度和颜色。Specular 工作模式中 Specular Map 允许对每个点的反射特性进行精细控制。通过这种贴图，我们可以详细定义哪些区域应该更亮或显示出明显的高光，哪些区域应该更暗或几乎不反射光。这对于模拟各种材质，如布料、皮革和塑料等非常有用。

无论是 Metallic 还是 Specular 工作模式，都有相应的 Smoothness（光滑度，用于控制材质表面的光滑程度和镜面高光的锐利程度）参数以及 Source（光滑度数值来源）的设置。

在 Source 选项中选择 Metallic 或 Specular，我们可以指定光滑度的数值来源于 Metallic Map 或 Specular Map 中的 Alpha 通道，也可以选择将保存在 Base Map 的 Alpha 通道中的数值作为光滑度的数值（这个选项就是 Albedo Alpha）。

3）**Normal Map**（法线贴图）：用于模拟材质表面的精细凹凸，增加细节而不增加模型的三角面数量。它使用 RGB 颜色来表示每个像素点在表面法线方向上的变化。这种贴图不会改变模型的实际几何形状，而是通过改变表面法线来影响光照计算，从而在物体表面模拟出更多细节。这种方法不需要通过增加模型三角面数量来添加额外的细节，因此在性能上比高度图（Height Map）更高效。它可用于增强各种表面的细节，如皮肤、布料、金属等。

4）**Height Map**（高度图）：Height Map 和 Normal Map 虽然都是在 3D 渲染中用于增加表面细节和质感的技术，但它们在实现方式和效果上有一些关键的区别。Height Map 是一种灰度贴图，其中每个像素的值代表相对于材质表面的高度。这种贴图会直接影响模型的实际几何形状，可以在视觉上创建出真实的凹凸效果。Height Map 通常使用位移映射（Displacement Mapping）技术。这种技术在渲染时实际改变网格的顶点位置，从而在模型表面产生物理上的凹凸变化。因此，Height Map 适用于需要高度细节表现的场景，如岩石、地面、建筑细节等。不过，由于 Height Map 会实际改变网格的顶点位置，因此这项技术也会增加渲染时的性能开销。

5）**Occlusion Map**（遮挡贴图）：用于模拟光线无法到达区域的阴影效果，增强物体的深度感和细节对比。通常与环境光遮蔽（Ambient Occlusion）相关联，使得凹陷或靠近其他对象的部分看起来更暗，从而提高真实感。

6）**Clear Coat**（清漆）：清漆层是一种额外的透明层，用于模拟如车漆般的高光泽表面。这种效果会让材质表面看起来有一层额外的光泽。

7）**Emission**（自发光）：这一参数能使物体像光源一样发光，同时不受外部光照的影响。它适用于创建显示屏、发光灯罩或任何需要模拟光源的材质。自发光材质可以为整个 3D 环境增添视觉焦点和动态效果。启用 Emission 参数后，我们可以用颜色和 HDR 强度来控制自发光物体的颜色和亮度，也可以通过使用 Emission Map（自发光贴图）来定义物体表面哪些部分应当产生自发光以及自发光的颜色和强度。这种贴图通常包含 RGB 颜色值，每个颜色值对应物体表面上相应部分的发光颜色。在较暗环境中，它可以增强场景的视觉效果。另外，我们还可以使用 Emission 参数组中的 Global Illumination（全局光）选项：Realtime（实时计算自发光效果对周围环境产生的光照影响）、Baked（通过烘焙来对周围环境产生光照影响），或者 None（对周围环境不产生光照影响）。

8）**Tiling**（平铺）和 **Offset**（偏移）：Tiling 参数可用于控制纹理在材质表面上重复的次数。增加 Tiling 值可以使纹理更小并更频繁地重复，适用于在较大表面上维持细节一致性。Offset 参数用于在材质表面上移动纹理的位置。这可以帮助调整纹理的对齐方式，或在同一个模型的不同部分使用同一纹理时避免视觉上的重复。

（3）Detail Inputs（详细输入）

Detail Inputs 可用于为材质添加更高级的细节。这些细节可应用于需要近距离观察的物体上，提升这些物体表面视觉效果的复杂度和真实感。

1）**Mask**（细节遮罩）：用于控制哪些区域显示较多细节。

2）**Base Map**（细节漫反射贴图）：可叠加在基础漫反射贴图上，增加表面细节。

3）**Normal Map**（细节法线贴图）：在不改变基础法线贴图的情况下增加表面细节。

（4）Advanced Options（高级选项）

这里提供了对材质行为的更深层次控制，这些高级设置允许开发者优化材质性能或实现特定的视觉效果。

1）**Specular Highlights** 和 **Environment Reflections**：用于控制材质是否显示高光和环境反射。

2）**Sorting Priority**（排序优先级）：用于调整透明物体的渲染顺序。在 3D 渲染中，透明物体的视觉效果依赖于其背后物体的正确显示。因此，透明物体需要按从后到前的顺序渲染（即远处的先渲染，近处的后渲染）。Sorting Priority 允许开发者手动调整这一顺序。此参数对于解决透明物体之间的渲染冲突尤为重要。

3）**Enable GPU Instancing**（启用 GPU 实例化）：当多个相同的对象（使用相同材质）在场景中多次出现时，Enable GPU Instancing 可以大幅减少 CPU 到 GPU 的 Draw Call。GPU 实例化通过减少 Unity 引擎在渲染每个独立对象时所需的算力来优化性能。这对于提升拥有大量重复对象的场景（如拥有大量树木的森林场景）的渲染效率尤其有效，可以让我们在不牺牲画质的前提下显著提高渲染帧率。（注：要让此选项起作用，需要硬件支持，且所有实例化的对象必须使用相同材质。）

通过上述对 Complex Lit 材质参数的描述，相信大家对于如何用它制作车漆效果有了直观的认知。要实现一个最基本的车漆效果，只需在 Base Map 参数中选择颜色（如红色），然后打开 Clear Coat 效果即可。

当然，要制作出高级感的车漆，仅使用一种基础颜色和 Clear Coat 效果显然不够。高级车漆的多层反射和折射、金属漆中的金属颗粒感等效果，需要更复杂的 Shader 才能真正展现。在 5.3.4 节，我们将一起学习如何制作更高级的车漆效果。

3. Simple Lit 材质

Simple Lit 材质提供比 Lit 材质更简化的光照模型，性能开销更小，适用于对性能要求较高的应用。它支持基本的漫反射和镜面反射，但无法模拟通过 Lit 和 Complex Lit 材质实现的高级材质效果，如清漆、次表面散射或各向异性等。

4. Unlit 材质

Unlit 材质不受任何光照影响。这种材质的处理速度非常快，适合用于背景元素、UI 组件等不需要参与光照计算的物体表面。

5. Terrain 材质

Terrain 材质是一种专为渲染地形而设计的材质类型，支持复杂地形的光照和纹理混合。它优化了地形渲染的性能，同时提供了多层纹理混合的功能，适用于创建自然环境中的地形。

6. Particle 材质

Particle 材质是一种为粒子系统专门设计的材质类型，支持使用 Lit、Simple Lit 和 Unlit 三种 Shader。Particle 材质支持粒子系统使用光照效果或不受光照影响，我们可以根据实际需求灵活选用。

7. Decal 材质

Decal 材质是一种特殊的材质类型，可通过 Unity 编辑器的顶部菜单 GameObject → Rendering → URP Decal Projector（如图 5-3 所示）进行创建。Decal 材质可用于在物体表面投射出弹孔、符号或任何其他图形，为场景添加额外的视觉细节，而无须更改底层材质。

图 5-4 展示了一个应用 Decal 的简单示例，基本实现步骤如下：

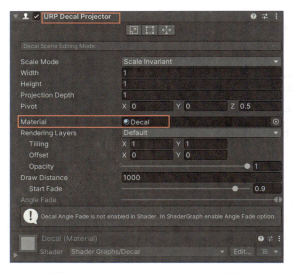

图 5-3　URP Decal Projector 组件

图 5-4　URP Decal 示例

1）通过 Unity 编辑器的顶部菜单 GameObject → Rendering → URP Decal Projector，在场景中创建一个 Decal Projector。

2）在 Project 窗口中创建一个新的材质，将 Shader 设置为 Decal，并将材质命名为 Decal_tiger_head（如图 5-4 所示），然后，将事先准备好的带透明通道的虎头图片关联到 Base Map。

3）将 Decal_tiger_head 材质关联到 Hierarchy 窗口的 Decal Projector Material 上（如图 5-5 所示）。调整 Decal Projector 组件中的 Width、Height、Opacity 和 Pivot 等参数，或者通过 Scene 窗口的 Decal 控件，将虎头贴花放置在车门上。使用贴花技术，我们可以为模型表面增加更多细节，而无须修改车模本身的贴图，为我们的工作提高灵活性。

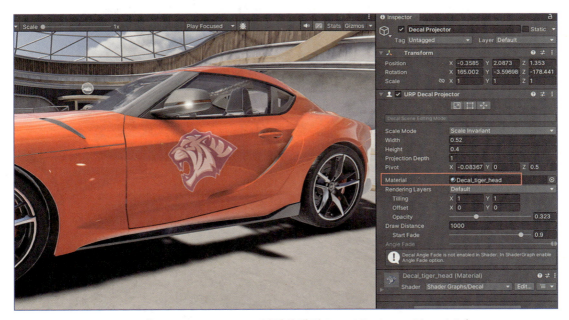

图 5-5　将 Decal_tiger_head 材质关联到 Decal Projector Material 上

在开发过程中，我们应根据项目的实际需求和目标平台的特点选择最合适的材质类型。

5.3.2　URP 示例工程

如图 5-6 所示，打开 Unity 编辑器菜单 Window → Package Manager。在 Package Manager 界面中，找到 Universal RP 包，在 Samples 栏目中找到 URP Package Samples。这个示例包中包含了许多与 URP 使用方法相关的示例工程。我们将在后续章节中陆续介绍这些示例。

我们导入整个 URP 的示例包后，可以在 Project 窗口（如图 5-7 所示）找到 Samples 文件夹下的 Lit 场景。在此场景中，Unity 官方通过一系列预先设置好的材质球展示了 Lit 材质的各种用法。如果想要详细了解如何在 URP 中正确使用 Lit 材质，这是一个非常好的起点。

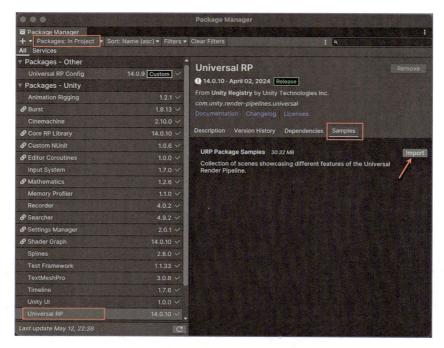

图 5-6　Package Manager 中与 URP 包关联的示例资源

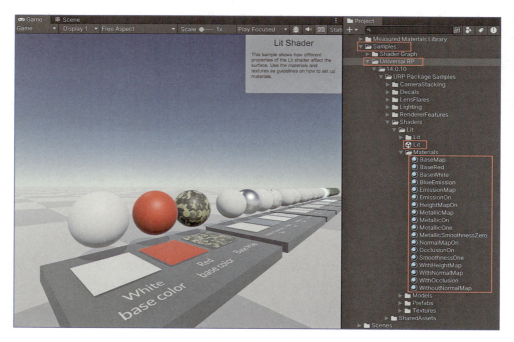

图 5-7　URP 示例中的材质

5.3.3 工业项目材质库

Unity 官方在 GitHub 提供了一套专门针对工业项目的材质库:Measured Material Library for Universal Render Pipeline。

虽然其版本较老,但提供了众多我们在日常开发车机 HMI 项目时需要用到的材质。

如图 5-8 所示,Unity 官方提供的 URP 工业材质库中提供了丰富的材质类型。

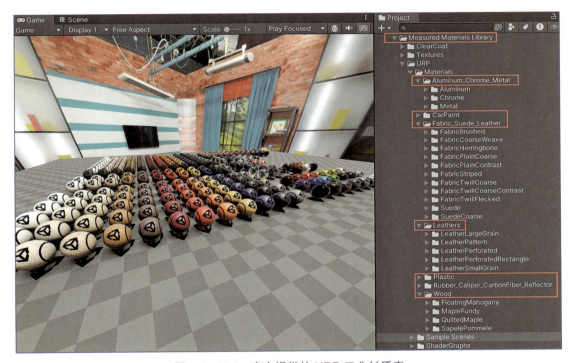

图 5-8 Unity 官方提供的 URP 工业材质库

以下提供部分该材质库的材质类型。

1)**Aluminum_Chrome_Metal**:Aluminum(铝)、Chrome(铬)、Metal(金属)。

2)**Fabric_Suede_Leather(织物 – 麂皮 – 皮革)**:FabricBrushed(刷毛织物)、FabricCoarseWeave(粗织物)、FabricHerringbone(人字形织物)、FabricPlainCoarse(平纹粗织物)、FabricPlainContrast(对比平纹织物)、FabricStriped(条纹织物)、FabricTwillCoarse(粗斜纹织物)、FabricTwillCoarseContrast(对比粗斜纹织物)、FabricTwillFlecked(斑点斜纹织物)、Suede(麂皮)、SuedeCoarse(粗麂皮)。

3)**Leathers(皮革)**:LeatherLargeGrain(大颗粒皮革)、LeatherPattern(图案皮革)、LeatherPerforated(打孔皮革)、LeatherPerforatedRectangle(矩形打孔皮革)、LeatherSmallGrain(小颗粒皮革)。

4）Wood（木材）：FloatingMahogany（悬浮桃花心木）、MapleFundy（方地枫木）、QuiltedMaple（被花枫木）、SapelePommele。

如图 5-9 所示，我们在之前的车模上应用了材质库中的红色车漆材质。现在车漆表面比之前只有单色加清漆时效果更好。

图 5-9　底漆和清漆叠加后的车漆效果

如图 5-10 所示，我们使用的 Shader 仍然是 Complex Lit 材质，但在 Complex Lit 材质的 Base Map 和 Normal Map 上关联了两个纹理，如图 5-11 所示。这两个纹理为车漆材质添加了金属颗粒效果。

图 5-10　Complex Lit 材质关联 Base Map 和 Normal Map 纹理

　　a）Base Map 纹理　　　　　　b）Normal Map 纹理

图 5-11　Base Map 和 Normal Map 纹理

5.3.4　使用 Shader Graph 实现高级车漆

　　Unity 引擎内置了完整的可视化 Shader 编辑器（Shader Graph）。当内置材质无法满足需求时，则可以使用 Shader Graph 开发定制化 Shader。

　　在上述内容中，我们使用 URP 自带的 Complex Lit Shader 实现了普通车漆效果和带金属颗粒感的车漆效果。Complex Lit Shader 自带的 Clear Coat（清漆）效果，增加了真实感。

　　不过，为了让车漆看上去更真实和富有高级感，我们还需要为其添加一个特殊的效果，那就是 Fresnel Effect（菲涅尔效应）。在车漆材质中添加菲涅尔效应可以增强材质的视觉真实性和吸引力。菲涅尔效应是一种物理现象，它体现了光线在接触材质表面时反射量随着观察角度的变化而变化。菲涅尔效应在车漆模拟中可以发挥以下作用。

　　（1）增加随视角变化的光泽变化

　　在现实世界中，当我们从不同的角度观察汽车时，菲涅尔效应会让边缘区域（即几乎与视线平行的区域）的车辆表面表现出更强的反光。这意味着车漆在边缘比从正面观察时看起来会更亮。

　　（2）增强物体的立体感和深度感

　　通过模拟光线与材质表面相互作用的真实物理行为，菲涅耳效应能够使应用该材质的物体获得更强的立体感和深度感，使车辆的曲线和形状更加突出和吸引人。

　　在 Shader Graph 中实现菲涅尔效应非常简单，因为 Unity 为我们提供了可直接使用的 Shader Graph 节点。以下是创建 Shader Graph 并设置清漆和菲涅尔效应节点的步骤，如图 5-12 所示。

　　1）材质设置为 Lit。

　　2）勾选 Clear Coat 选项，可以看到在 Fragment 中会出现 Coat Mask 参数，数值可以使用默认的 1。

　　3）创建一个 Fresnel Effect 节点，将它的 Power 设置为 0.3。这样从正面观察的角度来看，正中央的黑色区域较小。

4)创建一个 Gradient 节点,将渐变色的最左侧设置成红色或其他颜色。然后将这个颜色复制到最右侧,并降低该颜色的亮度。这样就会得到一种颜色从左到右逐渐变暗的效果。

5)创建一个 Sample Gradient 节点,将 Gradient 和 Fresnel Effect 这两个节点组合起来,最终获得由中间到边缘逐渐变暗的颜色值。

6)将最终获得的颜色值连接到 Fragment 中的 Base Color。

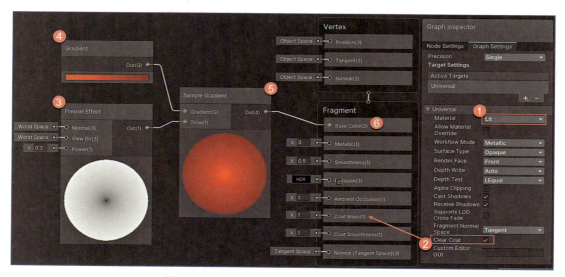

图 5-12 设置清漆和菲涅尔效应节点的步骤

如果将这个 Shader 关联到材质上,然后将材质应用到车模上,可以得到图 5-13 所示的车漆效果。虽然与图 5-9 中的车漆相比,现在的车漆没有包含金属颗粒的效果,但由于车辆边缘有了逐渐变暗的效果,因此整体看上去更加真实。

图 5-13 底漆、清漆和菲涅尔效应叠加后的车漆效果

下面接着添加车漆中的金属颗粒效果。如图 5-14 所示,创建一个 Voronoi 节点,将参

数设置为（2，1000），由此可以获取用于模拟金属颗粒的细小纹理，然后将 Voronoi 节点链接到 Smoothness（光滑度）。

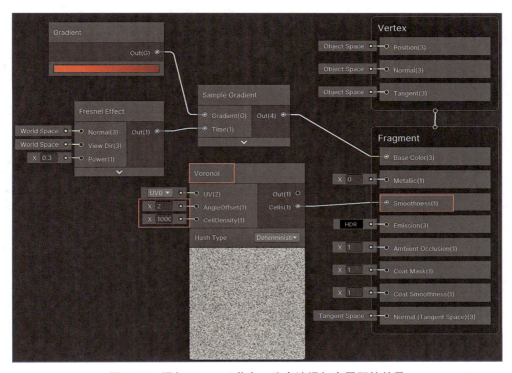

图 5-14　添加 Voronoi 节点，为车漆添加金属颗粒效果

如图 5-15 所示，最终得到了带金属颗粒效果的车漆。

图 5-15　底漆、金属颗粒、清漆和菲涅尔效应结合的车漆效果

如图 5-16 所示，为了让开发人员可以更方便地调整效果，我们也可以将 Shader Graph 的重要参数暴露在材质界面。这样就可以在 Inspector 界面直接调整参数。

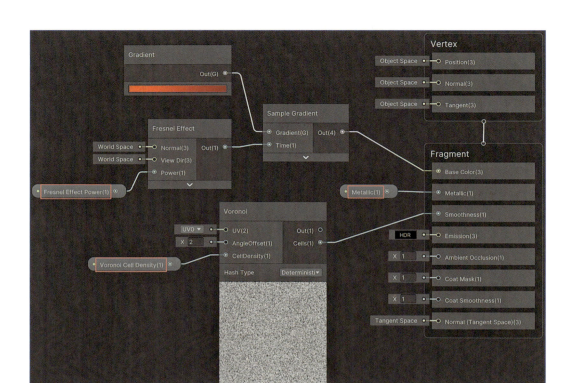

图 5-16　将 Shader Graph 的重要参数暴露在材质界面

在图 5-17 中，我们调整了 3 个参数，呈现出比较夸张的视觉效果。

图 5-17　调整参数呈现的比较夸张的车漆效果

5.4 本章小结

本章介绍了使用什么工具可以将拥有上千万个三角面的工业 3D 车模通过减面的方式转换成可以应用在 Unity 引擎中的模型,也介绍了在典型的应用场景中,推荐使用的模型三角面数量。

本章还介绍了 URP 的材质系统、Unity 官方材质库,以及如何用 Shader Graph 制作一个包含底漆、清漆、菲涅尔效应和金属颗粒的高级车漆效果。

在下一章中,我们将详细介绍 URP 设置和场景打光相关的知识,继续为我们的高级技美效果知识库添砖加瓦。

第 6 章

后处理和抗锯齿

如果要提升实时渲染画面的整体观感和画质，后处理和抗锯齿往往是非常便捷的方式。但因为使用这两种方法需要算力的支撑，所以不能自由使用多种后处理效果和任意提升抗锯齿强度。

本章将重点讲解 URP 中的后处理和抗锯齿方法，使大家从原理上理解如何正确选择后处理效果与抗锯齿算法。

6.1 后处理方法

Unity 引擎的后处理方法主要用于提升游戏和应用的视觉质量，使渲染的场景更加逼真或符合特定的艺术风格。后处理方法可以改善光照、颜色、对比度等视觉元素，还可以为整个画面添加特殊的视觉效果，如模糊和辉光等。

在 Unity 引擎中，后处理通常是在摄像头渲染完所有对象之后、在最终显示到屏幕之前进行工作的，包括以下几个步骤。

步骤一：渲染到纹理。

首先，Unity 将场景渲染到一个或多个 Render Texture（渲染纹理）中，而不是直接渲染到屏幕上。这可以让后处理方法在不影响原始帧缓冲区的情况下修改这些图像。

步骤二：后处理方法的应用。

然后，Unity 会应用一系列后处理效果，如色彩校正、辉光、景深等。这些效果通过着色器（Shader）实现。着色器读取 Render Texture 中的数据，进行计算和修改，然后输出新的图像。

步骤三：合成图像。

如果有多个后处理效果，Unity 会将它们合成。这一步骤会涉及多个渲染纹理和过渡效果。

步骤四：将完成的画面显示到屏幕上。

我们可以通过以下 3 个步骤在 URP 中启用后处理方法。

步骤一：在当前项目所使用的 URP Renderer 中，启用 Post Processing，如图 6-1 所示。

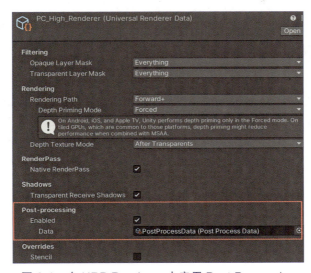

图 6-1　在 URP Renderer 中启用 Post Processing

步骤二：在 Camera 组件中启用 Post Processing，如图 6-2 所示。

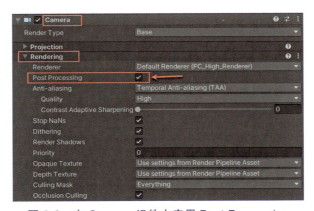

图 6-2　在 Camera 组件中启用 Post Processing

步骤三：在场景中创建一个 Volume，用于添加后处理效果。如图 6-3 所示，我们将场景中所用的 Volume 模式设置为 Global（全局）。也就是说，无论场景里的哪个摄像头处于起作用，也不管这个摄像头处于场景中的哪个位置，这个 Volume 都会起作用。

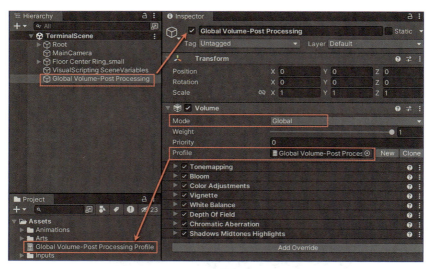

图 6-3 创建 Global 模式的 Volume

在场景中创建 Global 模式的 Volume 组件后，还需要为其创建并关联一个 Volume Profile。Volume Profile 本质上是一个配置文件，用于保存与 Volume 关联功能的各项参数配置信息。

URP 中包含众多后处理效果，并且可以自定义后处理效果。这里挑选了其中 8 个常用的后处理效果进行讲解。

1. Tonemapping（色调映射）

Tonemapping 可将高动态范围（HDR）图像映射至低动态范围（LDR）显示器，以适应不同设备的显示要求。这样可以调整渲染画面的色调范围，使图像在不同亮度范围下保留足够的细节和对比度。

URP 中的 Tonemapping 提供了 3 个选项：None（不使用）、Neutral（中性）和 ACES。

选择 Neutral 选项时，不会对图像的颜色和对比度进行过多修改，能够保持画面的原始颜色和对比度，适用于自然光照环境或对颜色要求较高的应用。

ACES 选项广泛应用于电影和视觉特效行业。它提供了更广的色域和更自然的色彩表现，适用于高质量色彩管理的场景，如影视制作、电影渲染以及需要高度真实感的应用场景。它能保留更多色彩细节和亮度信息，使图像在高亮和低亮区域都有良好表现，令画面呈现更自然和真实的视觉效果。

从性能消耗的角度分析，ACES 比 Neutral 更耗性能。如果你想使用 Tonemapping，但对性能比较敏感，建议使用 Neutral。

2. Bloom（辉光）

此效果通过提取图像中的高亮部分，然后对这些部分应用模糊算法，接着将模糊后的结果添加回原始图像，以产生光晕。

Bloom 可以用于模拟真实世界中高亮区域周围的光晕效果，以增强画面的动态范围和视觉冲击力。Bloom 常用于提升光源（如灯光、太阳）或其他发光物体的视觉效果。

如图 6-4 所示，添加 Bloom 效果后，高亮区域产生了光晕。

图 6-4　Bloom 后处理效果

3. Color Adjustments（色彩调整）

Color Adjustments 可用于调整整体画面的色调、饱和度和亮度，以增强视觉效果和氛围感。

如图 6-5 所示，通过调整 Color Adjustments 中的如下参数，我们可以对整个画面及画面中的物体与场景进行调整。

图 6-5　色彩调整后的后处理效果

1）使用 Post Exposure 提升整个画面的曝光度。

2）使用 Contrast 提高整体画面的对比度。

3）调整 Hue Shift 数值不仅可以将原本的大红车漆颜色调整为紫色（仅本示例中），还能使整个场景带上些许紫色调。

4）将 Saturation 数值提高到 10，以提升整个画面的颜色饱和度。

4. Vignette（晕影）

通过在画面边缘应用渐变的透明黑色覆盖层，可以增加画面的聚焦效果，使用户的注意力集中在画面中央区域。在图 6-6 中，可以看到应用了 Vignette 效果后，画面的四个角落出现了椭圆形的黑色区域（可通过 RGB 值调整黑色区域的颜色），此时可以通过 Intensity（强度）来控制 Vignette 效果的强度。此外，还可以勾选 Rounded，将整个 Vignette 效果的形状变成圆形，创造出类似于通过单目望远镜观看的感觉。

图 6-6　Vignette 后处理效果

5. White Balance（白平衡）

通过调整画面的色温和色调，呈现自然的白色和准确的色彩，使整体画面在不同光照条件下都能表现出自然的色彩。

如图 6-7 所示，我们可以通过调整 White Balance 的 Temperature（色温）的数值为 80，让整个画面呈现强烈的暖色调。

将 Temperature 数值调整为负数（如图 6-8 所示，将色温数值调整为 –50），即可模拟冷色调。

6. Depth of Field（景深）

Depth of Field 效果根据图像的深度信息来调整不同区域的清晰度，通常需要使用深度缓冲区来辅助计算哪些区域应该清晰显示，哪些区域应该模糊处理。

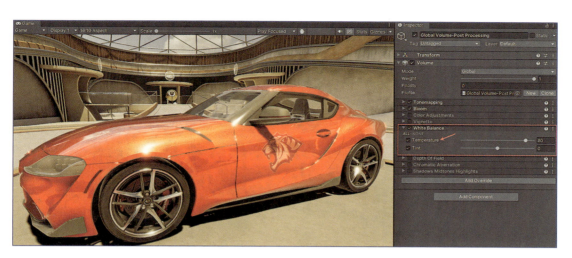

图 6-7　White Balance 后处理效果（暖色调）

图 6-8　White Balance 后处理效果（冷色调）

Depth of Field 效果可用于模拟摄像头的焦点深度，使得画面中的某些部分处于聚焦状态，而其他部分则处于模糊状态。Depth of Field 效果可以突出画面中的主要对象或区域，也可以增强场景的三维感，从而将用户的注意力集中到特定的画面区域。

如图 6-9 所示，通过调整 Depth of Field 效果的各项参数，可以将前景中的车模突出，对背景进行模糊处理，最终成功地将前景和背景分离，达到了很好的视觉效果。

对比图 6-10 中没有景深效果的画面，可以清楚地看出未使用景深效果的画面缺乏层次感和真实感。

图 6-9 Depth of Field 效果

图 6-10 无景深效果

7. Chromatic Aberration（色差）

Chromatic Aberration 常用于模拟摄像头在处理高对比度场景时可能出现的色彩偏移现象，可以为画面增添一种真实感或特殊的视觉风格。它经常被用于视觉艺术中，以增强图像的动态感或模拟老式相机的视觉效果。

Chromatic Aberration 是通过在图像的不同颜色通道上应用轻微的位移实现的。这些轻微位移可以造成视觉上的色彩分离。

URP 的 Chromatic Aberration 效果只有一个 Intensity（强度）参数（数值在 0 ~ 1 之间）。将其调整为 0.65 时，可以看到蓝色箭头所指区域出现了明显的色彩分离现象，如图 6-11 所示。当然，在实际应用中，通常不会使用如此大的数值，因为这会让整个效果显得过于夸张和不真实。

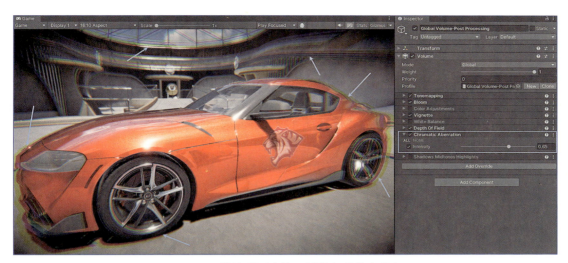

图 6-11　模拟画面边缘区域的色彩分离现象

8. Shadows Midtones Highlights（阴影 / 中间调 / 高光）

Shadows Midtones Highlights 可用于分别调整画面中阴影、中间调和高光区域的色彩、亮度和对比度，以实现更精细的色彩控制，增强图像层次感和细节，改善整体画面的视觉效果。

图 6-12 展示了调整阴影、中间调和高光区域参数后的画面效果。

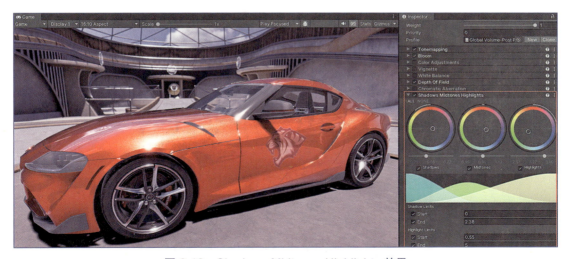

图 6-12　Shadows Midtones Highlights 效果

6.2　抗锯齿方法

当实时渲染画面中出现明显的锯齿时，会严重影响整体观感。因此，我们需要了解

URP 中的抗锯齿方法。

在将 3D 模型转换为二维图像的实时渲染过程中，由于以下几个主要因素，画面中出现了锯齿现象。

1）**像素分辨率限制**：屏幕由数百万甚至数千万个小方格（即像素）组成。当曲线或斜线与这些像素对齐时，就会产生锯齿现象。

2）**渲染技术**：实时渲染通常需要快速处理图像，因此会牺牲部分图像质量以提升渲染速度。这些牺牲包括边缘平滑处理。当然，即使是以高画质为侧重点的离线渲染算法，也可能因为明暗对比强烈的边界、尖锐或细小的几何结构，以及使用较低分辨率进行渲染而导致锯齿现象。

Unity 官方为我们提供了 URP 中多种抗锯齿方法。现在，我们一起来详细了解这些方法的优缺点和实际应用场景。

1. MSAA（Multisample Anti-aliasing）

MSAA 是一种基于硬件加速的抗锯齿技术。它通过在多个采样点上计算像素颜色，然后将这些颜色值进行平均来实现平滑锯齿的效果。URP 支持最高 8× MSAA（8 倍 MSAA）抗锯齿设置。MSAA 能显著提高画面边缘的平滑度，尤其适合在 3D 场景中复杂几何形状的边缘平滑处理。

MSAA 选项存在于 URP 配置文件中。如图 6-13 所示，可以在 URP 配置文件界面中找到 Quality 设置，然后在 Anti Aliasing（MSAA）选项中选择 MSAA 的采样率（2×，4×，8×）。默认情况下，MSAA 处于禁用（Disabled）状态。

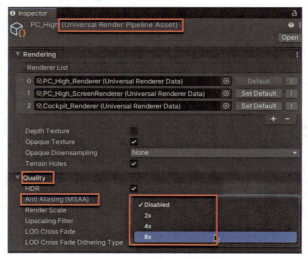

图 6-13　MSAA 抗锯齿方法

2. 基于后处理效果的抗锯齿方法

Unity 也通过后处理系统提供了 3 种全屏抗锯齿方法。它们分别是 Fast Approximate Anti-aliasing（FXAA）、Subpixel Morphological Anti-aliasing（SMAA）和 Temporal Anti-aliasing（TAA）。

如图 6-14 所示，在场景中的 Camera 组件上启用 Post Processing（后处理）功能，然后选择所需的抗锯齿方法即可。

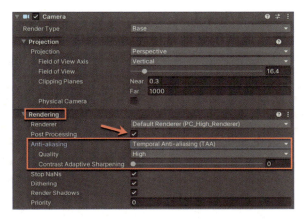

图 6-14　在 Camera 组件上启用后处理效果后选择抗锯齿方案

最后，我们来对比了解这四种抗锯齿方法的工作原理、应用场景和优缺点。

（1）MSAA（Multisample Anti-aliasing）
- 原理：在几何阶段进行多重采样，渲染到多个样本缓冲区，然后平均这些样本以生成最终像素。
- 应用场景：适用于静态和动态场景，例如 3D 模型的边缘抗锯齿。
- 优点：边缘平滑效果良好，对图像质量影响较小。
- 缺点：对性能要求高，尤其是在高采样率的情况下；对纹理和阴影的抗锯齿效果不佳。

（2）FXAA（Fast Approximate Anti-aliasing）
- 原理：基于屏幕空间的后处理抗锯齿技术，通过检测并模糊边缘来减少锯齿。
- 应用场景：适用于实时渲染场景。
- 优点：计算效率高，对性能影响较小。
- 缺点：可能导致图像模糊，细节处理不如其他方法。

（3）SMAA（Subpixel Morphological Anti-aliasing）
- 原理：结合多种抗锯齿技术的优点，通过形态学滤波器处理边缘以减少锯齿，从而提供高质量的抗锯齿效果。
- 应用场景：适用于需要高质量边缘平滑且对性能要求不高的场景，如静态和半静态 UI。
- 优点：在处理复杂边缘和高对比度的场景时，能够提供出色的抗锯齿效果。
- 缺点：与 FXAA 相比，场景对性能要求更高。

（4）TAA（Temporal Anti-aliasing）
- 原理：结合抖动采样、运动矢量、历史缓冲和帧间混合技术，有效减少锯齿。

- 应用场景：适用于动态场景和快速移动场景。
- 优点：在处理动态场景和移动摄像画面时的表现尤为出色。
- 缺点：可能引入模糊效应或鬼影效应，对性能要求较高。

图 6-15 展示了未使用 TAA 和使用 TAA 抗锯齿算法时的效果对比。可以非常清楚地看到，抗锯齿算法显著提升了整体渲染质量。

a）未使用 TAA 抗锯齿算法　　　　b）使用 TAA 抗锯齿算法

图 6-15　TAA 抗锯齿算法使用前后对比

6.3　本章小结

相信本章中 URP 丰富的后处理效果给大家留下了深刻的印象。不过，虽然后处理可以帮助我们快速提升画面效果，但由于目前车机算力有限，在车机 HMI 内容开发中并不能随意使用这些后处理效果。大家一定要根据现实的算力情况酌情使用渲染功能。

在下一章中，我们将一起学习如何在 URP 中使用 Scriptable Render Pass 开发自定义渲染效果，继续挖掘 URP 带来的高级渲染特性。

第 7 章 Chapter 7

利用 Scriptable Render Pass 实现定制渲染效果

虽然我们在 URP 中已经可以实现丰富的渲染效果，但在开发工作中，常会遇到一些情况无法使用内置功能完成。这时，如果 Unity 引擎为我们提供一套内置且可扩展的功能，让我们实现自己想要的渲染效果，将极大地提升设计还原度。

URP 中的 Scriptable Render Pass 是一套系统。本章将介绍如何使用 URP 中的 Scriptable Render Pass 来实现丰富的自定义渲染效果。

7.1 URP Render 配置

如图 7-1 所示，可以通过 URP Renderer 配置文件，为场景中用到的每个 URP Render（渲染器）单独配置 Renderer Features（渲染器功能）。可以单击 Add Renderer Feature（图 7-1 右下角）来为渲染器添加渲染器功能。图 7-1 所示为 Unity 2022.3.27 版本中 Unity 官方在 URP 核心 3D 模板中提供的 5 个内置渲染器选项。

在 Project 窗口的 Packages 文件夹中可以找到这些 Unity 官方编写的 Renderer Features 脚本。这些脚本的路径是：Packages → Universal RP → Runtime → Renderer Features。

可以使用相同的方法为项目添加自定义 Renderer Features。接下来，我们通过一个具体的示例来讲解如何通过后处理方式将写实风格渲染画面变为卡通风格画面。图 7-2 和图 7-3 分别展示了未应用和应用卡通风格渲染器功能的画面效果。

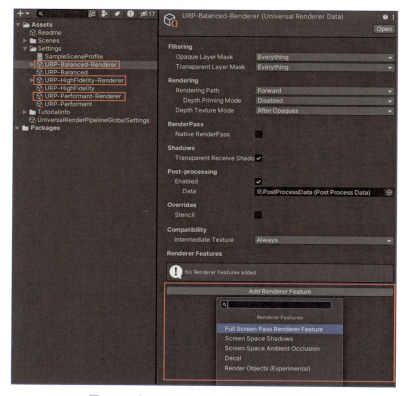

图 7-1 为 URP Renderer 添加渲染器选项

图 7-2 未应用卡通风格渲染器功能

要通过自定义渲染器功能实现随场景主光源变化而变化的卡通渲染效果，需要完成以下 3 个步骤。

1）**自定义 Shader**：开发一个支持卡通渲染的 Shader，用于定义具体的视觉效果和渲染对象的材质属性。这个 Shader 是卡通渲染的核心计算部分。

2）**创建 Scriptable Render Pass**：它将在 URP 的特定阶段执行自定义渲染逻辑，并使用第一步中的自定义卡通渲染 Shader 实现具体的渲染操作。

3）**创建 Scriptable Renderer Feature**：用于管理和配置 Scriptable Render Pass，并将其插入渲染管线中。它提供了对应的接口来添加、配置和管理一个或多个 Render Pass。

图 7-3 应用了卡通风格渲染器功能

7.1.1 创建自定义卡通渲染 Shader

以下 Shader 代码提供了详细的注释，大家可以了解这个卡通 Shader 的实现细节。当然，也可以用 Shader Graph 来实现同样的功能。

```
1.   Shader "SRPCustomShader/CartoonShader"
2.   {
3.       //定义 Shader 的属性（可以在材质 Inspector 面板中进行设置）
4.       Properties
5.       {
6.           _EdgeColor("Edge Color", Color) = (0, 0, 0, 1)              //边缘颜色
7.           _QuantizeLevels("Quantize Levels", Range(1, 10)) = 4
                                                                        //颜色量化级别
8.           _EdgeThreshold("Edge Detection Threshold", Range(0.001, 0.1)) = 0.01
                                                                        //边缘检测阈值
9.       }
10.      HLSLINCLUDE                                                     //包含 HLSL 代码块的开始
11.          //包含通用的核心函数和工具
12.          #include "Packages/com.unity.render-pipelines.universal/
```

```hlsl
                    ShaderLibrary/Core.hlsl"
13.             #include "Packages/com.unity.render-pipelines.core/Runtime/
                    Utilities/Blit.hlsl"
14.             // 定义纹理和常量
15.             TEXTURE2D(_DepthTexture);                        // 深度纹理
16.             float4 _EdgeColor;                               // 边缘颜色
17.             float _QuantizeLevels;                           // 颜色量化级别
18.             float _EdgeThreshold;                            // 边缘检测阈值
19.
20.             // 简单的纹理采样片段着色器
21.             float4 MainTex(Varyings input) : SV_Target
22.             {
23.                 float3 color = SAMPLE_TEXTURE2D(_BlitTexture, sampler_
                        LinearClamp, input.texcoord).rgb;        // 采样颜色
24.                 return float4(color.rgb, 1);                 // 返回颜色,alpha 为 1
25.             }
26.
27.             // 卡通效果的片段着色器
28.             float4 Cartoon(Varyings input) : SV_Target
29.             {
30.                 float3 color = SAMPLE_TEXTURE2D(_BlitTexture, sampler_
                        LinearClamp, input.texcoord).rgb;        // 采样颜色
31.
32.                 // 颜色量化 ( 卡通效果 )
33.                 color = floor(color * _QuantizeLevels) / _QuantizeLevels;
34.
35.                 // 边缘检测
36.                 float2 texelSize = 1.0 / float2(_ScreenParams.x, _ScreenParams.
                        y);                                      // 计算 texel 大小
37.                 float depth = SAMPLE_TEXTURE2D(_DepthTexture, sampler_
                        LinearClamp, input.texcoord).r;          // 当前像素的深度值
38.                 float depthRight = SAMPLE_TEXTURE2D(_DepthTexture, sampler_
                        LinearClamp, input.texcoord + float2(texelSize.x, 0)).r;
                                                                 // 右边像素的深度值
39.                 float depthUp = SAMPLE_TEXTURE2D(_DepthTexture, sampler_
                        LinearClamp, input.texcoord + float2(0, texelSize.y)).r;
                                                                 // 上边像素的深度值
40.
41.                 float edge = step(_EdgeThreshold, abs(depth - depthRight)) +
                        step(_EdgeThreshold, abs(depth - depthUp));  // 检测边缘
42.                 edge = clamp(edge, 0.0, 1.0);                // 限制边缘值在 0 和 1 之间
43.
44.                 float3 finalColor = lerp(color, _EdgeColor.rgb, edge);
                                                                 // 插值计算最终颜色
45.
46.                 return float4(finalColor, 1);                // 返回最终颜色,alpha 为 1
47.             }
48.
49.         ENDHLSL                                              // 包含 HLSL 代码块的结束
50.         SubShader
51.         {
52.             // 设置渲染标签和渲染状态
```

```
53.        Tags { "RenderType"="Opaque" "RenderPipeline" = "UniversalPipeline"}
54.        LOD 100
55.        ZTest Always ZWrite Off Cull Off
56.
57.        // 定义第一个 Pass,执行卡通效果
58.        Pass
59.        {
60.            Name "Cartoon"
61.
62.            HLSLPROGRAM
63.            #pragma vertex Vert                          // 指定顶点着色器
64.            #pragma fragment Cartoon                     // 指定片段着色器
65.            ENDHLSL
66.        }
67.
68.        // 定义第二个 Pass,执行简单的纹理采样
69.        Pass
70.        {
71.            Name "MainTex"
72.
73.            HLSLPROGRAM
74.            #pragma vertex Vert                          // 指定顶点着色器
75.            #pragma fragment MainTex                     // 指定片段着色器
76.            ENDHLSL
77.        }
78.    }
79. }
```

7.1.2 创建 Scriptable Render Pass

接下来创建一个 Scriptable Render Pass。以下代码为具体的 Scriptable Render Pass 实现代码。

```
1.  using UnityEditor;
2.  using UnityEngine;
3.  using UnityEngine.Rendering;
4.  using UnityEngine.Rendering.Universal;
5.  public class CartoonRenderPass : ScriptableRenderPass
6.  {
7.      private Material material;            // 用于卡通效果的材质
8.      private RenderTextureDescriptor textureDescriptor;    // 渲染纹理描述符
9.      private RTHandle textureHandle;                       // 渲染目标句柄
10.     // 构造函数,接收一个材质参数
11.     public CartoonRenderPass(Material material)
12.     {
13.         this.material = material;
14.         textureDescriptor = new RenderTextureDescriptor(Screen.width,
                Screen.height, RenderTextureFormat.Default, 0);
15.     }
16.     // 配置渲染目标
17.     public override void Configure(CommandBuffer cmd,
            RenderTextureDescriptor cameraTextureDescriptor)
```

```
18.     {
19.
20.         textureDescriptor.width = cameraTextureDescriptor.width;
21.         textureDescriptor.height = cameraTextureDescriptor.height;
22.         // 检查描述符是否发生变化，并在必要时重新分配 RTHandle
23.         RenderingUtils.ReAllocateIfNeeded(ref textureHandle, textureDescriptor);
24.     }
25.     // 执行渲染操作
26.     public override void Execute(ScriptableRenderContext context, ref
            RenderingData renderingData)
27.     {
28.         // 从池中获取一个命令缓冲区
29.         CommandBuffer cmd = CommandBufferPool.Get();
30.         // 获取摄像头的颜色目标句柄
31.         RTHandle cameraTargetHandle = renderingData.cameraData.renderer.
               cameraColorTargetHandle;
32.         // 使用第一个着色器 Pass，从摄像目标渲染到临时渲染纹理
33.         Blit(cmd, cameraTargetHandle, textureHandle, material, 0);
34.         // 使用第二个着色器 Pass，从临时渲染纹理渲染回摄像目标
35.         Blit(cmd, textureHandle, cameraTargetHandle, material, 1);
36.         // 执行命令缓冲区中的命令，并将其释放回池中
37.         context.ExecuteCommandBuffer(cmd);
38.         CommandBufferPool.Release(cmd);
39.     }
40.     // 释放资源
41.     public void Dispose()
42.     {
43. #if UNITY_EDITOR
44.         if (EditorApplication.isPlaying)
45.         {
46.             Object.Destroy(material);          // 播放模式下销毁材质
47.         }
48.         else
49.         {
50.             Object.DestroyImmediate(material); // 编辑模式下立即销毁材质
51.         }
52. #else
53.         Object.Destroy(material);              // 非编辑器环境下销毁材质
54. #endif
55.         if (textureHandle != null) textureHandle.Release();
                                                   // 释放渲染目标句柄
56.     }
57. }
```

7.1.3 应用定制的 Shader 和 Scriptable Render Pass 脚本

完成 Shader 和 Scriptable Render Pass 脚本的创建后，就可以将它们应用于当前项目的 URP 渲染器中。可以通过图 7-4 中的步骤来了解这个应用过程。

1）创建一个名为 CartoonMaterial 的材质，关联我们开发的自定义 CartoonShader。

2）创建一个新的 URP Renderer 资产或者使用现有的 URP Renderer 资产。

3）在 URP Renderer 资产中单击 Add Renderer Feature。

4）Cartoon Renderer Feature 自动出现在添加列表中。

5）将 Cartoon Renderer Feature 添加到当前 URP Renderer 的 Render Pass 列表中后，将 CartoonMaterial 关联到 Cartoon Renderer Feature 上。

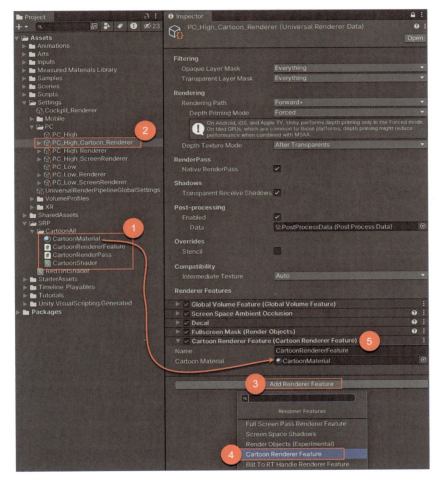

图 7-4　将创建的 Cartoon Renderer Feature 应用于指定的 URP Renderer 配置文件中

完成上述步骤后，可以选择 CartoonMaterial，并在 Inspector 界面中调整 CartoonShader 中暴露的参数，从而改变卡通渲染效果。

7.1.4　创建 Scriptable Renderer Feature

最后，我们创建一个可用于管理 Render Pass 的容器：Scriptable Renderer Feature。以下代码是具体的实现。

```csharp
using UnityEngine;
using UnityEngine.Rendering.Universal;

// 定义一个自定义的渲染器特性类，继承自 ScriptableRendererFeature
public class CartoonRendererFeature : ScriptableRendererFeature
{
    CartoonRenderPass cartoonRenderPass;   // 定义一个 CartoonRenderPass 对象，用于执行卡通效果渲染
    public Material cartoonMaterial;       // 定义一个材质对象，用于卡通渲染效果

    // 创建并初始化渲染器特性
    public override void Create()
    {
        // 检查是否设置了材质，如果未设置则输出错误信息并返回
        if (cartoonMaterial == null)
        {
            Debug.LogError("未关联必须的材质，因此 CartoonRenderPass 无法被添加。");
            return;
        }

        // 创建一个新的 CartoonRenderPass 实例，传入材质对象
        cartoonRenderPass = new CartoonRenderPass(cartoonMaterial);

        // 设置 Scriptable Render Pass 的执行时间为在所有透明物体渲染之后
        cartoonRenderPass.renderPassEvent = RenderPassEvent.AfterRenderingTransparents;
    }

    // 将 Scriptable Render Pass 添加到渲染管线中
    public override void AddRenderPasses(ScriptableRenderer renderer, ref RenderingData renderingData)
    {
        // 检查 CartoonRenderPass 是否已创建，如果已创建，则将其加入渲染管线中
        if (cartoonRenderPass != null)
        {
            renderer.EnqueuePass(cartoonRenderPass);
        }
    }
}
```

7.2 本章小结

本章内容值得大家认真"咀嚼"。对于自定义 Scriptable Renderer Feature，除了这里介绍的后处理效果之外，还可以使用其他方法，例如渲染场景中的特定物体、实现特殊的阴影效果等。

下一章将详细介绍常用的 Unity 性能优化方法，以及这些方法的原理、相关的说明和示例。

第 8 章

Unity 性能优化

在第 3 章中,我们强调了在实时渲染内容开发过程中快速迭代的重要性,而优化正是其中一个关键部分。有效的优化不仅能提高车机 HMI 应用的运行性能,还能改善用户体验,降低算力消耗,确保车机 HMI 整体运行的稳定性。

本章将详细介绍 Unity 引擎中的各种优化,涉及内存管理、CPU 优化、GPU 优化,其中包括 URP 中的优化分析工具 Rendering Debugger,以及 SRP Batcher 等优化工具和技术。

8.1 性能优化概述

8.1.1 优化的 3 个目标

在详细介绍 Unity 引擎中的优化分析工具和技术之前,我们需要先从概念上理解优化。如果我们对优化没有一个清晰的概念理解,就有可能选择不合适的工具和优化手段,导致多走弯路和浪费宝贵的开发时间。

这里我们提出以下 3 个优化目标。

- 优化目标一:达到目标帧率。
- 优化目标二:稳定的运行帧率。
- 优化目标三:确保目标画质。

这三个优化目标是相辅相成且互相影响的。以下是这三个优化目标的具体介绍以及达成这些目标可以应用的方法。

1. 达到目标帧率

目标帧率是指我们希望应用程序在目标硬件（比如车机 HMI）上运行的理想帧率。实时渲染的目标帧率包括 30FPS（Frames Per Second，每秒渲染的帧数）、60FPS，甚至更高。通常，我们认为真正的实时渲染所要求的最低帧率是 30FPS。在实际开发工作中，达到目标帧率意味着应用程序在大部分情况下能提供流畅的应用体验。

图 8-1 列出了不同游戏类型的目标帧率，可以作为设定车机 HMI 应用目标帧率的参考。图 8-1 最右侧列出了对应目标帧率的每帧画面的渲染时长。

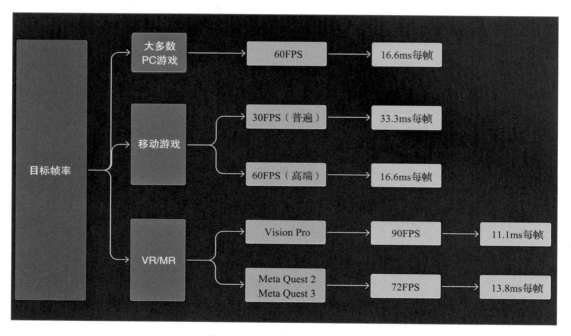

图 8-1 不同游戏的目标帧率

为达到目标帧率，优化方法通常包括但不限于以下几种。
- 通过减少 DrawCall，优化物理计算和脚本逻辑。
- 高效的资源管理，包括内存优化和资源加载管理。
- 使用渲染方面的优化技术，如批处理（Batching）、Mipmap 和纹理压缩等技术。

2. 稳定的运行帧率

稳定的运行帧率是指帧率（FPS）在整个应用程序的运行过程中波动较小，不会出现某一段时间的运行帧率是 60FPS，过一会儿又降到 35FPS 或者 25FPS 的情况。不稳定的运行帧率会导致画面卡顿，UI 操作不流畅等问题。反之，稳定的运行帧率能够确保平滑流畅的用户体验。

为了获得稳定的运行帧率，以下是常用的优化方法。

- 避免突发性开销：通过优化内存管理、减少垃圾回收（GC）次数、优化资源加载逻辑等手段，避免瞬时出现性能尖峰，导致帧率急剧下降。
- 优化程序逻辑：确保在每一帧中均匀分配计算任务，避免集中处理大量计算任务。
- 使用 Unity Profiler 和 Profile Analyzer 等工具识别性能尖峰，找到导致帧率波动较大的原因。

3. 确保目标画质

目标画质是指在目标硬件平台上实现最佳的视觉效果。优化的目标不仅是提高应用程序的运行性能，还要确保在性能和画质之间找到良好的平衡。

为了实现目标画质，通常采用的优化手段如下。

- 合理使用 Shader 和材质：优化 Shader 代码和使用高效材质设置，以提供高质量的渲染效果。
- 使用 LOD 技术：在距离摄像头越远的地方，使用更低分辨率的模型和纹理，以减少渲染开销。
- 纹理和模型优化：利用纹理压缩和优化的 3D 模型，确保在有限的硬件资源下提供最佳的渲染效果。

以上 3 个目标并非单独存在，它们互相关联，因此我们在优化过程中需要对它们进行综合考虑。

- 目标帧率和目标画质的平衡：过高的画质目标可能会大幅增加 GPU 的负载，从而影响目标帧率。因此，有时候我们需要考虑降低部分画质要求。
- 目标帧率和帧率稳定性平衡：为了保持目标帧率的稳定性，可能需要牺牲一些瞬时的计算需求，例如减少复杂的物理计算或降低某些粒子效果的细节要求。
- 目标画质与帧率稳定性平衡：在确保目标画质的同时，也需要保持帧率的稳定。这要求在设计和实现时综合考虑各种优化手段，避免追求高画质而导致帧率不稳定。

明确了上述 3 个优化目标的具体内容及其相互关系之后，我们应能理解优化的最终目标其实是找到性能与画质之间的最佳平衡点，为用户提供流畅、稳定且视觉效果出色的交互体验。

8.1.2 80/20 原则

我们遇到任何性能问题时，一定要牢记 80/20 原则，即 80% 的性能问题实际上是由 20% 的问题（不一定是 Bug）导致的。因此，大多数时候我们在面对性能问题时，不必推倒重来，而应善于使用各种分析工具找到问题的本质。

8.1.3 何时优化

优化工作并不是留到最后才进行的，而是贯穿在整个开发流程中。此外，优化也不仅是程序员的职责，还需要以下 4 个关键角色的参与和配合。下面是这四个角色在优化工作中的具体分工和相关职责。

1. 美术人员

1）**建模相关**：确保 3D 模型经过优化，在保留细节的同时减少三角面数量。

2）**UI 和贴图制作**：需要在模型上应用合理分辨率的纹理、正确的纹理格式和纹理压缩算法，以及 Mipmap、Mipmap Streaming 技术。如果需要使用大量 UI 元素，这些 UI 图片需要使用 Texture Atlas 等技术来优化内存。

3）**骨骼绑定**：优化 3D 模型的骨骼系统和权重分配，减小不必要的骨骼影响范围，并使用合理数量的骨骼。

4）**关键帧动画**：制作动画时需注重帧数和优化动画的过渡。

5）**关卡搭建**：合理规划场景布局，使用 LOD 技术，同时优化场景中对象的密度并控制对象的总数。

2. 技美人员

1）**材质制作**：为场景中的对象应用合适的材质而非复杂的材质。减少复杂材质的层级，使用高效的材质设置。尽量减少材质的总数，提高材质的复用度。

2）**Shader 开发**：尽量使用简化的 Shader，如 Mobile Shader。如需创建自定义 Shader，注意不要使用过于复杂的数学运算，以提高 Shader 运行性能。

3）**特效制作**：创建高效的粒子效果，减少过多的视觉特效。

3. 程序员

1）**逻辑编程**：优化逻辑代码，使用高效算法，从而减轻 CPU 负载。

2）**内存管理**：采用对象池技术，优化内存占用。

3）**性能分析**：使用 Profiler 等工具，分析并识别性能瓶颈，采取针对性的优化方法。

4. 测试人员

1）**性能测试**：负责执行全面的性能测试，收集性能数据，识别并报告性能问题。

2）**压力测试**：在目标硬件和配置下进行压力测试，确保车机 HMI 应用在真实目标硬件环境中能够稳定运行。

3）**回归测试**：每次优化后进行回归测试，以确保优化工作没有引入新的 Bug 或性能瓶颈。

在优化过程中，这四个角色之间也需要紧密合作。

- **美术与技美人员**：美术人员创建的模型和贴图需要经过技美人员的审核和优化，以确保在应用中高效渲染。
- **技美人员与程序员**：技美人员编写的 Shader 和特效需要程序员集成和进行性能测试，以确保不会给整体应用的运行性能造成负担。
- **程序员与测试人员**：程序员的优化工作需要通过测试人员的验证，以确保优化工作达到预期效果。

8.1.4 CPU 和 GPU 相关优化项

CPU 和 GPU 作为两大重要的计算单元，在实时渲染中各自发挥着关键作用。要做好优化工作，我们必须了解与它们相关的优化方法。

1. CPU 相关的优化

1）**Draw Call**：可以通过批处理（Batching）技术来减少 Draw Call，但批处理本身需要在 CPU 上进行额外的计算。

2）**Skinning**：骨骼动画的计算主要由 CPU 承担，因此优化骨骼数量和降低动画复杂度可以减轻 CPU 负载。

3）**Batching**：这包括 Static Batching（静态合批）和 Dynamic Batching（动态合批），两者的计算都发生在 CPU 上。Static Batching 适用于静态对象，而 Dynamic Batching 适用于动态对象。

4）物理相关：物理计算和碰撞检测都是 CPU 密集型任务，因此在优化时我们可以通过降低物理计算的复杂度和减少不必要的物理计算来提升性能。

5）用户脚本：通过减少不必要的 Update 调用和使用高效算法等手段，可以优化脚本逻辑，减轻 CPU 负担。

6）粒子效果：Unity Particle System 的计算主要发生在 CPU 上，因此我们需要优化粒子数量和生命周期。Unity 也提供了一套可以运行在 GPU 上的粒子系统（Visual Effect Graph）。不过，Visual Effect Graph 需要 Compute Shader 的支持才能正常运行，因此目前 Visual Effect Graph 并不支持在车机环境中使用。然而，随着车机硬件的升级，不久之后我们应该可以在车机 HMI 中使用 GPU 加速的高级粒子效果。

2. GPU 相关的优化

1）**Shader**：Shader 是运行在 GPU 上的一段程序。通过编写高效的 Shader 代码，避免复杂的计算和多重纹理访问等优化手段，可以有效减轻 GPU 的负担。

2）**Post Processing**（后处理）：如前文所述，后处理是针对全屏幕像素的操作，这会给 GPU 带来很大的运算负担。如果遇到性能瓶颈，可以减少后处理效果的使用数量，并尽量使用简化的后处理效果，以减轻 GPU 的运算负担。

3. CPU 优化与 GPU 优化两者的关联性

1）因为 Draw Call 数量太多，所以使用 CPU 进行批处理，从而降低了 Draw Call，最终提升了性能。在这种情况下，通过批处理减少了 Draw Call 数量，从而减轻了 GPU 负载，最终提高了整体性能。

2）当 Draw Call 数量并不多，但使用 CPU 进行批处理时，虽然减少了 Draw Call 数量，但浪费了 CPU 资源，导致 Occlusion Culling 效率下降，最终导致整体性能下降。在这种情况下，使用批处理虽然降低了 Draw Call 数量，但增加了 CPU 运算负担，从而降低了 Occlusion Culling 的效率，最终导致整体性能下降。

8.1.5 优化流程

做好任何工作，都需要一定的方法论。虽然方法论不能直接解决具体的性能问题，但它可以作为所有性能优化工作的底层指导，让我们能够有条不紊地推进优化工作。图 8-2 所示的是笔者工作实践中总结出来的性能优化流程。

任何优化工作都是从收集数据开始的。收集到数据后，我们可以分析得出某种结果，从而找出性能瓶颈所在。随后，我们可以针对这些可能的性能瓶颈，逐个进行隔离并应用相关的优化方法。最后，验证修改过的项目，确定性能问题是否已经得到解决。如果问题未得到解决，我们需要再次收集数据，开始新一轮优化流程的循环。

图 8-2　性能优化流程

8.2　Unity 内置的性能分析工具

接下来，我们将详细了解 Unity 的性能分析工具。通过对这些工具的使用场景、界面和具体示例的了解，我们将掌握具体分析性能问题的方法，从而为后续选择和应用具体的优化方法打下坚实的基础。

本部分将使用 Unity Hub 中自带的 URP 示例模板（如图 8-3 所示）进行讲解。

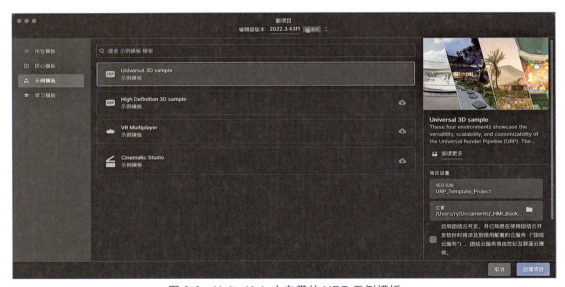

图 8-3　Unity Hub 中自带的 URP 示例模板

8.2.1 Unity Profiler

Unity 引擎自带的 Profiler 是我们进行性能分析时常用的工具之一。我们通过 Unity 官方 URP 示例工程的 Garden 场景来了解一下 Unity 引擎内置 Profiler 工具的主要功能。

如图 8-4 所示，通过 Unity 编辑器顶部菜单中的 Window → Analysis → Profiler，可以打开 Profiler 界面。需要注意的是，在 Profiler 菜单下还有一个 Profiler（Standalone Process）选项。Standalone 版本的 Profiler 功能与 Unity 引擎编辑器内置的 Profiler 功能一致。不同之处在于，它可以独立于 Unity 引擎编辑器运行，因此从 Standalone 版本的 Profiler 中获取的性能数据，不会受到 Unity 引擎本身运行时所占用算力的影响。

图 8-4　Unity Profiler 界面

让我们逐一理解图 8-4 中标注的 Profiler 功能。

1）我们在这里选择 Full HD（1920×1080）分辨率。在获取任何测试数据进行分析之前，首先要确定渲染目标分辨率。如果目标设备上的分辨率是 1920×1080，但测试时使用的是 4K（3840×2160）分辨率，那么获得的测试结果是不正确的。

2）在打开 Profiler 查看具体运行性能数据之前，我们可以通过 Game 窗口右上角的 Stats 菜单打开 Statistics 性能数据快速预览窗口（如图 8-5 所示）。此界面会显示实时帧率（FPS）、Batches 数量、SetPass calls 数量等当前实时运行的性能数据，便于我们快速了解当前场景运行时的性能指标。

3）Profiler 界面的最左侧显示性能数据关联的模块列表（如图 8-6 所示）。Unity 编辑器会根据当前项目的 Build Target 平台，自动选择 Profiler 界面展示的性能数据模块。通常情况下，像 CPU Usage、Rendering、Memory、Audio、Video、Physics、UI 等模块都是默认加载的。至于 GPU Usage 模块，我们则需根据运行 Unity 编辑器的操作系统和图形 API 来决定。表 8-1 列出了 Unity 2022.3 LTS 版本中 GPU Usage 模块的支持情况。

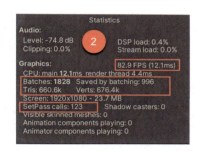

图 8-5　Game 窗口的性能数据快速预览窗口

图 8-6　Profiler 界面性能数据关联的模块列表

表 8-1　Unity 2022.3 LTS 版本中 GPU Usage 模块的支持情况

平台	图形 API	状态
Windows	DirectX 11、DirectX 12、OpenGL	支持
	Vulkan	不支持
macOS	OpenGL	支持。注：Apple 已废弃对 OpenGL 的支持
	Metal	不支持。改用 XCode 的 GPU Frame Debugger 界面
Linux	OpenGL Core	支持
	Vulkan	不支持
WebGL	所有 WebGL	不支持
Android	OpenGL	在运行 NVIDIA 或 Intel GPU 的设备上受支持
	Vulkan	不支持
iOS、tvOS	Metal	不支持。改用 XCode 的 GPU Frame Debugger 界面

4）这里对应的是当前选中的 CPU Usage 部分的性能数据。如果我们要查看性能数据，首先要单击 Play 按钮运行场景（或者以 Debug 模式编译到目标设备，在目标设备上运行并连接到运行 Unity Profiler 的计算机上），然后在 Profiler 的时间线上选中某一帧，相关的性能数据就会在界面上显示出来。

这里不同颜色的区域分别代表左侧标签中对应的内容。例如，绿色代表 CPU 在渲染（Rendering）任务上所花费的时间，蓝色代表 CPU 在脚本（Scripts）执行上所花费的时间，依此类推。

5）当我们选中某一帧时，由于我们目前选择的是 CPU 相关的运行性能数据，因此这里会显示如 Main Thread（主线程）、Render Thread（渲染线程）和 Job 这样的数据。

6）在 Main Thread 这部分中，可以看到两个较大的 Loop：EditorLoop（5.43ms）和 PlayerLoop（2.46ms）。（注：EditorLoop 是 Profiler 在 Unity 编辑器中运行时带来的性能消耗，我们在分析时可以忽略不计。）

7）PlayerLoop 及其关联的用蓝色表示的具体性能消耗，是我们所关心的数据，例如 PlayerLoop 下面的 RenderPipelineManager.DoRenderLoop_Internal() [invoke]（2.33ms）。

8）这里的 Render Thread 是专门用于处理渲染相关任务的独立线程。这个线程的存在目的是将渲染工作从主线程（Main Thread）中分离出来，以有效利用多核 CPU 算力、减轻主线程负担并提升整体性能。Render Thread 主要负责处理从主线程发送的渲染命令，将渲染指令传递给 GPU。

针对 Render Thread 的性能优化，我们可以通过使用合并网格和材质和批处理功能（如 Static Batching、Dynamic Batching、SRP Batcher 和 GPU Instancing）、编写优化且复杂度低的 Shader 代码、减少过度绘制（Overdraw）等方法来实现。

9）在 Job 界面中，Worker 线程用于执行 Unity 多线程任务。通过并行处理 Job，可以提升多核 CPU 的利用率和整体性能。Worker 线程的总数取决于当前系统可用的 CPU 核心数量以及 Unity 的线程设置。

在图 8-7 中，我们可以直观地看到整体的性能数据。不过，要做细致的性能分析，我们还需要更具体的数据来支持做出使用哪些优化方法的决定。这需要我们进入相关数据的 Hierarchy（层级）进行查看。如图 8-7 所示，我们可以通过左侧栏的下拉菜单进入 Hierarchy 界面，也可以单击右侧的色块（比如 PlayerLoop），再单击 Show 按钮，进入 Hierarchy 界面。

图 8-8 所示的 Hierarchy 界面展示了与 PlayerLoop 相关的具体性能数据，包括垃圾回收（GC）的数据。通过分析 Hierarchy 界面中的数据，我们可以找到性能瓶颈，并决定采用何种优化技术。

在用 Profiler 做性能分析时，我们一般会先在 Unity 编辑器中进行场景性能分析。但是在编辑器中进行此操作，不可避免地会受到编辑器自身运行消耗的影响，导致从编辑器运行时获得的性能数据失去部分参考价值。因此，真正的性能数据只能通过将应用在真机上运行才能获取，否则这些数据都是不准确的。

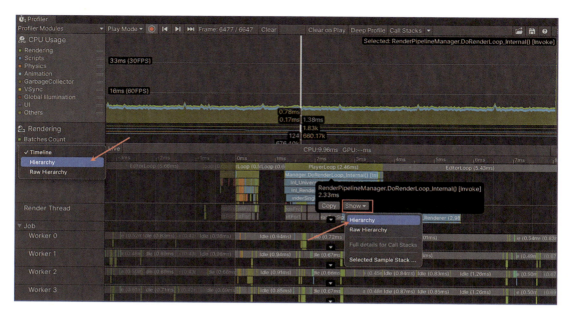

图 8-7 Profiler 界面的 Hierarchy

Hierarchy | Live | Main Thread | CPU:9.96ms GPU:--ms | No Details

Overview	Total	Self	Calls	GC Alloc	Time ms	Self ms
EditorLoop	65.4%	65.4%	3	0 B	6.52	6.52
PlayerLoop	30.5%	0.5%	3	490 B	3.04	0.05
RenderPipelineManager.DoRenderLoop_Internal() [Invoke]	23.3%	0.1%	1	42 B	2.32	0.01
Inl_UniversalRenderTotal	23.2%	0.1%	1	42 B	2.31	0.01
Inl_RenderCameraStack	23.0%	0.4%	1	42 B	2.29	0.04
Inl_UniversalRenderPipeline.SetupPerFrameShaderConstants	0.0%	0.0%	1	0 B	0.00	0.00
Inl_RenderPipeline.EndContextRendering	0.0%	0.0%	1	0 B	0.00	0.00
Inl_RenderPipeline.BeginContextRendering	0.0%	0.0%	1	0 B	0.00	0.00
FixedUpdate.PhysicsFixedUpdate	1.3%	0.0%	1	0 B	0.13	0.00
Update.ScriptRunBehaviourUpdate	1.2%	0.0%	1	80 B	0.12	0.00
DestroyCullResults	0.4%	0.0%	1	0 B	0.04	0.00
PostLateUpdate.UpdateAllRenderers	0.4%	0.0%	1	0 B	0.04	0.00
PostLateUpdate.PlayerUpdateCanvases	0.3%	0.0%	1	0 B	0.03	0.00
PreLateUpdate.ScriptRunBehaviourLateUpdate	0.3%	0.0%	1	0 B	0.03	0.00
GUI.Repaint	0.2%	0.0%	1	368 B	0.02	0.00
PreLateUpdate.ParticleSystemBeginUpdateAll	0.2%	0.0%	1	0 B	0.02	0.00
PreUpdate.SendMouseEvents	0.2%	0.0%	1	0 B	0.02	0.00
UGUI.Rendering.RenderOverlays	0.1%	0.0%	1	0 B	0.01	0.00

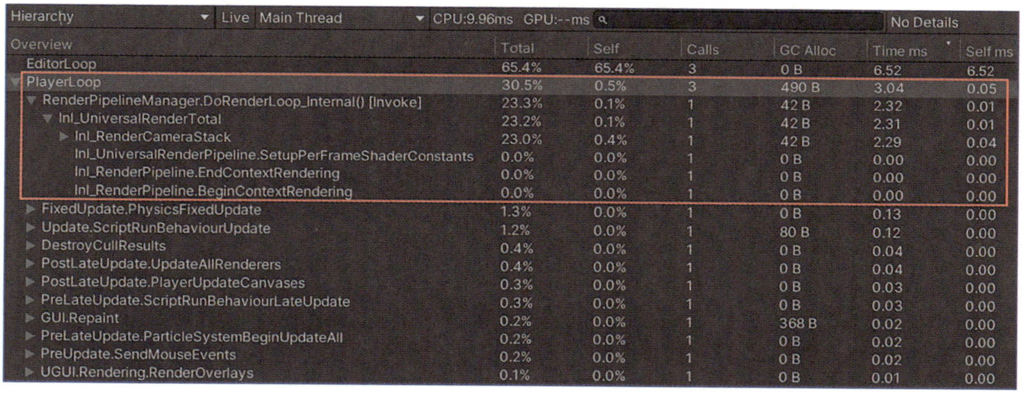

图 8-8 Hierarchy 界面 PlayerLoop 相关的性能数据

要从真机上获取真实的应用运行时性能数据，我们必须在编译时将其设置为 Development 模式。如图 8-9 所示，我们在 Unity 编辑器的构建窗口勾选了 Development Build 和 Autoconnect Profiler 两个选项。启用这两项后编译出来的包，会包含详细的调试信息和日志输出，并且会在运行时自动连接到 Unity 编辑器中的 Profiler，让我们获取真实目标硬件平台上的性能数据。不过，由于调试信息的额外性能开销会直接影响应用的运行效率和用户体验，所以在正式编译和发布应用时，务必禁用这两项。

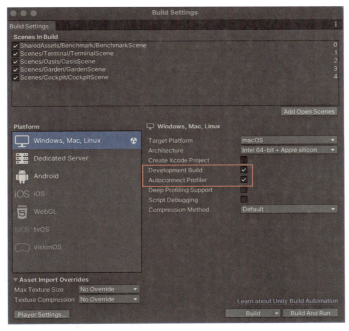

图 8-9　Unity 构建窗口勾选 Development Build 和 Autoconnect Profiler 选项

8.2.2　Profile Analyzer

Profile Analyzer 是 Unity 官方推出的与 Profiler 配套使用的工具。虽然 Profiler 可以让我们在时间线上选择任意一帧查看相关的性能数据，但如果我们要查看一段时间内的性能数据，或者想要对比优化前后的性能数据，就需要使用 Profile Analyzer。

我们可以通过 Unity 编辑器的 Package Manager 下载 Profile Analyzer。安装完成后，通过单击 Window → Analysis → Profile Analyzer 打开界面。如图 8-10 所示，使用 Profile Analyzer 时，通常会与 Profiler 配合使用。

现在，我们一起使用图 8-10 中的 5 个标注，来了解 Profile Analyzer 的基础用法。

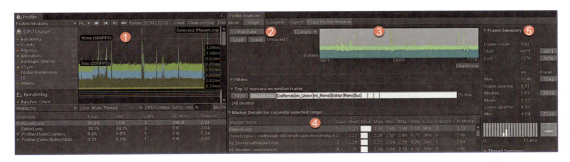

图 8-10　Profile Analyzer 界面

1）首先我们要运行需要 Profiling 的场景，然后让 Profiler 抓取一段时间内的性能数据。

2）然后单击 Profile Analyzer 界面的 Pull Data 按钮，在 Profiler 中抓取到最多 300 帧（可以在如图 8-11 所示的 Unity 编辑器 Preferences 界面修改 300 帧这个限制）的性能数据，并将其加载到 Profiler Analyzer 默认的 Single 模式界面。

3）加载到 Profiler Analyzer 界面的性能数据以色块的形式展示，形式与 Profiler 中数据的展示形式一致。

4）通过 Marker Details（标记点细节）列表中的数据，可以详细查看这段性能数据的具体数值（如果进入 Compare 模式，则可以在此处对优化前后的性能数据进行直接对比）。

5）此处显示的是针对导入数据的一个总结，比如总帧数（Frame Count），这一段数据中花费的最长时间、平均时间、最短时间等，以及线程总结（Thread Summary）等。

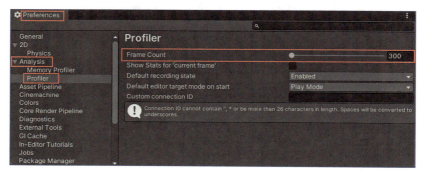

图 8-11　在 Unity 编辑器 Preferences 界面修改 Profiler 的 300 帧限制

接下来，我们来看一下性能优化前后的数据对比。这里我们使用了 URP 示例工程中的 Garden 场景，作为性能优化前后的数据对比的演示示例。

我们进行了两次测试：一次未启用 Static Batching 和 SRP Batcher 这两个优化功能（这两个优化功能的详细使用方法将在本章后续内容中提供），另一次则启用了这两个功能。我们用图 8-12 来解释这个对比过程。

1）我们将 Profile Analyzer 的界面模式从原先的 Single（单个）切换到 Compare（对比）模式（如图 8-12 左上角的箭头所示）。

2）然后，在项目中分别禁用或启用 Static Batching 和 SRP Batcher 这两项优化功能。在禁用或启用这两项功能时，都运行 Garden 场景一段时间，并分别用 Pull Data 按钮载入禁用或启用这两项功能时来自 Profiler 的数据，单击 Save 按钮保存这些导入的数据。设置完成以后，可以看到 Profile Analyzer 界面上有两组数据加载进来。这两组数据分别被命名为 no_static_batching_SRP_batcher 和 with_static_batching_SRP_batcher。

3）如果我们要对比加载进的两组数据中各个 Marker 所对应的数据，可以勾选启用 Pair Graph Selection 选项，即无论你在哪一段数据上选择一个区间，另一段数据上相同的区域也会被选中，从而确保我们对比的是相同时间、区间内的性能数据。

4）这里的 Left Median（对应 no_static_batching_SRP_batcher 中包含的性能数据）和 Right Median（对应 with_static_batching_SRP_batcher 中包含的性能数据）分别代表这两段数据的平均数值，以及这两段数据的差距（Diff）。可以看到，我们应用上述优化方法后，大多数运算所需时间下降了，也就意味着应用的运行性能得到了提升。

5）右侧的界面中显示了统计类数据，同时相比于 Single 模式，还增加了 no_static_batching_SRP_batcher 和 with_static_batching_SRP_batcher 这两段性能数据之间的对比。

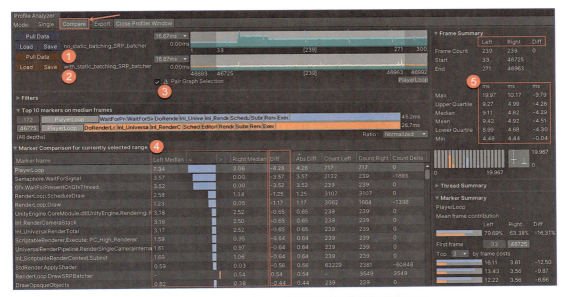

图 8-12　Profile Analyzer 中性能优化前后的数据对比

从这个简单的示例中可以看到，Profile Analyzer 为我们带来了许多可能性。通过对比性能优化前后的数据，可以非常直观地验证所应用的优化方法是否真正产生了效果。

8.2.3　Frame Debugger

Frame Debugger 为开发者提供了一系列工具，帮助详细分析每一帧画面的渲染过程。Frame Debugger 界面会逐帧展示渲染的各个步骤，从几何处理阶段到最终像素输出，完整呈现渲染流程。开发者可以在游戏或应用运行时启用 Frame Debugger，实时查看和调试当前画面的渲染过程。

我们可以通过图 8-13 了解 Frame Debugger 的使用方法和主要渲染步骤（这里使用的是 URP 示例工程中的 Garden 场景）。

1）首先单击 Play 按钮运行 Garden 场景，然后单击 Enable 或 Disable 按钮来启用或禁用 Frame Debugger。Frame Debugger 启用后会捕获当前帧并显示详细的渲染步骤。

2）图中②区域按执行顺序显示了当前帧的所有渲染步骤。下面列出主要步骤。

- **Clear（color+depth+stencil）**：清除缓冲区，包括颜色、深度和模板缓冲区。
- **AdditionalLightsShadow**：渲染附加阴影。
- **Render GBuffer**：在延迟渲染管线中渲染 G 缓冲区。
- **SSAO**：屏幕空间环境光遮蔽（Screen Space Ambient Occlusion）。
- **Deferred Pass**：延迟渲染通道。
- **Render Opaques Forward Only**：渲染不透明物体。
- **Camera.RenderSkybox**：渲染天空盒。
- **DrawTransparentObjects**：绘制透明对象。
- **Render PostProcessing Effects**：渲染后处理效果。
- **Render Final PostProcessing Pass**：渲染最终后处理通道。

上述步骤展示了从开始清理到最终呈现所有图像和 UI 元素的完整渲染过程。我们可以通过检查每一步渲染操作中使用的资源，如材质、着色器、纹理、顶点缓冲区等，来分析和判断可能有效的优化方向，并决定使用哪些优化手段。

3）在图中③区域，我们可以通过拖动滑动条、输入帧号，或者使用右侧的左右箭头按钮，选择要分析的帧。我们也可以通过下面的 R、G、B、A 四个按钮分别查看当前所渲染画面的各个通道。

4）图中④区域可以显示当前选定渲染步骤的输出结果。Output 视图中会显示渲染到屏幕或帧缓冲区的最终图像。在 Mesh Preview 视图中，如果我们选择的步骤涉及绘制网格模型，则此视图将显示这些网格的顶点和三角面信息。

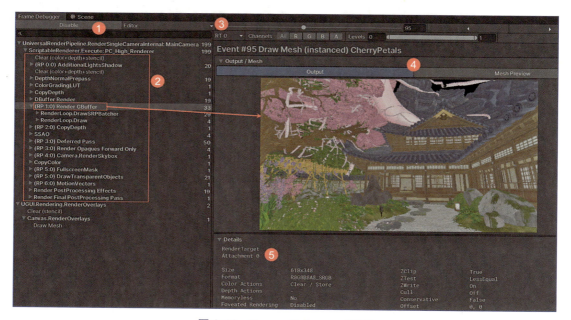

图 8-13　Frame Debugger 界面

5）图中⑤区域展示的详细信息可以帮助我们了解每个渲染步骤的具体行为。例如，通过了解当前渲染目标的分辨率和格式，我们可以权衡性能与视觉质量之间的关系，决定适用的优化方向和具体优化方法。

我们可以进一步展开其中一个渲染步骤，查看相关的数据。例如，在图 8-14 中，我们打开了 DepthNormalPrepass 中的 RenderLoop.DrawSRPBatcher，然后进一步看到下面的 SRP Batch 条目。

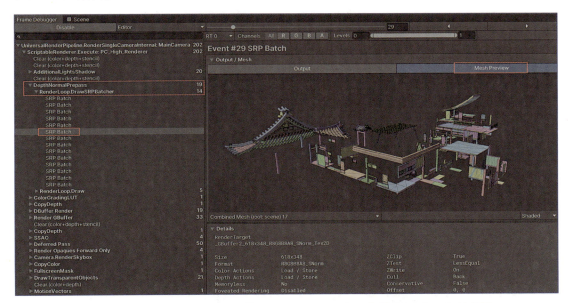

图 8-14　在 Frame Debugger 的 Mesh Preview 窗口查看 SRP Batch 的结果

SRP Batcher 是一种优化技术，能够批量渲染具有相同材质和着色器的对象，以减少 CPU 和 GPU 之间的通信开销，并提升渲染效率。我们选择了一个 SRP Batch，然后打开 Frame Debugger 界面右侧的 Mesh Preview（网格预览）窗口。在 Mesh Preview 窗口中，可以看到场景中的多个建筑部件被组合在一起，这表明目前项目中的 SRP Batcher 已生效。

8.2.4　Memory Profiler

我们可以使用 Memory Profiler 工具对内存运行情况进行细致的分析。首先通过 Package Manager 下载和安装 Memory Profiler，然后通过 Window → Analysis → Memory Profiler 打开工具界面。

我们使用"拍快照"的方式获取内存的相关数据，包括对象分配、内存占用及 GC 等。Memory Profiler 会对这些数据进行分析，并展示在如图 8-15 所示的界面中。

1）我们可以使用 Capture 按钮在运行时获取内存快照（Memory Snapshot）。

2）像 Profile Analyzer 一样，我们可以对单个内存快照进行分析（Single Snapshot），或

者对两个保存的内存快照进行比较分析（Compare Snapshots）。我们可以在优化前后使用内存快照对比功能来了解优化方法是否确实节省了内存。

3）通过 Summary、Unity Objects 和 All of Memory 三个 Tab，我们可以分别获得所选内存快照的数据总览、所有 Unity 分配给对象的内存，以及 Unity 跟踪到的所有内存（不仅仅包含 Unity 对象）。

图 8-15　Memory Profiler 界面

利用 Memory Profiler 提供的信息，我们可以查找和解决与内存相关的问题，比如在快照视图中查看每种类型对象的内存分配情况。这样我们就可以知道哪些脚本对象占用的内存最多，并进一步检查和决定这些脚本对象是否需要优化。

另外，我们还可以通过对比不同时间点的快照，发现那些可能尚未被释放的对象。这些未被释放的对象，即使不需要也仍然会占用内存，很可能存在内存泄漏的风险。

最后，我们可以查看纹理、音频和其他资源的内存占用情况，以此为依据优化资源加载和卸载策略，从而减少不必要的内存占用。

通过 Memory Profiler 获得的内存快照会自动保存在名为 MemoryCaptures 的文件夹中（该文件夹可以在当前 Unity 项目的根目录找到）。这些内存快照可以分享给团队的其他成员，以便进一步分析和对比，从而找到可能的内存使用问题和相应的优化方法。

8.2.5 Rendering Debugger

URP 中提供的 Rendering Debugger 工具，让我们可以通过可视化的方式直观地查看渲染、材质、光照、Volume 等相关数据。Rendering Debugger 既可以在编辑器中使用，也可以在运行时用快捷键呼出运行时 Debug 界面，实时查看游戏 / 应用在目标硬件平台上的运行情况。

图 8-16 展示的是在 Unity 编辑器中单击 Play 按钮后呼出的 Rendering Debugger 界面。可以看到，界面中显示的是 Display Stats（此界面只有在运行时才会出现）。

图 8-16　Rendering Debugger 界面

在这个 Display Stats 界面，可以查看诸如 Frame Rate（帧率）、Frame Time（帧时间）、CPU Main Thread Frame（CPU 主线程帧时间）、CPU Render Thread Frame（CPU 渲染线程帧时间）等指标的平均值、最小值和最大值。

不过，我们无法在编辑器中直接查看 Bottlenecks 这一项数据。这项数据涉及分析目标硬件平台的真实性能，因此必须在编译时打开 Development 模式，然后在真机运行时界面上查看 Bottlenecks 相关的数据。

需要注意的是，在 Development 模式下运行时，如果要打开 Rendering Debugger 界面，首先要在 Project Settings → Graphics → URP Global Settings 菜单中禁用 Strip Debug Variants 选项（如图 8-17 所示）。

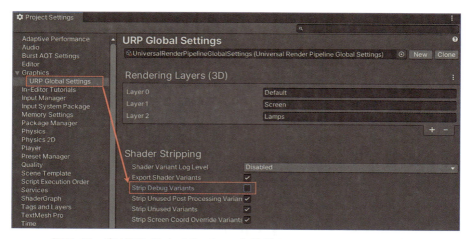

图 8-17　在 URP Global Settings 中禁用 Strip Debug Variants 选项

图 8-18 展示了常用的一些 Rendering Debugger 中的功能，比如当我们通过 Map Overlays 界面选择了 Depth（深度），在左侧 Game 窗口的右上角就能看到当前场景渲染画面的深度图。

如图 8-19 所示，单击 Rendering 菜单后，选择 Overdraw Mode 为 Opaque，就能非常直观地看到场景中所有对象的过度绘制情况。

如图 8-20 所示，单击 Material 菜单后，选择 Material Override 为 Ambient Occlusion（环境光遮蔽，简称 AO）。通过此选项可以查看 AO 效果如何应用在当前场景中，快速定位 AO 相关的问题，例如 AO 是否导致了画面中闪烁问题。

如图 8-21 所示，单击 Lighting 菜单后，选择 Lighting Debug Mode 为 Reflections。这时我们可以在左侧 Game 窗口中，实时查看物体表面的反射效果是否有问题。

图 8-18　当前画面的深度图

第 8 章　Unity 性能优化　❖　195

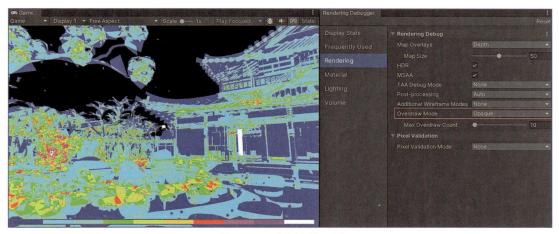

图 8-19　过度绘制示例

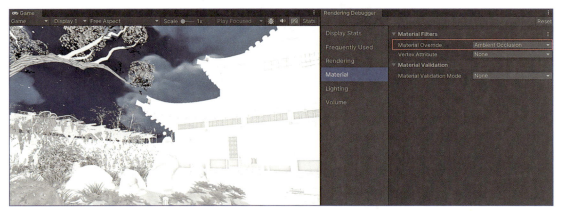

图 8-20　将 Material 设置为 AO 效果

图 8-21　将 Lighting Debug Mode 设置为 Reflections

8.3 Unity 内存管理相关优化

在讨论 Unity 内存管理优化方法之前,我们需要先了解 Unity 的内存管理机制。图 8-22 总结了通过分析 Unity 官方文档得出的内存分类和应用场景的信息。

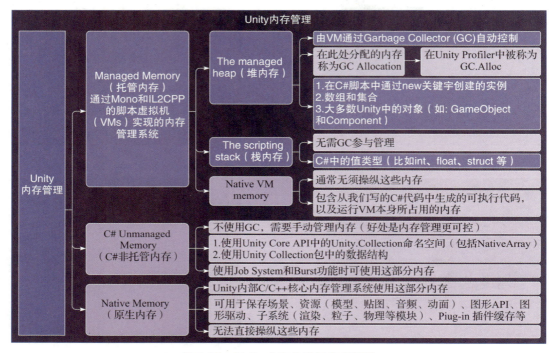

图 8-22 Unity 内存分类及应用场景

从图 8-22 中可以清晰地看到,对于性能优化,我们重点关注的是 Managed Memory(托管内存)。理由很简单:托管内存是我们可以直接通过各种优化手段控制的。

Unity 的托管内存可以分为两类:堆内存和栈内存。它们的作用和特点如下。

1. 堆内存

堆内存用于动态分配给对象实例(比如在 C# 中通过 new 关键字创建的实例)、数组和集合(便于动态扩展),以及大多数 Unity 中的对象(比如 GameObject 和 Component)。

这些对象的生命周期由我们编写的程序逻辑决定,因此 Unity 无法确定它们的生命周期。在这种情况下,我们需要使用垃圾回收(Garbage Collection,GC)机制来管理这些对象的生命终止时间(即从内存中清除)。由于 GC 的使用,堆内存的管理变得较为复杂,整体运行速度较慢,并且在 GC 运行过程中会产生内存碎片。

如图 8-23 所示,我们可以轻松地从 Profiler 中找到相关的 GC.Alloc 内存分配。

2. 栈内存

这部分内存由引擎自动分配,适用于保存函数中的局部变量、参数以及短期使用的临时计算结果。C# 中的值类型（比如 int、float、struct 等）通常会被分配在栈内存上。

栈内存的生命周期由作用域决定。当它超出作用域时，内存会被自动释放。栈内存的管理相对简单，因此运行速度较快，而且不会产生内存碎片。

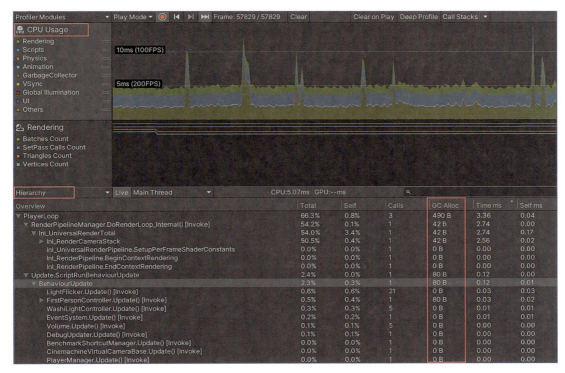

图 8-23　Profiler 中的 GC.Alloc

以下 C# 示例代码演示了在栈上和堆上分配内存的情况。

```
1.  void Start()
2.  {
3.      GameObject go = new GameObject();    // GameObject 在堆上分配内存
4.      go.name = "MyGameObject";
5.  }
6.
7.  void Update()
8.  {
9.      int frameCount = Time.frameCount;    // frameCount 在栈上分配内存
10. }
```

8.3.1　垃圾回收器与增量式垃圾回收

垃圾回收器是一种自动内存管理机制，可用于回收不再被引用的对象，从而释放内存。Unity 的垃圾回收器在工作时会遍历整个堆内存，寻找已经不被引用的内存，然后一次性对其进行清理。当 GC 运行时，CPU 主线程会被暂停，直到 GC 完成整个工作。这种暂停会导致游戏/应用的运行性能下降，进而导致游戏卡顿。这在对帧率要求很高的游戏中表现尤为明显。这也是我们在 Profiler 界面进行性能分析时看到 GC 尖峰（GC Spike）出现的原因。

上述 GC 工作机制主要是因为 Unity 引擎中使用的垃圾回收器是一个名为 Boehm-Demers-Weiser 的保守式垃圾回收器。这种垃圾回收器的优点是兼容性强、易于集成和支持处理复杂对象。不过，它也存在以下几个缺点。

- 非分代式（Non-Generational）：如图 8-24 所示，新创建的对象与长期存在的对象在同一代进行回收，导致回收效率不高。

图 8-24　非分代式（Non-Generational）

- 非压缩式（Non-Compact）：如图 8-25 所示，垃圾回收器不会对内存进行压缩，因此会导致内存碎片化。

图 8-25　非压缩式 (Non-Compact)

- 碎片化（Fragmentation）：由于内存不会被压缩，长时间运行后产生的内存碎片可能会严重影响内存的分配效率。如图 8-26 所示，当我们需要分配的内存块大于释放出来的内存空间时，不得不在其他地方新分配一块内存，导致内存空间的浪费。

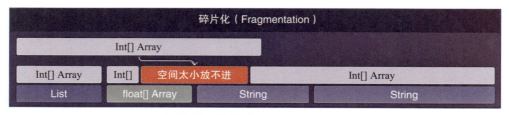

图 8-26　碎片化 (Fragmentation)

为了解决上述问题，Unity 官方推出了增量式垃圾回收（Incremental GC）功能。如图 8-27 所示，我们可以在 Project Settings 界面中依次选择 Player → Configuration → Use incremental GC 选项来启用该功能。在最新版本的 Unity 引擎中，除 WebGL 平台外，Unity 默认为所有平台启用增量式垃圾回收功能。

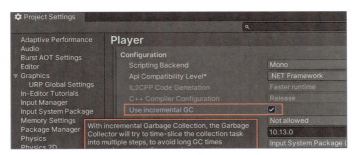

图 8-27 Project Settings 界面启用增量式垃圾回收功能

增量式垃圾回收功能的加入，虽然不能提升现有的垃圾回收效率，但由于增量式垃圾回收机制将 GC 的过程分布到多个帧中进行，所以可以大概率减少暂停 CPU 主线程进行 GC 所导致的卡顿问题。

图 8-28 和图 8-29 对比了禁用和启用增量式垃圾回收功能前后的情况。

1）如图 8-28 所示，在禁用增量式垃圾回收功能时，我们可以看到 GC 操作暂停主线程所导致的中间一根 GC 尖峰，将原本平稳的 60FPS 直接降到了接近 15FPS，造成了游戏的短暂卡顿。如果这时用户正在与游戏进行交互，这个卡顿将会更加明显。

2）如图 8-29 所示，启用增量式垃圾回收功能后，虽然 GC 尖峰仍然出现，但因为 GC 操作被分配到多帧中进行（红框中显示的是 GC 操作发生的那些帧），因此大大减少了对整体帧率的影响，甚至可以忽略不计。

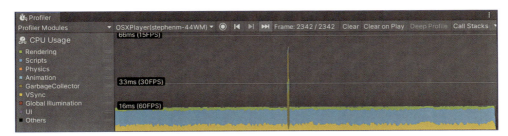

图 8-28 禁用增量式垃圾回收功能时出现的 GC 尖峰

来源：Unity 官方文档。

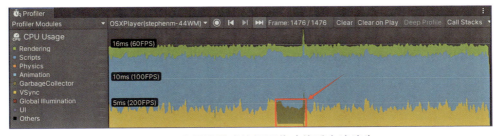

图 8-29 启用增量式垃圾回收功能后尖峰消失

来源：Unity 官方文档。

除了上述自动执行的垃圾回收机制，我们还可以在 C# 代码中直接调用 System.GC.Collect 方法进行垃圾回收。

8.3.2　GC 相关的优化方法

在本部分内容中，我们将详细了解具体的 GC 优化方法。

1. 对象池（Object Pooling）

对象池是一种常用的 GC 优化方法。我们可以通过预先创建一组对象，并在需要时重用这些对象，来避免反复创建和销毁对象所导致的频繁进行 GC 的问题。

它的实现步骤如下。

1）在游戏开始时，创建一定数量的对象，并将它们存储在一个集合中（例如 List）。

2）当需要使用对象时，我们可以直接从对象池中取出并初始化，而不需要创建全新的对象。

3）当我们不再需要这个对象时，可以将其重置并返回至对象池中。

以下是一个简化的示例代码供大家参考。

```csharp
using System.Collections.Generic;
using UnityEngine;

public class PlayableObjectPool : MonoBehaviour
{
    public GameObject playableObjectPrefab;
    public int initialCapacity = 10;

    private List<GameObject> pool;

    void Awake()
    {
        pool = new List<GameObject>(initialCapacity);

        for (int i = 0; i < initialCapacity; i++)
        {
            GameObject obj = Instantiate(playableObjectPrefab);
            obj.SetActive(false);
            pool.Add(obj);
        }
    }

    public GameObject GetPlayableObject()
    {
        foreach (var obj in pool)
        {
            if (!obj.activeInHierarchy)
            {
                obj.SetActive(true);
                return obj;
```

```
31.            }
32.        }
33.
34.        // 如果池中没有可用的对象，创建一个新的对象并添加到池中
35.        GameObject newObj = Instantiate(playableObjectPrefab);
36.        pool.Add(newObj);
37.        return newObj;
38.    }
39.
40.    public void ReturnPlayableObject(GameObject obj)
41.    {
42.        obj.SetActive(false);
43.    }
44. }
```

除了自己开发对象池功能，我们也可以使用 Unity 资源商店中的成熟第三方插件。这些插件会提供一些额外的功能。

1）Pool Kit 插件界面如图 8-30 所示。

2）Developer Essentials - 2024 中包含插件 EasyPooling，如图 8-31 所示。EasyPooling 可用于 Object Pooling。

图 8-30　Pool Kit 插件界面

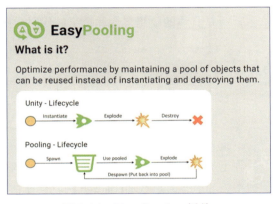

图 8-31　EasyPooling 插件

2. 合理处理字符串拼接

在 Unity 引擎中，我们通常使用加号进行 C# 代码中的字符串拼接。对于少量字符串的拼接，这种做法完全没有问题，因为可以提高代码的可读性。

```
string result = "Hello, " + "Unity!";
```

当我们进行大量字符串拼接时，这种方法会产生性能问题。因为字符串在 C# 中是不可变的，每次对字符串进行修改时，都会创建新的字符串对象，而不是在原有字符串基础上进行拼接。每个新创建的字符串对象都会在堆上分配内存。这样可能导致需要分配新的内存空间，并且会发生频繁的 GC 操作，从而影响整体运行性能。

对于大量的字符串拼接操作，最佳实践是使用 StringBuilder 类。StringBuilder 类是为高效处理大量字符串拼接而设计的。它通过维护一个字符数组，并在拼接过程中动态扩展数组的容量，直接在内部字符数组上操作，以提高拼接效率，从而避免频繁的内存分配和字符串复制所导致的性能问题。以下是一段 StringBuilder 类的简单示例代码。

```
1.  using System.Text;
2.  StringBuilder sBuilder = new StringBuilder();
3.  sBuilder.Append("Hello ");
4.  sBuilder.Append("Unity, ");
5.  sBuilder.Append(" 你是最棒的！ ");
6.  string result = sBuilder.ToString();
```

3. 复用集合或数组

创建和销毁集合及数组会导致频繁的内存分配和回收。我们可以通过复用这些数据结构来减少 GC 的频率。

具体的优化方法是在初始化阶段分配足够大的集合或数组，并在这个集合或数组的整个生命周期内进行复用。另外，我们也可以通过清理（如 Clear 方法）来重置集合，而不是通过销毁现有集合后再重新创建的方式来重置。先销毁再创建的重置方式会导致 GC 的发生。

以下是具体的复用集合和数组的代码示例。

```
1.  List<int> reusableList = new List<int>(initialCapacity);
2.  reusableList.Clear();
3.  for (int i = 0; i < 10; i++)
4.  {
5.      reusableList.Add(i);
6.  }
```

4. 减少不必要的 Update 方法调用

在 Unity 引擎中，Update 方法每秒被调用的次数等于当前的运行帧率。比如，当前运行帧率为 60FPS，那么 Update 方法就会在这一秒被调用 60 次。因此，如果我们将复杂的运算或者无需高频运算的逻辑放在 Update 方法中调用，会给 CPU 增加很多无谓的负担。

另外，如果我们在 Update 方法中频繁创建和销毁对象，也会导致垃圾回收器频繁运行，直接影响游戏/应用的性能。

对于 Update 调用的优化方法之一是使用 InvokeRepeating 方法来替代 Update 方法。InvokeRepeating 方法可以让我们在指定的时间间隔内重复调用某个方法，从而避免每帧都执行复杂或不必要的运算。以下是一个具体的用 InvokeRepeating 方法替代 Update 方法的示例。

假设我们有一个脚本需要定期检查玩家的健康状态，Update 方法中的实现可能如下。

```
1.  using UnityEngine;
2.
```

```
3.  public class HealthChecker : MonoBehaviour
4.  {
5.      void Update()
6.      {
7.          CheckHealth();
8.      }
9.
10.     void CheckHealth()
11.     {
12.         // 假设这是一个耗时的操作
13.         Debug.Log("检查健康度...");
14.     }
15. }
```

如果健康检查的频率实际上不需要这么高，那么我们完全可以使用 InvokeRepeating 方法，每秒检查一次即可。示例代码如下。

```
1.  using UnityEngine;
2.
3.  public class HealthChecker : MonoBehaviour
4.  {
5.      void Start()
6.      {
7.          InvokeRepeating("CheckHealth", 0f, 1f); // 每 1 秒调用一次 CheckHealth 方法
8.      }
9.
10.     void CheckHealth()
11.     {
12.         // 假设这是一个耗时的操作
13.         Debug.Log("检查健康度...");
14.     }
15. }
```

5. Debug.Log 方法的使用

Debug.Log 方法是我们在开发过程中经常用到的打印输出方法。不过，可能很少有人知道，它在被频繁调用时对性能的消耗会很大。一个简单的优化方法是在发布版本中禁用或删除 Debug.Log 调试方法。或者，可以使用条件编译指令，在开发和调试阶段启用调试代码，在发布阶段则禁用调试代码，示例代码如下。

```
1.  // 使用条件编译指令
2.  #if UNITY_EDITOR
3.  Debug.Log("方法名为 Debug");
4.  #endif
```

6. 使用局部变量

全局变量或类成员变量在其生命周期结束时会通过 GC 机制回收，局部变量则在作用域结束时被自动释放。因此，我们可尽量在方法内部使用短生命周期的局部变量，以避免全局变量长期占用内存的问题。

以上 6 个优化方法可以有效降低垃圾回收频率，提升应用的整体性能。当然，在实践中还有更多的优化方法值得我们去探索和积累。

8.4 CPU 相关优化

8.4.1 关于绘制调用

在优化工作中，减少绘制调用（Draw Call）是一个非常重要的优化方向。绘制调用是指将图形数据（如网格、材质、纹理等）从 CPU 发送到 GPU 进行渲染的过程。每次渲染对象时，CPU 需要与 GPU 通信，这个过程被称为绘制调用。每个独立的对象、材质或渲染状态的变化都会导致一个新的绘制调用。因此，绘制调用的数量会直接影响 CPU 和 GPU 之间的通信开销和整体渲染性能。

绘制调用的数量不仅取决于对象的数量，还取决于材质和渲染状态的变化。如果两个对象使用不同的材质或具有不同的渲染设置（如不同的着色器、光照设置等），即使它们在同一帧中渲染，也会导致两个单独的绘制调用。

要优化绘制调用的次数，首先需要了解 Unity 的绘制调用流程。

1）CPU 处理场景和物体的更新（包括位置、旋转、缩放、组件更新和动画计算）。接着，CPU 进行视锥剔除（Frustum Culling）和遮挡剔除（Occlusion Culling），移除不可见的物体以减少渲染工作量。然后，CPU 生成渲染命令（包含材质信息、几何数据和渲染状态等），并将渲染命令数据上传到 GPU 显存中。

2）在 GPU 渲染阶段，首先顶点着色器（Vertex Shader）执行操作，将顶点从模型空间转换到屏幕空间，然后进行图元组装和光栅化，将顶点组装成图元并转换为片段。

3）片段着色器（Fragment Shader）会计算每个片段的颜色（这其中会涉及纹理采样、光照计算、数学计算等）。从片段着色器输出的颜色值被写入帧缓冲区（Frame Buffer），经过深度测试、模板测试和混合操作后，生成最终的图像并显示在屏幕上。

综合上述理解，优化绘制调用本质上涉及以下 3 点。

1）**渲染状态的切换**：减少渲染状态的切换可以减少 CPU 和 GPU 之间的通信开销。

2）**独立对象的数量**：合并网格，减少独立对象的数量。合并多个纹理为一个大纹理，减少材质数量。这些方法可以直接减少绘制调用的数量。

3）**顶点和片元处理**：优化顶点和片元着色器，减少 Shader 中不必要的计算。

现在我们一起来了解常用的减少绘制调用的方法，包括静态合批（Static Batching）、动态合批（Dynamic Batching）、SRP Batcher 和 GPU Instancing。

8.4.2 静态合批

静态合批（Static Batching）是 Unity 提供的一种将多个静态网格（场景中被标记为 Batching Static 的网格）合并成一个大网格的方法。它的优点是通过将多个静态网格合并为一个网格，减少 Draw Call 和 SetPass Call 数量。

我们可以在项目构建时使用静态合批方法，也可以在运行时调用 API 进行批处理。

在项目构建时使用静态合批，首先需要在 Project Settings 界面中启用 Static Batching 功能。然后在场景中选择需要参与静态合批的对象，将其设置为 Batching Static（如图 8-32 所示），并确保所有对象使用相同的材质。

在运行时进行静态合批时，可以使用 StaticBatchingUtility.Combine（GameObject staticBatchRoot）这个 API。它会把场景中放在指定 GameObject 下的子对象进行合并。注意：运行时的静态合批并不需要启用 Player 设置中的 Static Batching 选项。另外，要将网格的读写（Read/Write）属性启用（如图 8-33 所示）。

图 8-32　将静态合批对象设置为 Batching Static 并使用相同的材质

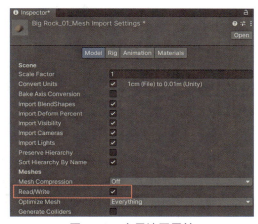
图 8-33　启用读写属性

我们可以做一个简单的试验，使用如下代码创建一个 C# 脚本，实现在场景运行时调用 Combine 方法。

```
1.  using UnityEngine;
2.  public class StaticBatchingExample : MonoBehaviour
3.  {
4.      void Start()
5.      {
6.          StaticBatchingUtility.Combine(this.gameObject);
7.      }
8.  }
```

然后，将 URP 示例工程的 OasisScene 中的两个石头模型放到同一个 GameObject 下，并挂载 StaticBatchingExample 脚本。具体设置如图 8-34 所示。（注：这两块石头没有被设置为 Batching Static，因此 Unity 不会对它们自动进行静态合批。）

如果我们运行该场景并打开 Frame Debugger，可以在列表中找到这两个石头模型通过 StaticBatchingUtility.Combine 合并得到的最终结果（如图 8-35 所示）。

图 8-34　StaticBatchingExample 脚本测试

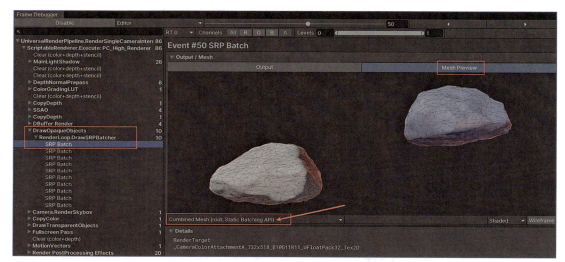

图 8-35　在 Frame Debugger 中查看合并结果

无论是在项目构建时还是运行时进行静态合批，都有以下要求。这些要求同样适用于动态合批。

1）Mesh Renderers、Trail Renderers、Line Renderers、Particle Systems 和 Sprite Renderers 这些组件都是可以参与合批操作的，但是 Skinned Mesh Renderer 并不能参与合批操作。

2）进行合批操作时，只有相同的组件才能进行合批，比如 Mesh Renderer 和 Mesh Renderer 进行合批，Line Renderer 和 Line Renderer 进行合批。

3）参与合批的对象必须使用相同的材质。如果两个对象使用相同的材质，但使用的纹理不同，我们需要通过 Texture Atlasing 的方式将纹理合并，才能让这两个对象进行合批。

4）如果我们在 C# 脚本中需获取材质属性进行更改，必须使用 Renderer.sharedMaterial 而不是 Renderer.material，因为后者会自动复制生成新的材质，这会导致合批操作失效。

当然，静态合批自身也存在问题。合并后的大网格会占用额外的 CPU 内存，尤其是在场景中有大量重复对象时。如果多个对象使用同一个网格，那么这个网格会被复制产生多个副本，并且每个副本将放入各个对象中。

另外一个限制是，每一个静态合批后的网格最多只能包含 64 000 个顶点。超过这个顶点数量限制的部分，Unity 会自动生成另一个网格。

8.4.3 动态合批

动态合批（Dynamic Batching）是 Unity 提供的另一种批处理方法。顾名思义，它可用于将多个动态网格合并成一个批次。这种批处理发生在应用运行时，由 CPU 负责实时合并和管理这些动态网格。动态合批适用于顶点数量较少且材质相同的动态对象。

它的优点与静态合批一样，都可以减少 Draw Call 的数量，从而降低 GPU 的负载。它的缺点也是显而易见的，因为是在运行时做的合批处理，所以每帧都需要由 CPU 进行批处理计算。在网格数量较多时，动态合批会显著增加 CPU 的负担。

动态合批的生效条件与静态合批相同。另外，由于批处理时的性能开销与顶点数量成正比，动态合批只适用于顶点数量较少的对象。每个网格不能超过 900 个顶点属性，同时不超过 225 个顶点。

要在 URP 中启用动态合批，我们需要在当前生效的 URP Asset 中激活动态合批选项（如图 8-36 所示）。需要注意的是，动态合批选项默认不显示在界面上，需要在 URP Asset 的 Inspector 界面右上角单击 3 个点，选择 Show Additional Properties 选项后，才能将此选项显示出来。

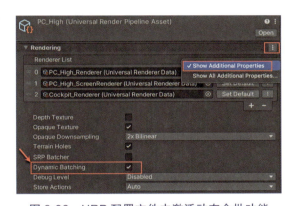

图 8-36 URP 配置文件中激活动态合批功能

不过，动态合批的设计初衷是满足低端计算设备减少 Draw Call 的需求，而它工作时需要将所有参与合批的顶点在 CPU 上转换成世界坐标，因此很多时候使用动态合批的成本其实比一次 Draw Call 的成本还要高。

随着现代图形 API 的发展，Draw Call 的性能消耗比以前低了很多。对于最新的硬件来说，动态合批带来的好处可能已经越来越少了。

综上所述，是否在项目中应用动态合批，需要通过使用 Profiler 来对比禁用和启用后性能是否提升来决定。

8.4.4 SRP Batcher

SRP Batcher（Scriptable Render Pipeline Batcher）是 URP 中推荐使用的渲染优化方法。它的工作原理是通过批处理 SRP 材质的方式，减少渲染状态之间的切换，从而减少 CPU 和 GPU 之间的通信开销，提高渲染性能。

要在 URP 项目中启用 SRP Batcher，可以通过如图 8-37 所示的界面进行操作。

另外，我们也可以通过 C# 脚本来启用 SRP Batcher，示例代码如下。

```
GraphicsSettings.useScriptableRenderPipelineBatching = true;
```

要让 SRP Batcher 对场景中的对象起作用，该对象必须满足以下 3 个要求。

1）对象必须包含 Mesh 或 Skinned Mesh，目前不支持粒子效果。

2）对象中不能使用 MaterialPropertyBlock。MaterialPropertyBlock 是 Unity 中的一个类，用于在不创建材质实例的情况下修改材质属性。它允许开发者在渲染对象时，通过 C# 脚本动态更改材质参数，而不影响共享该材质的其他对象。

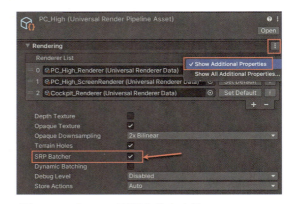

图 8-37　在 URP 配置文件中启用 SRP Batcher

3）对象所使用材质的 Shader 必须支持 SRP Batcher。URP 中的所有 Lit 和 Unlit Shader 都与 SRP Batcher 兼容。

要想利用 SRP Batcher 获得最佳性能，我们应尽量减少 Shader Variant 的使用。Shader Variant 是指在相同的 Shader 代码基础上，通过不同的编译选项（如预处理指令、关键字）生成多个 Shader 版本。每个 Shader Variant 可以根据不同的参数和需求提供不同的渲染效果。不过，我们可以随意使用基于同一个 Shader 的不同材质。

要查看 SRP Batcher 在场景运行时发挥的作用，我们可以使用 Frame Debugger。如图 8-38、图 8-39 和图 8-40 所示，在 Frame Debugger 界面中找到 RenderLoop.DrawSRPBatcher

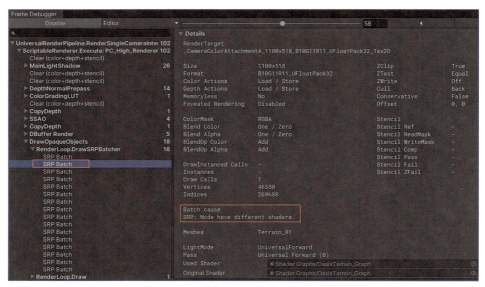

图 8-38　节点使用了不同的 Shader

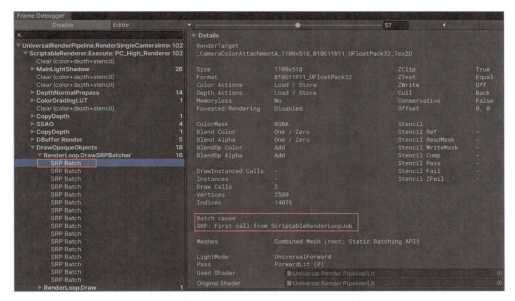

图 8-39　来自 ScriptableRenderLoopJob 的首次调用

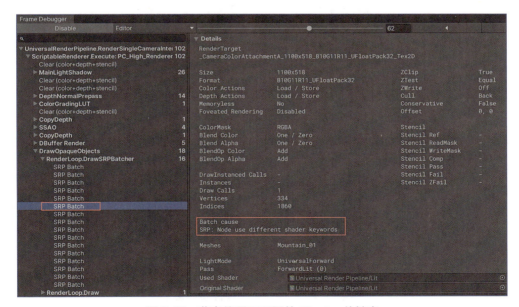

图 8-40　节点使用了不同的 Shader 关键字

条目，选择其中一条 SRP Batch，可以看到右侧会列出发生该 Batch 的原因。下面 3 个截图中发生 SRP Batch 的原因如下。

- Node have different shaders，即节点使用了不同的 Shader，因此发生了新的 Batch，如图 8-38 所示。

- First call from ScriptableRenderLoopJob，即来自 ScriptableRenderLoopJob 的首次调用，如图 8-39 所示。
- Node use different shader keywords，即节点使用了不同的 Shader 关键词，如图 8-40 所示。

最后，我们来查看启用 SRP Batcher 前后的渲染性能数据（为了避免其他合批方法的影响，在测试场景中关闭了静态和动态合批，仅启用 SRP Batcher）。如图 8-41 和图 8-42 所示，我们可以得到表 8-2 中展示的运行性能数据对比。

图 8-41　禁用 SRP Batcher 时的性能数据

图 8-42　启用 SRP Batcher 时的性能数据

从表 8-2 中可以看到，由于启用了 SRP Batcher，而 SRP Batcher 的本质是减少渲染状态的切换，而不是直接降低 Draw Call 的数量，因此我们看到 SetPass Call 显著减少（−38%），但 Batcher 数量没有变化。不过，虽然 Batcher 数量没有变化，但整体的 FPS 有所提升。

表 8-2　禁用和启用 SRP Batcher 的性能数据对比

对比项	禁用 SRP Batcher	启用 SRP Batcher	数据变化
FPS	95.1FPS	131.7FPS	升高
CPU	main：10.5ms render thread：4.3ms	main：7.6ms render thread：3.0ms	降低
Batches	2046	2046	不变
Saved by batching	7	7	不变
Tris	5.6M	5.6M	不变
Verts	3.9M	3.9M	不变
SetPass calls	145	90	降低
Shadow casters	1061	1061	不变

8.4.5　GPU 实例化

GPU 实例化（GPU Instancing）可以在一次 Draw Call 中渲染多个使用相同网格（Mesh）的对象，从而减少 Draw Call 的数量，提高渲染性能。参与 GPU 实例化的对象可以具有不同的变换矩阵、颜色和其他属性，但它们必须共享相同的网格和材质。这项技术适用于渲染拥有大量建筑物、树木、草地等的场景，或者说适用于渲染任何在场景中可以重复使用的模型。

它的工作原理是将多个使用相同网格的实例合并到一个 Draw Call 中。这样做可以显著减轻 CPU 的负担，减少 CPU 和 GPU 之间的通信开销，提升整体渲染效率。

使用 GPU 实例化的一个硬性要求是：与材质关联的 Shader 必须支持 GPU 实例化。URP 中内置的 Shader，除了几个特殊 Shader 之外，都支持 GPU 实例化。我们需要在材质界面的 Advanced Options 中启用 Enable GPU Instancing 选项，如图 8-43 所示。

图 8-43　在材质界面启用 Enable GPU Instancing 选项

我们也可以在脚本中直接使用如下 API 来实现 GPU 实例化功能 Graphics.DrawMeshInstanced 和 Graphics.DrawMeshInstancedIndirect。

GPU 实例化有以下限制。

1）不支持 Skinned Mesh Renderer。

2）如果场景中的对象与 SRP Batcher 兼容，那么 Unity 会使用 SRP Batcher 渲染对象，而不会使用 GPU 实例化。

在使用了多种优化技术的 Unity 项目中，这些优化技术的应用优先级为 SRP Batcher 和 Static Batching（如果启用了静态合批）→ GPU Instancing → Dynamic Batching。

8.4.6 多线程处理

Unity 引擎的 Job System 可以让应用程序使用当前硬件上所有可用的 CPU 核心来执行代码。它能将任务分割，然后动态分配到工作线程（Worker Thread）上进行并行处理，从而实现并行计算，提升整体性能。在使用 Job System 时，我们不需要了解目标硬件上有多少 CPU 核心，因为 Unity 的 Job System 会自动将任务分配到各个可用的 CPU 核心。

你可以单独使用 Job System，也可以将其与 Burst Compiler 结合使用。Burst Compiler 是一个高性能编译器，可以将 C# 代码编译为高度优化的机器代码。它与 Job System 可以无缝集成，从而最大化多线程性能。

如何在 Unity 引擎中使用 Job System 和 Burst Compiler 来提升应用运行性能是一个较大的主题。我们在此主要结合车机 HMI 内容开发中的一些应用场景，帮助大家理解如何在典型应用场景中使用这两个系统的方法。

车机 HMI 系统通常需要实时处理和显示来自多个传感器的数据，并提供导航相关的信息。我们可以使用 Job System 和 Burst Compiler 对这两个应用场景进行多线程优化。

首先，我们通过以下示例代码了解如何实时处理传感器相关数据，如车速、油耗、ADAS、GPS 等数据。

```
1.  using UnityEngine;
2.  using Unity.Jobs;
3.  using Unity.Burst;
4.  using Unity.Collections;
5.
6.  public class CarHMIController : MonoBehaviour
7.  {
8.      // 传感器数据
9.      private NativeArray<float> sensorData;          // 存储传感器数据
10.     private NativeArray<float> processedData;       // 存储处理后的数据
11.
12.     void Start()
13.     {
14.         // 初始化传感器数据
15.         sensorData = new NativeArray<float>(10000, Allocator.Persistent);
16.         processedData = new NativeArray<float>(10000, Allocator.Persistent);
17.
18.         for (int i = 0; i < sensorData.Length; i++)
19.         {
20.             sensorData[i] = Random.Range(0.0f, 100.0f);  // 模拟传感器数据
21.         }
```

```csharp
22.     }
23.
24.     void Update()
25.     {
26.         // 调用 Job 进行传感器数据的处理
27.         var job = new ProcessSensorDataJob
28.         {
29.             sensorData = sensorData,
30.             processedData = processedData
31.         };
32.         // 以 64 为批大小调度任务
33.         JobHandle handle = job.Schedule(sensorData.Length, 64);
34.         handle.Complete();
35.
36.         // 更新显示 (比如更新 UI 元素)
37.         UpdateDisplay(processedData);
38.     }
39.
40.     void UpdateDisplay(NativeArray<float> data)
41.     {
42.         // 模拟更新 HMI 显示
43.         for (int i = 0; i < data.Length; i++)
44.         {
45.             // 更新 UI 或其他显示元素
46.         }
47.     }
48.
49.     void OnDestroy()
50.     {
51.         // 释放 NativeArray 的内存
52.         sensorData.Dispose();
53.         processedData.Dispose();
54.     }
55. }
56.
57. [BurstCompile]
58. struct ProcessSensorDataJob : IJobParallelFor
59. {
60.     [ReadOnly] public NativeArray<float> sensorData;
61.     [WriteOnly] public NativeArray<float> processedData;
62.
63.     public void Execute(int index)
64.     {
65.         // 示例处理：对传感器数据进行平方根计算
66.         processedData[index] = Mathf.Sqrt(sensorData[index]);
67.     }
68. }
```

第二个示例代码可应用于 3D 地图的渲染，以及地图中的导航路径规划（地图数据来自地图供应商提供的 API）。

```csharp
using UnityEngine;
using Unity.Jobs;
using Unity.Burst;
using Unity.Collections;

public class NavigationSystem : MonoBehaviour
{
    private NativeArray<Vector3> pathPoints;       // 存储路径点的数组
    private NativeArray<Matrix4x4> matrices;       // 存储变换矩阵的数组

    void Start()
    {
        // 初始化路径点和变换矩阵数组
        pathPoints = new NativeArray<Vector3>(1000, Allocator.Persistent);
        matrices = new NativeArray<Matrix4x4>(1000, Allocator.Persistent);

        // 模拟路径点初始化
        for (int i = 0; i < pathPoints.Length; i++)
        {
            pathPoints[i] = new Vector3(i, 0, i);
        }
    }

    void Update()
    {
        // 创建和调用 Job 进行路径点计算
        var job = new CalculatePathJob
        {
            pathPoints = pathPoints,
            matrices = matrices
        };
        JobHandle handle = job.Schedule(pathPoints.Length, 64);
        handle.Complete();                          // 等待任务完成

        // 渲染路径
        RenderPath(matrices);
    }

    void RenderPath(NativeArray<Matrix4x4> data)
    {
        // 模拟路径渲染
        for (int i = 0; i < data.Length; i++)
        {
            // 渲染路径点，具体渲染逻辑根据产品需求进行实现
        }
    }

    void OnDestroy()
    {
        // 释放 NativeArray 占用的内存
        pathPoints.Dispose();
        matrices.Dispose();
    }
```

```
54.    }
55.
56.    [BurstCompile]
57.    struct CalculatePathJob : IJobParallelFor
58.    {
59.        [ReadOnly] public NativeArray<Vector3> pathPoints;
60.        [WriteOnly] public NativeArray<Matrix4x4> matrices;
61.
62.        public void Execute(int index)
63.        {
64.            // 示例计算：生成每个路径点的变换矩阵
65.            matrices[index] = Matrix4x4.TRS(pathPoints[index], Quaternion.
                   identity, Vector3.one);
66.        }
67.    }
```

8.5 GPU 相关优化

8.5.1 光照相关优化

理解 Unity 引擎中光照相关的功能和设置对于车机 HMI 内容开发的至关重要。由于在当前车机 HMI 内容开发中推荐使用的是 URP，因此这一部分的讨论将围绕 URP 中的光照系统展开。这部分内容将涉及 Light Mode 的使用、反射探针和光照探针的优化、阴影的优化、光照烘焙在优化中的作用。

8.5.1.1 光照模式

URP 中灯光的照明模式包括实时（Realtime）、混合（Mixed）和烘焙（Baked）3 种。选择合适的照明模式对于提升性能和视觉效果非常重要。

1. 实时（Realtime）光照

实时（Realtime）光照适用于动态变化的场景，比如模拟白天和黑夜的光影变化、模拟不同天气条件（如晴天、雨天等）、移动的光源（如车辆前大灯）。实时光照模式下的灯光也可为场景中移动的物体（如汽车）带来动态阴影。

实时光照对性能的影响很大，通常在车机 HMI 中并不建议使用。

2. 混合（Mixed）光照

混合（Mixed）光照适用于部分静态和部分动态的场景，例如场景中的背景建筑物为静态对象，前景中的可旋转车模则为动态对象。在这类场景中，我们可以使用混合光照模式，通过光照贴图（从光照烘焙预计算获得）为静态对象提供全局光，同时为动态对象提供高质量阴影，以及通过光照探针（Light Probe）为动态对象提供间接光照。

对于在车机 HMI 中使用混合光照，我们也需要考虑目标硬件是否具有足够的算力来支撑最终的效果渲染。

3. 烘焙（Baked）光照

烘焙（Baked）光照模式是 3 种光照模式中对算力要求最低的模式，适用于完全静态的对象。如果整个场景的光源都设置为 Baked 模式，那么场景中所有对象的光照信息将完全通过光照烘焙的方式预先计算好，在应用运行时无须实时计算。

在车机 HMI 应用的开发中，通常建议尽量将光源的光照模式设置为 Baked，通过光照烘焙的方式将光照和阴影信息烘焙到光照贴图中，避免在运行时实时计算光照信息。

8.5.1.2　反射探针

要使场景中的对象看起来有真实感（无论是写实渲染效果还是卡通风格），反射在光照信息中扮演着重要角色。反射探针是我们在 Unity 中为场景对象提供反射信息最常用的方法之一。

反射探针本质上就是放置在场景中某个位置的 Cubemap（立方体贴图）。这个 Cubemap 保存了其周围环境在 6 个方向上的图像。场景中的对象就从这个 Cubemap 中进行反射信息的采样。

基于上述理解，对于反射探针的优化，可以总结为以下几个方向。

1. 反射探针的数量

为了使场景对象拥有准确的反射信息，我们需要有针对性地摆放反射探针。因此，我们通常需要在场景的不同位置摆放多个反射探针。每个反射探针会涵盖同一场景的不同区域。

反射探针的数量越多，对内存的占用显然会越大。大量的反射探针由于在采样时需要混合多个反射探针的效果，会导致额外的计算量。因此，我们的优化方法是在场景中的关键位置摆放反射探针，以确保关键场景对象获得高质量反射，从而控制反射探针的总数。

2. 反射探针的类型

如图 8-44 中的 Type 选项，反射探针有 3 种类型：Baked（烘焙）、Custom（自定义）和 Realtime（实时）。

在这三种类型中，Baked 和 Custom 本质上是一样的。Baked 是通过光照烘焙的方式预计算获得的，Custom 则可以让我们直接指定一张 Cubemap 给反射探针。这张自定义的 Cubemap 可以是通过第三方建模软件（例如 Blender）烘焙而来的。

Realtime 显然是这三者中对性能要求最高的类型。然而，某些场景中，例如模拟车辆行驶时后视镜中的反射信息，必须使用 Realtime 类型的反射探针。我们可以在脚本中按需开关 Realtime 模式的反射探针。在车机 HMI 应用开发中，一般不建议使用 Realtime 类型的反射探针。

图 8-44　烘焙模式下 256 分辨率的反射探针

3. 反射探针的分辨率

如图 8-44 中的 Resolution 选项，默认的

反射探针 Cubemap 的分辨率是 256，意味着这个 Cubemap 是由 6 张 256×256 像素的图片组成的。

Cubemap 分辨率设置得越高，显然对内存占用的影响越大。图 8-45 对 3 个不同分辨率下烘焙所获得的 Cubemap 大小做了对比。在实际项目中，虽然理论上 Cubemap 的分辨率越高，反射效果越好，但这种高质量效果在大多数时间并不明显，因此我们使用可接受的最低分辨率即可。

a）256×256 Cubemap（0.5MB） b）512×512 Cubemap（2MB） c）1024×1024 Cubemap（8MB）

图 8-45　不同分辨率下烘焙所获得的 Cubemap 大小对比

8.5.1.3　光照探针

光照探针可以保存场景中的间接光照信息，使动态对象能够像静态对象一样获得更自然的光照效果。对于光照探针的优化，我们主要考虑的是：它在场景中分布的密度与最终为场景提供间接光照效果之间的平衡。

对于场景中光照探针的摆放密度，我们可以从图 8-46 获得一个直观的感受。该场景是一个开阔的室外场景，主光源使用一个 Directional Light 来模拟太阳光。与室内场景相比，由于场景中不存在复杂的间接光（光线在物体表面之间反弹而形成的光照，或称"反弹光"），此类场景中的光照探针可以摆放得稀疏一些。

不过如图 8-47 所示的室内场景，由于物体之间距离较近且存在多个光源，光线会在多个物体表面发生反射产生多重间接光，因此我们需要摆放更多的光照探针来保存室内场景复杂的间接光信息。

8.5.1.4　阴影优化

阴影对于提升画面渲染效果非常重要，但阴影渲染本身会消耗大量算力。在 URP 中进行阴影优化的主要工作包括以下几个方面。

1. 阴影类型

在 URP 中的 Light 组件中，可以设置阴影类型：Hard Shadows（硬阴影）和 Soft Shadows（软阴影）。如果效果可以接受，一般建议选择硬阴影。当然，我们还可以使用第 4 章中提到的假阴影方式来制作场景中指定模型的阴影，例如车模底部的阴影。

图 8-46　光照探针在室外场景中的分布比较稀疏

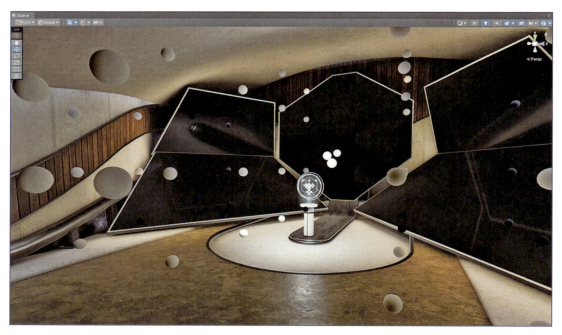

图 8-47　光照探针在室内场景中的分布较密集

2. 阴影投射的数量

场景中的对象不一定都需要投射阴影，因此我们也可以将对象的阴影投射功能禁用。如图 8-48 所示，通过 Mesh Renderer 组件上的 Cast Shadows 选项，我们可以关闭对象的阴影投射功能。

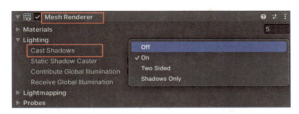

图 8-48　Mesh Renderer 组件上的 Cast Shadows 选项

3. 阴影分辨率

阴影分辨率的大小会直接影响渲染性能。我们可以通过 URP Asset 配置文件对主光源和额外光源的阴影分辨率进行配置（如图 8-49 所示）。对于额外光源（Additional Lights），我们可以在 Shadow Resolution Tiers 中设置 3 档阴影分辨率：Low（低质量）、Medium（中等质量）和 High（高质量），然后在 Light 组件的 Shadows → Soft Shadows Quality 中进行选择。

图 8-49　URP Asset 配置文件中的阴影分辨率与质量分级配置

4. 阴影距离和级联阴影

合理设置阴影距离可以避免渲染那些远离摄像头的对象上的阴影，从而节省性能开销。一般场景中，设置 50m 的阴影距离已经足够。

如图 8-50 所示，我们可以在 URP Asset 中的 Shadows 设置中进行相关配置。注意：此处的阴影设置仅对 Directional Light 类型有效。例如，将 Max Distance 设置为 50（米），意味着摄像头 50m 以外的对象上的阴影将不会被渲染。Cascade Count 可以让我们对阴影渲染进行分级处理，即在靠近摄像头的区域使用高质量阴影，在距离摄像头远的区域使用低质量阴影。

8.5.1.5　光照贴图

光照贴图本质上是通过预计算光照信息（光照烘焙）的方式，将原本在运行时需要消耗大量算力才能计算得到的光照信息，如场景中静态对象的间接光（反弹光）、阴影、环境光遮蔽、反射信息等，烘焙（保存）到光照贴图上。这些光照贴图以纹理形式存在，在运行时会被应用到静态对象表面。

图 8-50　URP Asset 配置文件中设置阴影渲染距离和级联阴影参数

光照贴图的应用可以为我们节省大量运行时的算力，同时提供高质量的全局光效。当然，由于光照贴图只能应用于静态对象，所以我们需要将光照烘焙时获得的间接光信息保存到光照探针中，以在运行时为动态对象提供间接光信息。

前文已经介绍了如何使用光照烘焙技术预计算光照贴图的内容，这里不再重复说明。

8.5.2　纹理相关优化

优化后的纹理可以减少内存和带宽占用，加快资源加载速度，从而缩短应用启动和场景切换的时间。它还能提升整体渲染性能，并提供更流畅的用户体验（因 FPS 提升）。纹理优化的方法包括纹理分辨率优化与纹理压缩、纹理拼图、遮挡剔除、Mipmap 和 Mipmap Streaming 和 LOD。

8.5.2.1　纹理分辨率优化与纹理压缩

虽然高分辨率的纹理可以带来更高的清晰度和更多的细节，但也会占用更多的内存和带宽。因此，纹理分辨率大小与场景的最终渲染质量之间达到平衡，才是最优解。

要实现这两者的平衡，我们需要了解场景中的对象在最终渲染画面中占据的空间。如果这些对象在最终画面中只占据较小的屏占比，那么即使使用高分辨率的纹理也无法提升整体渲染质量，因为玩家根本看不清屏幕上占比很小的场景对象。

图 8-51 对比了原始纹理（1024×1024 分辨率）和缩小后纹理（512×512 分辨率）的渲染效果。可以观察到，虽然我们使用了更低分辨率的纹理，即使在这么近的距离观察场景中的对象，两者的最终渲染效果差别也不大。然而，两者的纹理内存占用相差约 3 倍。

图 8-52 所示为同一分辨率下不使用和使用纹理压缩算法进行纹理压缩的情况对比。在 1024×1024 分辨率下，使用纹理压缩后的最终渲染效果与不使用纹理压缩几乎没有区别，但纹理大小却大大降低。

第 8 章　Unity 性能优化　❖　221

a）1024×1024（0.7MB）

b）512×512（170.7KB）

图 8-51　不同分辨率纹理文件大小对比

a）1024×1024 分辨率无压缩（4MB）

b）1024×1024 分辨率普通质量压缩（0.7MB）

图 8-52　同一分辨率纹理应用压缩算法前后的对比

对于纹理压缩，不同计算平台会使用不同的压缩算法。在车机 HMI 应用最常用的 Android 操作系统上，我们可以在 Unity 编辑器 Build Settings 窗口 Android 平台选项中选择 ETC2（GLES 3.0）或 ASTC 算法，如图 8-53 所示。

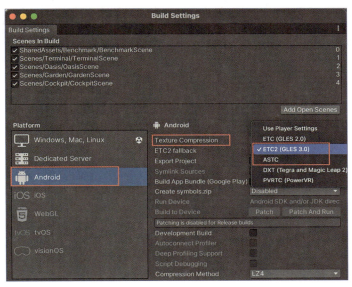

图 8-53　Build Settings 窗口的 Android 平台包含 ETC2（GLES 3.0）、ASTC 等纹理压缩算法

ETC2（Enhanced Texture Compression 2）是一种受到广泛支持的纹理压缩格式，可在大多数 Android 设备上使用。ASTC（Adaptive Scalable Texture Compression）则提供了更高的压缩效率和质量控制，但缺点是并非所有 Android 设备都支持这种纹理压缩格式。

总结下来，我们可以在制作纹理时使用高分辨率，但导入 Unity 后应根据实际情况确定最终的纹理分辨率和压缩质量等级。此外，我们还要在编译时正确选择目标设备上支持的纹理压缩格式。

8.5.2.2　纹理拼图

纹理拼图（Texture Atlasing）是指将多个小纹理合并为一张大纹理，这样可以减少纹理采样时的纹理切换次数，并尽可能充分利用一张纹理中的空间。

我们可以在 3D 模型上应用纹理拼图。例如，图 8-54 中的小木桥模型虽然由底座、桥面和桥栏杆组成，但它们共用同一个材质和纹理。除了 3D 模型上的纹理，我们还可以将 2D UI 上的元素（如图标、按钮和背景元素）集合到同一个纹理中。

8.5.3　遮挡剔除

遮挡剔除（Occlusion Culling）是一种常用的渲染优化技术。它可以在运行时不渲染那些被其他物体遮挡而不可见的对象，从而减少不必要的渲染工作，提高渲染性能。

图 8-54 纹理拼图示例

遮挡剔除通过预计算（烘焙）场景中静态对象的数据，然后在运行时实时计算物体之间的遮挡关系，以判断哪些对象是可见的，哪些是被完全遮挡的，最终决定需要渲染的对象。

遮挡剔除特别适用于包含大量物体，并且许多物体在同一帧中可能被遮挡的场景。这类场景包括城市环境、室内场景等。此外，对于视角变化频繁的游戏，例如第一人称射击游戏，遮挡剔除也可以帮助提高帧率和渲染效率。

在 Unity 引擎中，可以按照以下步骤启用和配置遮挡剔除功能。

1）将场景中的物体设置为 Occluder Static 和 Occludee Static，或者直接设置为 Static（如图 8-55 所示）。

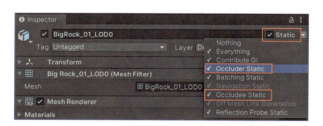

图 8-55 将对象设置为 Occluder Static 和 Occludee Static

- **Occluder Static**：通常指大体积且复杂度低的对象，可用于遮挡其他物体，例如墙壁、地板等。
- **Occludee Static**：通常指小体积、复杂度高的对象，例如被其他对象遮挡的物体，如家具、道具等。

2）启用 Camera 组件上的 Occlusion Culling 选项（如图 8-56 所示）。

3）通过选择 Window → Rendering → Occlusion Culling，打开如图 8-57 所示的 Bake（烘焙）界面。选择 Object 界面，然后在 Hierarchy 窗口中选中那些被设置为静态的对象。这样，我们就可以在 Occlusion 界面中看到它们是被设置为 Occluder Static 还是 Occludee Static，或者同时选中 Occluder Static 和 Occludee Static 这两个选项（表示这一对象会参与 Occlusion Culling 烘焙）。

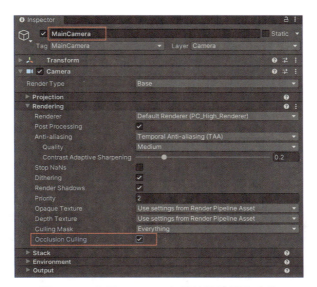

图 8-56　启用 Camera 组件的遮挡剔除功能

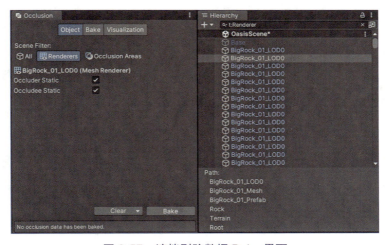

图 8-57　遮挡剔除数据 Bake 界面

4）图 8-58 所示为在 Bake 界面烘焙时使用的具体参数设置。完成设置后，单击 Bake 按钮即可完成遮挡剔除的烘焙数据。

5）图 8-59 上半部分展示了烘焙之前，无论摄像头的位置或朝向如何，场景中所有对象都会被渲染。下半部分则展示了当前的摄像头画面中不包含水塘和摄像头后面的岩石。在遮挡剔除生效之前的运行帧率为 92.5FPS（每帧渲染时长为 10.8ms），当前的 Batches 数量为 426。

图 8-58 遮挡剔除的烘焙数据

图 8-59 遮挡剔除生效之前

6）图 8-60 展示了完成遮挡剔除数据烘焙后的效果，我们通过图中的数字标签可理解含义。

① Occlusion data size：遮挡剔除数据大小，数值为 1.2MB。

② 摄像头视野范围（如图 8-60 中名为 MainCamera 的小窗所示）之外的对象将不会被渲染。

③ 仅添加 Occlusion Culling 这一项优化后，帧率从 92.5FPS 上升到 115.6FPS，帧率提升 25%。

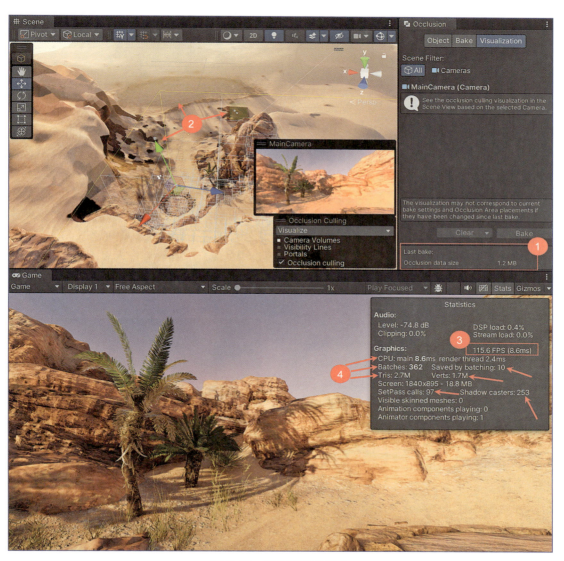

图 8-60　遮挡剔除生效后

④表 8-3 展示了在遮挡剔除功能生效前后运行时重要性能数据的对比。

表 8-3　遮挡剔除功能生效前后重要性能数据对比

对比项	遮挡剔除生效前	遮挡剔除生效后
FPS	92.5FPS	115.6FPS
CPU	main：10.8ms render thread：2.5ms	main：8.6ms render thread：2.4ms
Batches	426	362
Saved by batching	8	10
Tris	3.3M	2.7M
Verts	2.0M	1.7M
SetPass calls	101	97
Shadow casters	287	253

8.5.4　Mipmap 和 Mipmap Streaming

Mipmap 和 Mipmap Streaming 是 Unity 引擎中非常重要的优化技术。通过合理使用这些技术，可以显著提升渲染性能和内存管理效率。

首先，我们来了解一下 Mipmap 技术。Mipmap 是一种纹理优化技术。它通过预先生成并存储一系列不同分辨率的纹理图像，在渲染时根据对象与摄像头的距离选择合适的纹理分辨率进行渲染，从而减少纹理过大导致的性能开销和纹理过小导致的画质问题。

在将纹理导入 Unity 项目后，选择 Project 窗口中的纹理，在纹理导入界面启用 Mipmap 功能（如图 8-61 所示）。启用后，Unity 将自动生成一系列从高到低不同分辨率的纹理。

Mipmap 技术不仅可以减轻高分辨率纹理在远距离渲染时带来的性能负担，还可以防止因缩放纹理引起的闪烁和摩尔纹现象。

不过，Mipmap 技术自身也有缺陷，那就是额外的内存占用。内存占用在原始基础上最高会增加 33%。因此，Mipmap 技术并不推荐应用在以下场景中。

- UI 上的贴图。
- 天空盒（Skybox）。
- 贴花（Decal）。
- 反射探针上的立方体贴图。
- Unity Terrain 中使用的贴图。
- 光影纹理。
- 鼠标箭头图标。

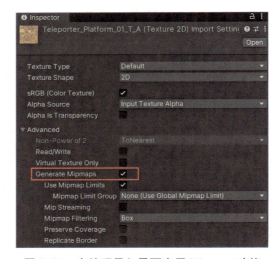

图 8-61　在纹理导入界面启用 Mipmap 功能

与 Mipmap 技术相关的 Mipmap Streaming 可以根据场景需求动态加载或卸载 Mipmap。通过只加载当前视角和距离所需的 Mipmap 级别，Unity 可以大幅减少显存的占用。

Mipmap Streaming 的工作原理是在运行时根据摄像头视角、对象距离和屏幕分辨率动态确定需要加载的 Mipmap 级别。当对象进入摄像头视野时，加载高分辨率的 Mipmap 级别；当对象远离摄像头或不再可见时，则卸载高分辨率的 Mipmap 级别，保留较低分辨率的 Mipmap 级别。Unity 引擎负责管理这些加载/卸载过程，以优化内存使用和提高渲染效率。

我们可以通过设置最大内存使用量和其他相关参数来控制 Mipmap Streaming 的行为。如图 8-62 所示，启用 Mipmap Streaming 的步骤为：打开 Project Settings 界面，进入 Quality 设置界面，勾选 Texture Streaming 选项，然后设置 Memory Budget（例如 512MB），以控制 Mipmap Streaming 的最大内存预算。

图 8-62 在 Project Settings 界面启用 Texture Streaming 功能

8.5.5 LOD

LOD 技术可用于优化场景中对象的渲染。它根据对象与摄像头的距离动态调整模型的细节级别，能够显著提升渲染性能。LOD 的基本工作原理是在远距离时应用拥有较少细节的低模（低三角面数量），在近距离时则使用拥有更多细节的高模（高三角面数量）。对于非常远的距离，由于模型在最终渲染画面中所占比例已经小到可以忽略不计，LOD 系统会选择不渲染这个模型。我们通过图 8-63 来讲解 LOD 的使用方法。

1）在场景中创建一个空的 GameObject，添加 LOD Group 组件。此组件会管理所有 LOD 相关的模型、模型显示与摄像头距离之间的关系、不同 LOD 级别切换时的效果等。

2）此处所见的石头模型包含 3 个 LOD 等级，我们可以在任何 3D 建模软件中完成这些模型的制作。通常的流程是先完成 LOD 等级中的 0 级高模，然后按需简化面数以获得其他 LOD 级别的模型。接着可以在建模软件中给模型名称添加正确的后缀 LOD0、LOD1、LOD2，以此类推。最后将这些模型导入 Unity 项目中，Unity 就能根据这些名称自动生成相应的 LOD 组。

3）我们可以在 Inspector 界面的 LOD Group 组件上左右拖动蓝色的摄像头图标，实时查看不同 LOD 等级所加载的模型。

4）除了可以让 Unity 自动生成 LOD，我们也可以手动为不同等级的 LOD 关联模型。Unity 支持为每个 LOD 级别添加一个或多个模型。

5）这里会显示每个 LOD 等级的模型具体的三角面数量。

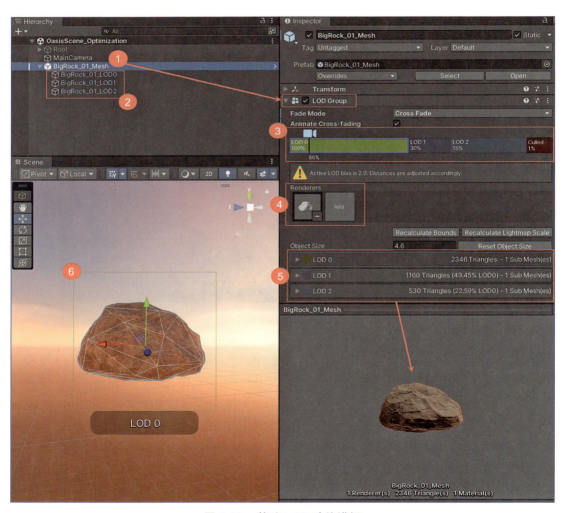

图 8-63　基础 LOD 功能讲解

虽然 LOD 技术有效且使用简单，但它也有局限性，主要体现在以下几个方面。
- 模型制作成本：每个 LOD 级别都需要制作对应的模型，这会增加美术相关的工作量。为了保持视觉一致性，不同 LOD 模型之间也需要额外调整，以防切换时出现明显的视觉跳跃现象。
- 额外的内存消耗：虽然 LOD 技术可以减轻渲染负担，但是每个 LOD 级别的模型都会占用内存。在某些情况下，大量 LOD 模型可能会导致内存占用过大。

8.6 本章小结

本章介绍了如何在 Unity 引擎中进行优化工作。我们了解了优化目标和优化原则，优化中需要用到的主要分析工具，以及具体的优化手段。通过这些内容的学习，当你接到一个优化任务时，相信将不再无从下手，而是可以按照本章中的内容设定正确的优化目标，通过细致分析了解性能瓶颈所在，从而找到真正可以起作用的优化方法。

本章讲解的优化方法是通用的优化方法，适用于游戏和车机 HMI 内容开发。当然，随着 Unity 中国团结引擎的进一步进化，团结引擎所支持的车机 HMI 相关平台（如 HMI Android、QNX 和嵌入式 Linux），将会获得更多来自引擎底层的优化，使我们在进行车机 HMI 平台开发时获得更多的性能优势。

Chapter 9 第9章

Unity Sentis 赋能 AI 智能座舱

随着 OpenAI ChatGPT、Sora、Stable Diffusion、Midjourney、LLama 等生成式 AI 技术的陆续发布及快速进化，AI 技术已经越来越为大家所熟悉，并越来越多地被应用于日常工作中。

在智能座舱的快速发展过程中，AI 相关的技术创新也越来越多地被产品创新者考虑和规划进最新的产品设计中。然而，产品经理和开发人员也面临一个难题：如何真正将 AI 能力结合进一直在移动的车机平台中。

现在的 AI 技术大多需要强大的硬件（配备高端 GPU）才能驱动对输入信息的处理，然后产生相应的输出。而这些强大的算力一般只能通过部署在云端的计算机集群来提供。这些计算机集群不仅造价昂贵，同时在使用时有一个硬性要求：时刻保持联网。虽然如今 4G 已经普及，5G 网络也在各大城市高速发展，但是移动网络的特性决定了它不可能时刻与你的设备稳定相连。因此，我们也不可能指望车机可以始终通过这些移动网络稳定连接到云端，获取 AI 相关的算力。

如果短时间内无法让车机稳定地连接到基于云端的 AI 服务，那么部署在本地的 AI 模型可行吗？答案是可行，但取决于以下 3 个前提条件。

1）**足够的算力和内存**：本地 AI 模型需要足够的算力来支持模型的推理，也需要大内存来加载和处理数据。

2）**优化的 AI 模型**：需要对本地运行的 AI 模型进行裁剪和压缩，以满足车机环境中实时运行的要求。

3）**神经网络运行环境的支持**：需要能够在车机 HMI 操作系统（通常是 Android 或者 Linux）中运行 AI 模型的本地神经网络运行环境。在这个运行环境中，开发者可以方便地加载和运行 AI 模型，并将 AI 模型的输出与车机 HMI 应用中的程序逻辑结合起来，为实现车机 HMI 的产品功能而服务。

对于第一个条件，虽然大多数车机 HMI 上的算力和存储还未完全达到要求，但正在快速进化中。

第二和第三个条件是本章讨论的重点。满足这两点要求的关键就是 Unity Sentis。

Unity 引擎从 2022.3 系列版本的编辑器开始支持 Unity Sentis 模块。Unity Sentis 是 Unity 官方推出的一个本地神经网络推理库，它可以运行在 Unity 引擎支持的所有计算平台上，包括车机 HMI 应用运行的 Android 平台。通过将 Unity Sentis 模块嵌入 Unity 项目中，我们的游戏/应用就具备了运行本地 AI 模型的能力。

9.1 Unity Sentis 介绍

如图 9-1 所示，运行在神经网络推理库中的 AI 模型，可以帮助我们解决传统代码难以解决的问题，例如图像识别与处理、自然语言处理、生成与创作等。不过，AI 模型的基本工作模式是一致的。我们通过某种方式将 AI 模型所需的信息输入，经过 AI 模型的运算获得相应的输出。最后，可以用这些 AI 模型输出的数据驱动产品功能的实现。

图 9-1　AI 模型基本工作模式

Unity Sentis 是一个可以在 Unity 引擎支持的所有计算设备上运行的本地神经网络推理库。它可以让我们在 Unity 项目中轻松嵌入 AI 模型，将其作为 Unity 引擎中的模块来使用（如图 9-2 所示）。

图 9-3 展示了一个典型的 Unity Sentis 工作流。

1）找到已经训练好的 AI 模型，或自行训练所需的 AI 模型。只要这个 AI 模型是 ONNX（Open Neural Network Exchange）格式，Unity Sentis 就可以运行它。

2）将 ONNX 格式的 AI 模型导入到 Unity 项目中。

将AI模型作为引擎模块嵌入Unity应用中

图 9-2　在 Unity 引擎中嵌入 AI 模型

3）使用 C# 脚本编写代码解析和运行 AI 模型，处理输入数据，并利用本地算力（CPU 或 GPU）输出运算结果。将 AI 模型的输出与游戏/应用程序的逻辑相结合，完成产品功能开发。

4）在 Unity 中编译并发布到目标平台。

为了便于使用 Unity Sentis，Unity 官方与 Hugging Face 合作推出了一系列带 unity-sentis 标签的 AI 模型。我们可以前往网址 https://huggingface.co/models?library=unity-sentis，找到这些由 Unity 官方和 Hugging Face 优化和认证、适合在 Unity Sentis 中运行的 AI 模型。

图 9-3 典型的 Unity Sentis 工作流

如图 9-4 所示，目前这些 AI 模型涵盖以下几个类别，包括 Object Detection、Depth Estimation、Reinforcement Learning、Automatic Speech Recognition、Audio-to-Audio、Zero-Shot Classification、Text-to-Speech、Text-to-Audio、Image Classification、Text Generation、Sentence Similarity、Text-to-3D。

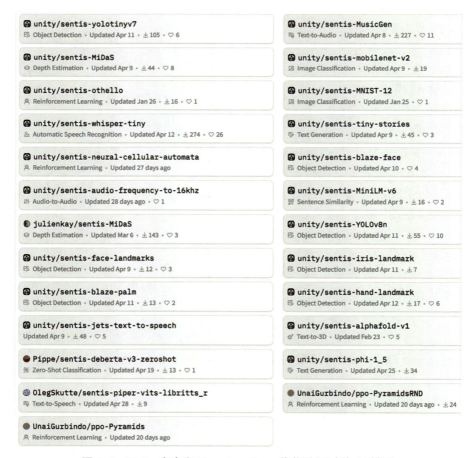

图 9-4 Unity 官方和 Hugging Face 优化认证过的 AI 模型

另外，Unity 官方也提供了 4 个使用 Sentis 技术的示例工程。我们可以通过 GitHub 下载这四个示例工程。这些示例工程可以帮助我们快速入门 Unity Sentis。

9.2　Unity Sentis 使用入门

在这部分内容中，我们将通过 Unity 官方提供的 Digital Recognition 示例工程来学习基本的 Unity Sentis 使用方法。

此示例项目为一个解谜游戏。它的核心玩法如图 9-5 所示。玩家需要在房间内寻找数字密码，然后在墙壁屏幕上用鼠标操作或触摸输入数字密码。如果输入正确的数字密码，通往下一个房间的过道门将会打开，以此通关。

图 9-5　游戏中密码输入屏幕

如图 9-6 所示，此游戏中与核心玩法相关的组件（即密码输入器）必须能够辨认玩家在屏幕上用鼠标操作或触摸输入的数字。如若采用传统编程方式开发该手写数字的辨识功能，将是一个非常困难的问题。不过，现在我们可以直接在 Unity 中加入一个 AI 模型。此 AI 模型经过专门训练，用于辨认手写数字。然后，通过 Unity Sentis 这个神经网络推理库，我们就可以让 AI 模型辨认这些手写数字，并给出正确的判断。

图 9-6　在屏幕上手写输入数字

现在我们打开示例工程，具体看一下如何通过 Unity Sentis 运行这个 AI 模型。

首先，我们要在工程中安装 Unity Sentis 包。这一步可以在 Unity 编辑器的 Package Manager 界面完成（如图 9-7 所示）。注：本示例项目使用的是 2023.2 系列的 Unity 编辑器。

图 9-7　在 Package Manager 界面安装 Unity Sentis 包

图 9-8 展示了 Unity Sentis 如何集成 AI 模型。

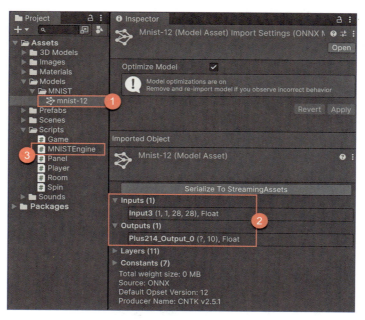

图 9-8　Unity Sentis 如何集成 AI 模型

1）在 Hugging Face 下载 MNIST 模型后，我们可以将其拖入 Project 窗口，并放置在任意一个文件夹中。

2)在 Project 窗口中选择 mnist-12 这个 AI 模型文件,可以看到 Inspector 中列出的关于这个模型的 Inputs(输入)参数和 Outputs(输出)结果。该界面上还提供了一些其他关于这个 AI 模型的信息,比如 Layers、Constants 等。

3)MNISTEngine 这个 C# 脚本包含了所有与 AI 模型相关的处理逻辑。通过以下代码和相关注释可以理解它的作用。

```
1.   using System.Collections;
2.   using System.Collections.Generic;
3.   using UnityEngine;
4.   using Unity.Sentis;
5.   using System.Linq;
6.   /*
7.    * 使用神经网络引擎进行推理
8.    * 将图像移到中心,以获得更好的推理结果
9.    *   (模型是通过使用数字居于纹理中心的图像来训练的)
10.   * 将图像放置在纹理中心是使用 GPU 上的特殊操作来完成的
11.   */
12.  // 绘制图像的当前边界,这将帮助我们之后重新将图像居中
13.  public struct Bounds
14.  {
15.      public int left;
16.      public int right;
17.      public int top;
18.      public int bottom;
19.  }
20.
21.  public class MNISTEngine : MonoBehaviour
22.  {
23.      // MNIST 模型资源
24.      public ModelAsset mnistONNX;
25.
26.      // 引擎类型
27.      IWorker engine;
28.
29.      // 这个小模型在 CPU 和 GPU 上运行速度一样快
30.      static Unity.Sentis.BackendType backendType = Unity.Sentis.
              BackendType.GPUCompute;
31.
32.      // 图像的宽度和高度
33.      const int imageWidth = 28;
34.
35.      // 输入 Tensor
36.      TensorFloat inputTensor = null;
37.
38.      // 操纵 Tensor 的操作
39.      Ops ops;
40.
41.      Camera lookCamera;
42.
```

```
43.     void Start()
44.     {
45.         // 从资源中加载神经网络模型
46.         Model model = ModelLoader.Load(mnistONNX);
47.         // 创建神经网络引擎
48.         engine = WorkerFactory.CreateWorker(backendType, model);
49.
50.         // CreateOps 允许直接操作 Tensor
51.         ops = WorkerFactory.CreateOps(backendType, null);
52.
53.         lookCamera = Camera.main;
54.     }
55.
56.     // 将玩家描画的图像发送到AI模型，并返回正确概率最高的数字
57.     public (float, int) GetMostLikelyDigitProbability(Texture2D
            drawableTexture)
58.     {
59.         inputTensor?.Dispose();
60.
61.         // 将纹理转换为 Tensor，宽度 =W，高度 =W，通道 =1
62.         inputTensor = TextureConverter.ToTensor(drawableTexture,
                imageWidth, imageWidth, 1);
63.
64.         // 运行神经网络
65.         engine.Execute(inputTensor);
66.
67.         // 获取 AI 模型输出的引用，同时将其保留在 GPU 上
68.         TensorFloat result = engine.PeekOutput() as TensorFloat;
69.
70.         // 使用 softmax 函数将结果转换为 0 到 1 之间的概率
71.         var probabilities = ops.Softmax(result);
72.         var indexOfMaxProba = ops.ArgMax(probabilities, -1, false);
73.
74.         // 让 GPU 上的结果在 CPU 上可读
75.         probabilities.MakeReadable();
76.         indexOfMaxProba.MakeReadable();
77.
78.         // 获取预测的数字和相应的概率
79.         var predictedNumber = indexOfMaxProba[0];
80.         var probability = probabilities[predictedNumber];
81.
82.         return (probability, predictedNumber);
83.     }
84.
85.     void Update()
86.     {
87.         if (Input.GetMouseButtonDown(0))
88.         {
89.             // 如果检测到鼠标按下
90.             MouseClicked();
```

```csharp
91.          }
92.          else if (Input.GetMouseButton(0))
93.          {
94.              // 如果检测到鼠标按住
95.              MouseIsDown();
96.          }
97.      }
98.
99.      // 检测鼠标是否单击，并将信息发送到 Panel 类
100.     void MouseClicked()
101.     {
102.         Ray ray = lookCamera.ScreenPointToRay(Input.mousePosition);
103.         if (Physics.Raycast(ray, out RaycastHit hit) && hit.collider.
                 name == "Screen")
104.         {
105.             Panel panel = hit.collider.GetComponentInParent<Panel>();
106.             if (!panel) return;
107.             panel.ScreenMouseDown(hit);
108.         }
109.     }
110.
111.     // 检测鼠标是否按下，并将信息发送到 Panel 类
112.     void MouseIsDown()
113.     {
114.         Ray ray = lookCamera.ScreenPointToRay(Input.mousePosition);
115.         if (Physics.Raycast(ray, out RaycastHit hit) && hit.collider.
                 name == "Screen")
116.         {
117.             Panel panel = hit.collider.GetComponentInParent<Panel>();
118.             if (!panel) return;
119.             panel.ScreenGetMouse(hit);
120.         }
121.     }
122.
123.     // 在会话结束时清理所有资源，以免在 GPU 或内存中留下任何痕迹
124.     private void OnDestroy()
125.     {
126.         inputTensor?.Dispose();
127.         engine?.Dispose();
128.         ops?.Dispose();
129.     }
130. }
```

9.3　Unity Sentis 在游戏中的应用

在车机 HMI 中加入游戏这一主题已经越来越受到关注。原因很简单，现在车上的算力越来越高，纯电动车或者混合动力车更是拥有之前内燃机车所没有的电量优势。因此，许多国内外汽车厂商陆续将游戏引入车载系统。这些游戏通常通过车机 HMI 的中控屏为用户提

供服务，最直接的交互方式是多点触摸，以及传统的游戏手柄。

当然，有了 Unity Sentis 这种可以运行在本地算力上的神经网络推理库，我们完全可以利用 AI 模型来处理通过车内摄像头获取到的手势信息，用手势来直接控制车机 HMI 中运行的游戏内容。图 9-9 所示是一个已经上架到 Steam 平台的利用 Unity Sentis 制作的手势游戏。在这款游戏中，开发者使用了 Unity Sentis 和一个手势识别模型，成功地与游戏玩法进行结合，提供了独特的游戏体验。

图 9-9　已上架到 Steam 平台的利用 Unity Sentis 制作的手势游戏

9.4　本章小结

本章介绍了 Unity Sentis 这个全新的 Unity 引擎模块。我们可以使用这个本地神经网络推理库，在 Unity 应用中直接嵌入小型 AI 模型，以完成传统编程方式难以实现的任务。随着 Unity Sentis 的持续进化，相信会有越来越多的开发者使用它开发出创新和有趣的应用。

第 10 章

Unity 学习资源和 Unity 资源商店

本书中涉及的 Unity 引擎功能，只是日常开发工作中所用功能的冰山一角。我们常说学习不是短跑，而是一场马拉松。因此在最后一章，我们将一起了解一下 Unity 引擎相关的学习资料，同时也为大家介绍一些常用的开发资源（针对车机 HMI 内容开发的推荐）。这些开发资源包括美术资源（如车模和 Shader），也包括程序相关的插件。

10.1 Unity 学习资源

10.1.1 Unity 英文课堂

由 Unity 官方开发和维护的免费学习网站如图 10-1 所示。该网站包含不同的 Unity 引擎学习主题，并为学员提供了各种学习路径和教程。

图 10-1 Unity 官方免费学习网站

图 10-2 所示为针对不同需求设计的具体学习路径，例如 Unity Essentials（Unity 基础学习）、VR Development（VR 开发）、Mobile AR Development（移动端 AR 开发）等。当我们进入各个不同的学习路径后，网站会提供一系列任务，指导学员逐步完成该学习路径上的相关课程。

图 10-2　Unity 官方学习网站的学习路径

当然，我们也可以自行选择课程进行学习，并且通过网站提供的账号系统保存学习进度，以便随时继续学习未完成的课件或复习。

不过，Unity 官方课堂的一个问题是，大多数教程都是英文的。因此，Unity 中国专门推出了 Unity 中文课堂。

10.1.2　Unity 中文课堂

Unity 中文课堂是由 Unity 中国团队开发和维护的 Unity 引擎中文学习网站。如图 10-3 所示，与 Unity 英文课堂不同，Unity 中文课堂除了提供大量由官方和第三方作者编写的免费教程外，还提供由官方和第三方 Unity 开发者策划制作的收费课件。此外，Unity 中文课堂也与 Unity 英文课堂一样，为大家设计了适合不同学习阶段和主题的学习路径。

图 10-4 和图 10-5 展示了 Unity 中文课堂提供的部分免费教程。

第 10 章　Unity 学习资源和 Unity 资源商店　❖　243

图 10-3　Unity 中文课堂首页

图 10-4　Unity 中文课堂部分免费课程（一）

图 10-5　Unity 中文课堂部分免费课程（二）

针对目前在车机 HMI 中使用的 URP，Unity 中国团队推出的 URP 系列教程，可以成为我们学习 URP 相关知识的很好入门教材（见图 10-6）。

图 10-6　Unity 中文课堂中的 URP 系列教程

图 10-6 （续）

此外，Unity 中国也为开发者提供了交流的平台，其中包括技术问答平台、技术专栏、开发者社区活动、Unity 官方微信公众号、Unity 官方 B 站号。

10.2 Unity 资源商店

Unity 资源商店包含来自第三方优秀开发者和 Unity 官方开发的众多与 Unity 内容开发相关的资源。这些资源不仅包括常见的美术资产，如 2D 纹理、3D 模型、自定义 Shader（着色器）等，还包括音效音乐包、游戏工程模板（如 FPS 游戏），同时还包含了数以万计的工具类插件。这些插件极大地丰富了 Unity 引擎的功能，大幅提升了 Unity 开发者的工作效率。

10.2.1 天气和环境系统

作为示例，以下是几款与车机 HMI 开发相关的美术资产。

1）**Enviro 3 - Sky and Weather**：模块化设计的天空、体积云和天气系统，参数众多且易于使用，可用于为 HMI 场景添加动态天空和天气效果，如图 10-7 所示。

图 10-7　Enviro 3 - Sky and Weather

2）**Sky Master ULTIMATE**：用于模拟动态天空、天气系统、体积云，还提供了动态 GI 和海洋解决方案，如图 10-8 所示。

图 10-8　Sky Master ULTIMATE

3）**EasyRoads 3D PRO V3**：用于创建独特的道路网络。它提供了内置和自定义的预制件，可直接生成各种道路布局，如图 10-9 所示。除了道路，该插件还支持添加桥梁、安全护栏、栅栏、墙壁和电线等辅助对象，使场景更加真实。EasyRoads 3D Pro V3 还可以创建铁路和河流等基础设施，适应复杂的城市道路网和自然环境，支持地形调整和真实世界的道路数据导入。它还提供了脚本化 API，允许在 Unity 编辑器和运行时通过代码创建道路。

图 10-9　EasyRoads 3D PRO V3

10.2.2　美术资产相关系统

1）**Better Shaders 2022 - Standard/URP/HDRP**：通用型 Shader，可用于 Unity 内置渲染管线、URP 和 HDRP，内置众多自定义着色效果，如图 10-10 所示。

第 10 章　Unity 学习资源和 Unity 资源商店　　247

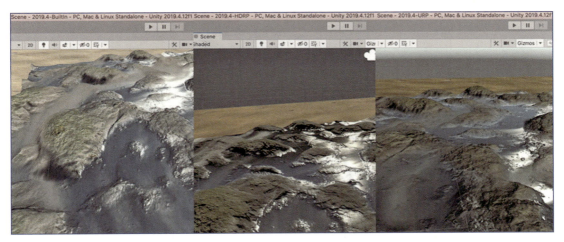

图 10-10　Better Shaders 2022-Standard/URP/HDRP

2）**URP Car Paint Shader**：基于 URP 的 PBR Complex-Lit Shader，支持光照贴图、阴影、纹理、凹凸贴图、自发光和清漆等功能，如图 10-11 所示。

图 10-11　URP Car Paint Shader

3）**Realistic Car HD 05**：细节丰富，带内饰的车模，自带 4 级 LOD，可用于移动端项目。车模已配备车辆系统，直接放入 Unity 场景中即可驾驶，如图 10-12 和图 10-13 所示。

4）**ArchVizPRO Photostudio URP**：高度写实的 URP 场景和车模，如图 10-14 所示。

5）**GBX_COUPE_HDRP**：免费提供高质量的 3D 车模，虽然使用的是 Unity 的 HDRP，但改为 URP 也很容易，如图 10-15 所示。

6）**Universal Sound FX**：包含数千种高质量音效的音效库，如图 10-16 所示。

图 10-12 Realistic Car HD 05（一）

图 10-13 Realistic Car HD 05（二）

图 10-14 ArchVizPRO Photostudio URP

图 10-15　GBX_COUPE_HDRP

图 10-16　Universal Sound FX

10.2.3　工具类插件

由于工具类插件众多，这里介绍几款我自己常用的工具类插件。

1）**Realistic Car Controller Pro：** 这是一个完整的车辆控制系统，支持将自己的车模快速配置成能在 3D 场景中操控驾驶的车模。配置好的车模将会拥有真实车辆的操控反馈，如图 10-17 所示。

2）**DOTween Pro：** 能够使所有 Unity 场景中的游戏对象产生动画，这些动画包括移动、震动、淡入/淡出、旋转和改变摄像属性等，非常适用于实现 UI 上的微动效果。开发者还可以在编辑器中绘制路径并让物体沿着这些路径移动，如图 10-18 所示。

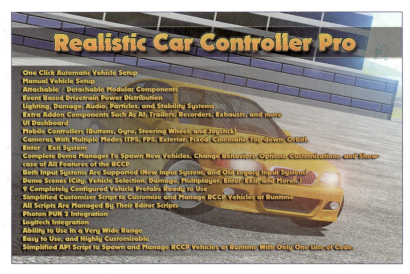

图 10-17　Realistic Car Controller Pro

图 10-18　DOTween Pro

3）**Odin Inspector and Serializer**：开发阶段的必备插件之一，能够轻松在 Inspector 界面序列化任何数据，如图 10-19 所示。

图 10-19　Odin Inspector and Serializer

10.3　本章小结

本章为大家介绍了 Unity 英文和中文学习站点。Unity 作为全球市占率第一的实时渲染引擎，相关学习资料的数量和质量也非常丰富。引擎技术日新月异，我们需要通过不断学习，才能创造出体验新颖的互动式内容。

另外，在日常开发工作中，我们可以利用 Unity 资源商店中的优秀资源和插件来加快开发速度，提高内容开发质量。本章列举的资源只是资源商店中的冰山一角，每天都会有新的开发资源和插件上线，助力我们开发出更好的作品。

推荐阅读

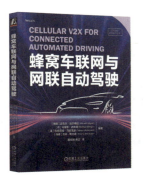  

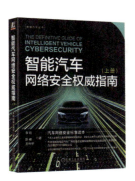 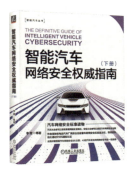